黄淮学院"十四五"规划教材

商业银行经营管理

主　编　韩占兵　万其龙
副主编　邓江花　尤利平

河南大学出版社
HENAN UNIVERSITY PRESS
·郑州·

图书在版编目（CIP）数据

商业银行经营管理 / 韩占兵，万其龙主编 . -- 郑州：河南大学出版社，2022.12

ISBN 978-7-5649-5388-1

Ⅰ . ①商… Ⅱ . ①韩… ②万… Ⅲ . ①商业银行—经营管理 Ⅳ . ① F830.33

中国版本图书馆 CIP 数据核字（2022）第252496号

责任编辑	任湘蕊
责任校对	时　娇
封面设计	郭　灿
版式设计	高枫叶

出版发行	河南大学出版社			
	地址：郑州市郑东新区商务外环中华大厦2401号			
	邮编：450046			
	电话：0371-86059701（营销部）			
	网址：hupress.henu.edu.cn			
印　刷	广东虎彩云印刷有限公司			
版　次	2022年12月第1版		印　次	2022年12月第1次印刷
开　本	787 mm×1092 mm　1/16		印　张	15.25
字　数	300千字		定　价	45.00元

（本书如有印装质量问题，请与河南大学出版社联系调换。）

前　言

商业银行经营管理是高等院校经济管理类专业的核心课程，是研究商业银行经营模式、管理理论和管理方法的一门应用型课程，已被教育部列为金融工程专业六大核心课程之一，在金融工程专业人才培养中处于核心地位。其基本原理和基本分析方法被广泛地应用于银行资金来源业务与管理、商业银行资产业务和负债管理、现金资产管理、商业银行综合管理等领域。因此，全面系统地掌握商业银行经营管理中的分析方法，成为银行管理人员科学决策和有效管理的前提条件之一，也是提高管理水平和业务素质的重要途径和手段。

本书紧紧围绕应用型高校经济管理类专业人才培养目标，以理论紧密联系实际作为指导思想，广泛吸收教学、科研和改革中的最新经验和成果，避免学究型的编写模式，突出语言的平实性；通过典型的实例分析，培养读者的金融思维方法。本书的特点体现为以下四个方面：

第一，基于工作过程系统化和模块化教学，注重对学生实际操作能力的培养。商业银行经营管理是一门实践性很强的应用型学科，本书以工作过程系统化为基础，将课程内容进行模块化整合，强化案例和流程教学，让学生边学边练，通过小组讨论、案例分析、情景模拟等方式激发学生兴趣，增强教学效果。

第二，理论联系实际，注重对学生金融创新能力的培养。本教材突出专业创新技能培养目标，注重对学生实际操作能力的训练，引导学生分析当前商业银行经营管理的新动态、新观点，熟悉商业银行管理的理论、惯例，研究我国银行改革的实践和发展趋势，培养学生的金融分析能力、策划能力、金融创新能力和实践应用能力。

第三，注重金融实务发展的前沿性和创新性。本书通过对商业银行业务理论与实践的分析，力图前沿性、完整性地展示当今商业银行经营的主要业务和发展趋势。

第四，注重细节，循序渐进地展开难点内容。考虑到本课程的授课对象数学功底相对较弱，相关数理计算是其学习的难点，本教材更加注重由浅入深地展开难点内容，通俗易懂。

本书具有较强的可读性和可操作性等鲜明特点，既可作为高校经济管理类专业（本科）商业银行经营管理课程的教材，又可作为银行管理人才培训的教学用书。本书由黄淮学院的韩占兵、万其龙担任主编，五邑大学的邓江花、黄淮学院的尤利平担任副主编。具体分工是：韩占兵编写第一、二、三章；万其龙编写第四、五、六章；邓江花编写第八、九、十章；尤利平编写第七章，并对全书进行了审校。

在编写过程中，编者参考和引用了国内外专家学者的相关研究成果，在此一并表示衷心的感谢。同时感谢河南大学出版社的领导和编辑为本书的顺利出版给予的大力支持。由于编者时间和水平有限，书中不足之处在所难免，恳请专家、读者不吝赐教！

编者

2022年7月

目 录

第一章 了解和认识商业银行 001

- 第一节 商业银行的起源和发展 001
- 第二节 商业银行的性质和作用 010
- 第三节 商业银行的组织机构 015
- 第四节 政府对商业银行的监管 018
- 案例分析与创新思考 023
- 本章小结 027
- 思考与练习 028

第二章 商业银行资本管理 029

- 第一节 资本的性质与作用 029
- 第二节 商业银行资本的构成 032
- 第三节 资本充足与银行稳健 036
- 第四节 资本的筹集与管理 040
- 案例分析与创新思考 044
- 本章小结 047
- 思考与练习 047

第三章 商业银行负债管理 048

- 第一节 存款的种类和构成 048
- 第二节 存款的定价 053
- 第三节 非存款性的资金来源 055

第四节　商业银行负债成本的管理 063
　　案例分析与创新思考 067
　　本章小结 068
　　思考与练习 069

第四章　商业银行现金资产管理 070
　　第一节　商业银行现金资产概述 070
　　第二节　存款准备金管理 073
　　第三节　现金资产与流动性需求 078
　　第四节　商业银行流动性需求预测 082
　　案例分析与创新思考 101
　　本章小结 104
　　思考与练习 105

第五章　商业银行贷款业务管理 106
　　第一节　贷款的概念及组合 106
　　第二节　贷款的政策与程序 110
　　第三节　贷款审查 114
　　第四节　贷款的类别 115
　　第五节　贷款的质量评价 117
　　案例分析与创新思考 120
　　本章小结 121
　　思考与练习 121

第六章　商业银行证券投资管理 122
　　第一节　商业银行证券投资概述 122
　　第二节　商业银行证券投资的收益与风险 128
　　第三节　商业银行证券投资的策略 131
　　第四节　银行业与证券业的分离与融合 135

案例分析与创新思考 138
　　本章小结 140
　　思考与练习 140

第七章　商业银行中间业务管理

　　第一节　商业银行中间业务概述 141
　　第二节　低风险类中间业务 147
　　第三节　其他中间业务 150
　　案例分析与创新思考 159
　　本章小结 164
　　思考与练习 165

第八章　商业银行表外业务管理

　　第一节　商业银行表外业务概述 166
　　第二节　担保业务 168
　　第三节　票据发行便利 170
　　第四节　互换业务 172
　　案例分析与创新思考 175
　　本章小结 176
　　思考与练习 177

第九章　商业银行资产负债综合管理

　　第一节　商业银行资产负债管理理论及其发展 178
　　第二节　利率敏感性缺口管理 184
　　第三节　持续期缺口的衡量与管理 192
　　第四节　应用金融衍生工具管理利率风险 196
　　案例分析与创新思考 202
　　本章小结 205
　　思考与练习 206

第十章　国际银行业务战略管理 ... 207

第一节　国际银行业务概述 ... 207
第二节　国际银行业务的风险管理 ... 213
第三节　跨国银行的业务管理 ... 219
案例分析与创新思考 ... 233
本章小结 ... 234
思考与练习 ... 235

参考文献 ... 236

第一章　了解和认识商业银行

【学习目标】

1. 了解商业银行的起源和发展、性质和功能。
2. 了解商业银行的经营原则、组织形式与公司治理结构。
3. 了解商业银行的发展趋势。

第一节　商业银行的起源和发展

一、商业银行的起源

商业银行的产生与发展离不开经济社会发展的现实需要，发达的国际贸易促成了商业银行的产生。世界上最早的银行出现在16世纪80年代意大利的威尼斯。其后，荷兰在阿姆斯特丹、德国在汉堡、英国在伦敦也相继设立银行。

这些银行业务范围较窄，早期主要以货币兑换业务为主，为地区之间的贸易提供服务。随着商品经济的发展，货币收付规模不断扩大，大量货币的携带不便和安全性等问题，使得各地商人将交易剩余的货币委托货币兑换商保管，这便是吸收存款的业务雏形，后来又逐步拓展到支付和汇兑业务。随着业务的不断拓展，货币兑换商吸收了大量并且较为稳定的存款，能够用于放高利贷以牟取高额利息，货币兑换商便从被动接受货币存管变为主动招揽货币存管，并且不断降低保管费来竞争货币存管业务，直至反过来给予货币存管客户一定好处来吸纳货币存管，这时，货币保管业务就逐步演变为存款业务了。同时，凭借经验，货币兑换商保留部分存款以应对客户提现的需求，其余存款用于放款以收取利息，即存款准备金制度。至此，集存款、贷款、汇兑等业务于一身的早期银行便形成了。

虽然这些早期银行具备商业银行的本质特征，但它们处于现代商业银行的原始发展阶段，其赖以生存的经济基础并不是社会化大生产的生产方式，同时其放款对象主要为政府和封建贵族，并且具有高利贷性质，不利于社会再生产，不能适应资本主义工商业发展需要。

随着劳动分工的扩大、生产力的发展和技术的进步，资本主义生产关系开始萌芽和发展，资产阶级逐渐形成。资本主义生产方式的发展需要大量的社会货币资本支持，而早期银行不能提供足够的信用支持，新兴资产阶级迫切需要建立和发展现代资本主义商业银行。

到1694年，历史上第一家股份制银行——英格兰银行成立，它摆脱了传统的业务束缚，向工商企业发放低利率贷款。英格兰银行的成立，标志着现代银行的产生。此后，随着资本主义工商业的发展，传统的旧式高利贷银行纷纷转型为商业银行，新组建的商业银行也不断效仿英格兰银行的股份公司形式，使得商业银行在世界范围内得以普及。

与西方银行业相比，我国银行产生较晚。虽然早在唐朝时期就已经出现办理金融业务的独立机构，明朝的钱庄和清代的票号也都具有银行性质，但受限于羸弱的资本主义经济，直到1897年中国通商银行的成立才标志着我国现代商业银行的产生。在半殖民地半封建社会，我国商业银行实力不足、业务能力孱弱，在官僚资本垄断下，银行业的发展裹足不前。

专栏1-1　英格兰银行的成立

英格兰银行的诞生有着复杂的历史背景。17世纪下半叶，英国对外战争频繁，王室军费支出庞大，财政赤字扩大，王室需要开辟新财源。

1689年《权利法案》明确将英国的财税大权从国王手中强制转移到议会手中，从此，英国国王不能再随意向百姓征税，其财政赤字只能靠借债来填补，王室债务开始快速增长。

当时英国王室借债的对象是民间的金匠商人，然而，金匠商人提供的贷款利息率过高，达25%—30%（1688—1697年在英法九年战争期间，英国王室由于无税收做担保，才出现这样的高利息率），这种高利贷式的借债是王室无法承受的，国王急需一个新的筹资渠道。

1693年，William Paterson向王室政府提交了一份报告，建议成立"英格兰银行总裁公司"，他们将筹集120万英镑贷款给王室政府，政府每年支付10万英镑的利息，并授权允许他们发行与所借款数额相等的钞票。经过激烈的讨论，英国议会在1694年3月批准通过了《英格兰银行法案》。

英格兰银行采用股份认购的方式组建，按照规定发行了120万英镑的股票，认购发行的第一天就有四分之一的股票被认购，不到两周所有股票全部被认购。国王威廉三世和女王玛丽二世是两大原始股东，分别个人出资1万英镑认购股份。此外，还有1286名商人认购了股票。同年7月27日，英格兰银行正式成立。其后，国王威廉三世给英格兰银行颁发了"皇家特许状"（代表有王室政府的背书与支持）。1694年8月1日，英格兰银行正式开业运营，最初的临时办公场所设在齐普赛的梅尔瑟家大厅里，仅有17名职员和2名守卫。

英格兰银行成立之初，性质为私人股份制银行，目的是给当时英国王室提供贷款，以支持英军战争军费。成立后，随即给王室政府贷款120万英镑，利息率是8%，并获得了同等数额的银行券（纸币）发行权。[1]

专栏1-2　中国金融业发展史

中国在7—10世纪的唐朝就已经出现办理金融业务的独立机构，但其经营范围比较单一。明朝中叶出现的钱庄、清朝出现的票号，都具有银行性质。中国自办的第一家银行是1897年成立的中国通商银行，它的成立标志着中国现代银行事业的开端。这家银行虽然是以商办面貌出现的，但实质上受控于官僚、买办。1904年开始筹设的户部银行（1908年改称大清银行）是清政府最早设立的国家银行，额定资本银400万两，官商各半，于1905年成立，至1906年前后官商股本相继缴足。1908年成立的交通银行，也是官商合办性质。与此同时，一些股份集资或私人独资兴办的较典型的民族资本商业银行也开始建立。第一次世界大战期间及其后的几年，随着民族资本主义工商业的发展，中国的民营资本银行业有了一个较快的发展过程，仅在1912—1927年就新设立了186家银行。

1927年以后，在国民党主政期间，我国开始了官僚资本垄断全国金融及金融机构的进程，其中包括以多种形式渗透和控制国内各大商业银行。旧中国主要的商业银行

---

[1] 格物资本：《英格兰银行的央行转型路》，http://baijiahao.baidu.com/s?id=1631933219796392770&wfr=spider&for=pc，访问日期：2021年2月15日。

有：由国民党政府直接控制的中国银行、交通银行和中国农民银行；人称"小四行"的中国通商银行、四明银行、中国实业银行和中国国货银行，它们是官商合办的商业银行；江浙财团的"南三行"——浙江兴业银行、浙江实业银行和上海商业储蓄银行，它们也受到官僚资本的控制；人称"北四行"的盐业银行、金城银行、中南银行和大陆银行，它们虽未被官僚资本直接控制，但实际上也并不是超然独立的。此外，还有几家较大的商业银行以及众多的中小商业银行，它们也或多或少，或直接或间接地受控于国民党官僚资本体系。

新中国成立到改革开放前（1949—1978年），建立了"大一统"的金融体系。此处的"大"是指中国人民银行分支机构覆盖全国；"一"是指中国人民银行集中央银行和商业银行双重职能于一身，集现金中心、结算中心和信贷中心于一体，中国人民银行既是国家金融和货币的管理机构，又是统一经营各项银行业务的金融机构；"统"是指全国实行"统存统贷"的信贷资金管理体制。

改革开放前期（1979—1983年），形成了多元混合型金融体系。这一时期，银行类金融机构如中国农业银行、中国银行、中国人民建设银行等纷纷成立或恢复，非银行类金融机构如中国国际信托投资公司和中国人民保险公司等也得以成立或恢复。

1984—1993年，以中国人民银行为中心，国家专业银行为主体，多种金融机构分工协作的金融体系逐步形成。1990年12月，上海证券交易所、深圳证券交易所先后开业，标志着中国股票市场正式开始运作。1992年10月，国务院证券委员会和中国证券监督管理委员会成立，标志着中国资本市场开始逐步被纳入全国统一监管框架。

1994—2003年，逐步改革和完善市场化金融体系。国家开发银行、中国进出口银行、中国农业发展银行相继成立，专门承担政策性金融业务。对国有专业银行实行商业化改造，改革中国人民银行分支机构，成立资产管理公司，银行业与信托业、证券业分离。1998年颁布的《中华人民共和国证券法》进一步明确了金融机构分业经营原则。

2004—2011年，建立多种所有制和多种经营形式并存、结构合理、功能完善、高效安全的现代金融体系。

2012年至今，建立了基本金融制度逐步健全、对外开放程度不断提高的现代金融体系。改革开放的进一步深化提高了金融体系的整体水平，基本金融制度逐步健全，人民币国际化和金融业双向开放促进了金融体系的不断完善。

回顾新中国成立以来我国的金融体系发展历程，金融业发展取得了巨大成就：一是基本建成了与中国特色社会主义相适应的现代金融市场体系；二是基本建成了以服务实体经济为目标，便民利民的金融服务体系；三是基本建成了有效维护金融稳定的金融监管体系；四是基本形成了一套有效的金融调控体系；五是基本确立了面向全球、平等竞争的对外开放体系。

二、商业银行的发展现状及趋势

20世纪以来，商业银行的发展早已超越其字面含义，被赋予了更广阔、更深层次的内涵。随着经济社会的发展、技术的进步和竞争的加剧，商业银行的业务领域不断拓展、技术手段不断创新、服务范围不断扩大，逐渐形成多功能、综合性的"金融百货公司"。

随着知识经济和网络经济时代的到来，生产的社会化和国际化程度大大提高，作为经济发展的关键命脉，商业银行也发生了深刻变革，表现为不断走向综合化、网络化和全球化。

（一）综合化

随着经济全球化的不断深入，新一轮科技革命的日新月异，在金融自由化背景下，金融创新层出不穷，金融机构之间的业务边界逐渐模糊，银行业内部、银行与非银行金融机构之间的竞争日趋激烈。面对越来越大的竞争压力，商业银行借助自身在资产、网点、信息和技术上的优势，在发展传统信用业务和中间业务的同时，将业务范围逐步拓展到证券、保险、基金、信托和租赁等领域，成为全能型综合化银行，并逐步成为一股潮流，席卷整个银行业，世界各地的银行都在向这种综合化银行模式拓展。

综合化经营是利率市场化条件下，商业银行应对日益激烈的市场竞争，改善自身资产收入结构，提升盈利能力的必然要求，也是商业银行满足客户多元化投融资需求、增强核心竞争力的必然要求。

综合化经营对于商业银行的发展有明显效果：

第一，分散经营风险。多元化的业务模式使得商业银行的资本分散化运作，经营风险就被分散到多种业务中，单一业务发生风险对商业银行的影响得以降低，能够使商业银行的经营运作更加稳健。

第二，拓展利润渠道。多元化的业务经营有利于商业银行在激烈的竞争环境下拓展新的利润增长点。激烈的市场竞争环境下，商业银行向潜在利润更高的业务拓展，不仅能拓宽自身利润来源，防止利润来源渠道固化，还能进入竞争对手（其他银行和非银行金融机构）的业务领域，弱化竞争对手的竞争优势。

第三，改善收入结构。随着经济的不断发展和技术水平的不断进步，商业银行的业务结构和收入结构也不断调整。当前国外先进商业银行的业务结构中，传统的存贷款利差收入占比日益下降，而新兴的业务收入，如各种服务手续费等占比则日益提升。

国内大型商业银行收入结构仍在以传统的利差收入为主,但已经向多元化业务模式转变,收入结构也在不断改善。

(二)网络化

互联网信息技术的发展深刻改变着经济社会的运行模式,在商业银行领域,一个深刻的变革便是以互联网为载体、以网络信息技术为手段的网络银行的兴起。这种网络银行借助现代数字通信、互联网、移动通信、物联网和区块链等技术手段,通过云计算、大数据等方式为客户提供存贷款、账户管理、支付结算、投资理财等金融服务,为客户提供便捷、安全、高效的金融服务和风险管理方法。

目前,面对互联网信息技术蓬勃发展趋势,国内外银行及非银行金融机构纷纷开展网络银行业务及更广泛意义上的互联网金融业务,在全世界已经形成一股潮流,深刻影响着金融业未来发展变革。

与传统商业银行业务相比,网络银行业务有诸多优势:

第一,成本低。网络银行业务的开展,仅利用网络资源即可,无须设置高成本的银行网点和支付高额人工费用,大大降低了银行经营成本,提高了商业银行的经营效率和盈利能力。

第二,突破时空限制。网络银行业务打破了传统商业银行的时空限制,能在任何时候、任何地方、以任何方式为客户提供便捷金融服务,这不仅有利于维护既有客户,也有利于扩大客户群体,提高利润和收入水平。

第三,有利于服务创新。网络银行利用互联网和大数据等技术手段,能够更精准地区分客户、分析客户的特征,更好地满足客户多样化、个性化的需求,提升客户体验度,为客户提供精准、便捷的服务。例如,通过互联网和银行支付系统,客户除了可以办理银行业务,还可以很方便地在网上买卖股票、债券和基金等产品。

专栏1-3 互联网金融会不会取代商业银行

互联网金融对商业银行的职能端、负债端、客户端和盈利端提出了挑战,构成了直接影响,但商业银行不会因此终结,反而会借助互联网实现新生。

当前,随着互联网技术和智能终端的蓬勃发展,人类正迈入网民24小时在线、信息全面互联互通的互联网新时代。互联网技术的迅猛发展与广泛应用,必然带来客户需求的变化,银行金融机构无疑需要主动适应这样的变化,及早采取应变的新举措。

一方面,互联网金融的实质是金融,互联网只是工具。互联网金融颠覆的是商业银行的传统运行方式,而不是金融的本质。金融的本质在于提高社会资金配置效率,传统银行与互联网金融各有优势。

互联网金融的优势主要体现在:一是服务半径更广,二是服务成本更低,三是客户体验更优,四是信息处理能力更强,五是资源配置效率更高。互联网金融本质上更类似于一种直接融资方式,资金供需信息直接在网上发布并达成供需完全匹配,就可以直接联系和交易,形成"充分交易可能性集合",在无金融媒介参与的情况下高效解决企业融资和个人投资渠道等供需对接问题。同时,在这种资源配置方式下,双方或多方交易可以同时进行,定价完全竞争,大幅提升资金效率,并带来社会福利最大化。

另一方面,商业银行在经历了400余年的发展历程后,也形成了很多难以替代的优势,具体体现在:一是客户基础优势,二是服务网络优势,三是资金供给优势,四是风险管控优势,五是产品组合优势。

互联网能够在虚拟的空间拉近距离,却不能缩短现实间的距离;能够提供海量的数据,却不能解决人和人之间的信任问题。有效的信息、人性化的渠道和现实的信任,正是网络时代最需要的。银行拥有广泛的客户资源,有较受公众认可的信赖感,还有相当完善的物理和电子渠道,凭借这些资源,银行作为信用、支付和渠道媒介的功能将进一步强化。从这个意义上讲,互联网金融与商业银行可以优势互补、相辅相成。[1]

(三)全球化

商业银行全球化发展趋势表现在以下几个方面。

1. 机构全球化

商业银行全球化发展首先表现在商业银行在全球各地建立分支机构网络,为全球客户提供服务。根据权限和法律关系的不同,这些分支机构有分行、代表处、子公司或附属机构等。

2. 客户全球化

商业银行的客户广泛分布于全球各地。拓展海外市场,不断增大客户群体,发挥规模经济效益,提高收入和利润水平,是商业银行特别是大型商业银行孜孜不倦追求的目标。商业银行客户关系全球化的形成渠道主要有:(1)为服务国内主要客户的全球化经营而跟随其在全球设立分支机构;(2)通过国外分支机构发展更多的国外客户,形成全球化的客户网络;(3)国外股东为支持商业银行的发展,会将其业务转移到其投资的商业银行,这样其既是银行的股东也是银行的重要客户;(4)通过互联网拓展

---

[1] 马蔚华:《互联网金融不会取代银行》,《广东经济》2014年第7期。

更多国外客户,这种客户拓展手段不受地域限制,成本更低,更加高效。

3. 业务全球化

商业银行业务分布的全球化,包含三层含义:(1)商业银行传统业务在全球范围内的延伸,如对境外居民和企业的国际结算、贸易融资、外汇买卖、个人贷款和离岸金融业务;(2)商业银行非传统业务在全球范围内的延伸,如国际投资、证券保险、国际信托、私人银行及金融衍生品等;(3)商业银行非金融领域业务在全球范围内的衍生,如国际租赁、资本投资及参股经营等。

4. 雇员全球化

商业银行全球化发展的一个必然结果是其雇员的全球化。商业银行在国外建立新的分支机构时,一般由国内总行或第三国分支机构派出人员担任负责人和管理人员,对于一般员工则倾向于招聘当地人员,这样不仅有利于实现对分支机构的管控,还能根据当地文化特色,积极融入当地市场,开拓当地业务。另外,在国内,商业银行为促进思想文化的交流融合和管理体制的改进也聘用一定数量的外籍员工。

专栏1-4 商业银行如何走好国际化步伐

一、加强研究预判,制定全面国际化发展战略

能力越强,责任越大。当中资银行站上世界舞台彰显自身实力时,必然受到来自不同国家与地区、组织与个人更为严格的要求。清晰而理性的战略规划是中资银行铺展世界蓝图的基础,无论是分支机构的区位选择,还是进入市场的时机把握;无论是新设机构的形式取舍,还是跨境并购的往来谈判;无论是国际业务的拓展方向,还是新型手段的研究开发,都需要依托于每家银行清晰而审慎的发展战略。国际化发展牵涉众多,没有充分的战略规划,极易造成银行对自身能力的认识不足,在国际化发展"热情"的推动下,因盲目扩张而引发战略性风险。

二、熟悉东道国环境,避免国别风险

各国不同的政治、法律与文化环境为中资银行的国际化发展带来了极大的挑战。在进入东道国前,了解当地人文背景、熟悉该国法律环境,对维护分支机构的设施安全、减少金融纠纷与诉讼案件、避免与当地人群发生摩擦,均有极为重要的意义。因此,中资银行在海外资本市场寻求融资时,要注意学习国外的游戏规则,加强与海外市场的沟通,及时发布有关信息,认真履行信息披露义务。重视投资者关系管理,打造专业化投资者关系管理人才队伍,建立完整的银行信息库,包括国家相关政策、银行历史发展、战略规划、财务报告、产品与行业介绍、投资者概况等,确保投资者可以随

时随地了解公司的准确信息。

银行业金融机构的国别风险管理体系应覆盖境外授信、投资、代理行往来、境外机构设立、境外服务提供商提供外包服务等各个环节；强化国别风险限额管理和监测，合理认定不同担保机构和担保方式带来的国别风险变化及转移，确保国别风险准备金计提充足；将国别风险纳入本行的压力测试，并根据压力测试结果制定相应的应急预案。

三、加强合规意识，避免反洗钱风险

首先，完善反洗钱立法。扩大反洗钱报告义务的主体范围，将审计师、税务师、公证人及法律专业人士等纳入覆盖人群；将虚拟货币纳入反洗钱法律，改善虚拟货币监管尚无相关法律规制的现状，满足新形势下的监管要求。

其次，加强机制建设，完善反洗钱信息获取机制，建立反洗钱独立审计机制，强化反洗钱国际合作机制，完善反洗钱领域研究机制，研究反洗钱制裁应急机制和反制裁措施，加强反洗钱公众宣传和人员培训机制。

最后，要提升中资银行境外机构合规管理水平。要准确把握境外反洗钱监管态势，高度重视反洗钱合规管理。深入了解、全面融入东道国环境，加强与监管当局的沟通，及时准确掌握当地监管规则，严格遵照相关法律法规开展业务。完善洗钱黑名单管理机制，推动实现全球信息共享；高度重视银行声誉风险，强化海外分支机构高管人员的合规意识。

四、完善风险管理系统，建立全球一体化的全面风险管控体系

风险管理系统与业务范围及机构布局同步推进，持续完善全球一体化的全面风险管理架构。一方面，遵循"业务落地在哪儿，法律合规在哪儿，风险管控到哪儿"的原则，切实提升境外业务风险管控水平，加强境内外风险一体化管理。另一方面，加强风险条线垂直管理，建立按部门统筹与按条线延伸相结合、相关部门协同管理的机制，提高风险管理的独立性、有效性和对整体风险的全面把控能力。

同时，要强化风险统筹，建立全球一体化的全面风险管控体系。"全面"的第一层含义是指全覆盖，风险管控体系要覆盖海内外业务的信用、市场、流动性、操作、国别、合规、科技等所有可能的风险领域，将银行业务和所有子公司业务全部纳入全面风险管理框架。"全面"的另一层含义是全流程，风险管理系统要贯穿集团业务前端的风险防范、中端的风险检测以及后端的风险处置等所有环节。

通过提升海外机构风险管理信息化水平，加强国别风险、监管风险、市场风险和流动性风险的研究分析，充分利用外部风险缓释工具，增进境内外机构的信息交流，强化联动业务的合规审查等手段，积极打造全球一体化的风险管控体系。

五、紧跟科技发展，做全球金融科技的引领者

首先，中国金融监管部门要积极参与全球金融科技监管标准的制定，做全球金融科技的引领者。在中国的金融科技成长过程中，中国的金融监管机构积累了大量的经验与案例，在平衡金融创新以及防范系统性风险方面，中国金融监管机构无疑具有世界领先水平。如果可以与各国的监管机构及政府部门分享其心路历程，同时积极参与全球金融科技监管标准的制定，对于中资金融机构及金融科技走向全球，必将有极大帮助。

其次，中资银行要学会利用科技手段提升境内外风险管理能力。适应信息化银行建设的要求，要加强与国内外相关专业机构的合作，进一步完善国别风险信息库、项目招投标信息库、企业信用风险信息库和跨境物流信息库，运用大数据的科技手段，加强对市场需求和风险信息的识别与监控。[1]

第二节　商业银行的性质和作用

一、商业银行的性质

根据《中华人民共和国商业银行法》，商业银行是指依照该法和《中华人民共和国公司法》设立的吸收公众存款、发放贷款、办理结算等业务的企业法人。本书从金融学角度对商业银行进行定义，认为商业银行是以企业价值最大化为目标，以金融资产和负债为经营对象的特殊企业。这一定义包含三层含义：

第一，商业银行是一种企业。与一般工商企业相同，商业银行以营利为目的，拥有开展业务所需的自有资金，独立核算、自负盈亏。因而，商业银行具备现代企业的基本特征，属于企业范畴。

第二，商业银行是一种特殊的企业。商业银行与一般工商企业不同，表现在：首先，商业银行的经营对象和内容具有特殊性。一般工商企业的经营对象是商品和服务，直接从事商品生产和流通，而商业银行则是以金融资产和负债为经营对象，其经营的产品是货币这种特殊的一般等价物的商品，经营内容则是围绕货币运动的各种收付、借贷及金融服务等，并不直接从事商品生产和流通，而是为商品生产和流通提供金融服务。其次，商业银行对整个社会经济的影响具有特殊性。相对于一般企业而言，商业

---

[1] 唐建伟：《新时代银行国际化风险》，《中国金融》2018年第5期。

银行规模更大,服务范围更广,对整个经济社会的影响更显著。

第三,商业银行是一种特殊的金融企业。商业银行既不同于中央银行,又不同于其他金融机构(包括专业银行和非银行金融机构等)。中央银行是银行业监督管理机构,不对居民和企业办理信贷业务,不以营利为目的。其他金融机构不能吸收活期存款,经营范围受限于某些特定金融业务,具有明显的局限性。商业银行的业务具有广泛性和综合性,能够提供更广泛、更全面的金融服务,并且随着经济发展,其业务触角不断拓展至经济社会发展的各个角落,正朝着"全能银行"迈进。

二、商业银行的作用

商业银行在国民经济发展中发挥着重要作用。

(一)信用中介

信用中介是商业银行最基本、最能反映其经营活动特征的职能。

商业银行通过负债业务吸收并集中社会闲散资金,再通过资产业务将集中起来的资金投放到经济社会各个部门中去,商业银行充当了资金供给者和资金需求者之间的中间人,实现资金的融通。值得注意的是,商业银行在充当资金融通中介时,买卖的是资金的使用权而不是所有权,在吸收存款时买入资金的使用权,在发放贷款时卖出资金的使用权,通过买卖差价(利差)获取利润。商业银行的这种资金使用权买卖活动被称为信用中介。通过信用中介作用,商业银行将社会闲散资金转化为资本,续短为长,投入最需要资本投入的生产活动中去,扩大了社会再生产规模,并使得闲散资金得到充分利用并获取回报。

(二)支付中介

商业银行通过存款在账户上的转移,为客户办理各种货币结算、收付、兑换和转移资金等业务活动,成为工商企业和个人的货币保管人、出纳和支付代理人,这使得商业银行成为工商企业、政府、个人的货币保管者、出纳和支付代理人。商业银行逐渐成为整个社会经济活动的出纳中心和支付中心,也是整个社会信用链条的枢纽。商业银行支付中介作用的发挥,提高了整个经济社会资金周转效率,节约了社会流通费用,加速了企业资金结算和资金周转,促进了经济发展。

从历史上看,商业银行的支付中介职能要早于信用中介职能。早期货币经营者只有在货币保管和支付中集中了大量的货币后,才能发放贷款,产生信用中介功能。商业银行的支付中介功能的发挥有赖于其信用中介职能,只有在客户保有一定存款余额的基础上,才能办理支付、结算等业务,贷款客户办理贷款后,仍有支付、结算业务需求。因而,商业银行的信用中介职能和支付中介职能是相辅相成的。

(三)信用创造

信用创造是指商业银行利用吸收的存款和获取的资金来源,通过发放贷款、办理结算、从事投资等业务活动衍生出更多的存款,使货币供应量增加。在支票流通和转账结算的基础上,贷款又可以转化为派生存款,循环往复,最终使得商业银行的派生贷款远超其原始存款,整个经济社会的货币供应量成倍增加。由于商业银行具有信用创造功能,能够对社会信贷规模和货币供给造成巨大影响,因此货币监管当局制定了存款准备金制度,通过这一制度和其他手段限制商业银行的信用创造功能发挥,调控信用供给。

(四)金融服务

金融服务是商业银行依赖其在整个社会经济体系中的特殊地位,为在日益激烈的市场竞争中满足客户多样化的需求,保持自身竞争力,利用在信用中介业务和支付中介业务中积累的巨量信息,运用网络信息等技术手段,为客户提供的信托、租赁、咨询、经纪等服务。金融服务功能的发挥,使得商业银行业务范围不断拓展、客户规模不断扩大、创新能力和竞争力不断提升,成为"全能银行"。

专栏1-5 德国金融混业经营及其监管

西方国家近百年的金融发展史,实际上就是一个由混业经营转向分业经营,然后又回归到混业经营的分合过程。所谓金融混业经营,是相对于金融分业经营而言的,既可以从事商业银行业务,又可以从事投资银行业务,就是混业经营。混业经营模式最早起源于19世纪末的德国、荷兰、卢森堡等国家,其中尤以德国为典型代表。与美、英、日三国相比,德国的金融经营模式具有以下特征:第一,商业银行的"全能化"或"综合化",即商业银行没有业务范围的限制,可以全面地经营各种金融业务,如存放款、贴现、证券买卖、担保、投资信托、租赁储蓄等全方位商业银行及投资银行业务;第二,从来就没有独立的投资银行,证券市场相对落后;第三,银行与工商企业的关系十分密切,甚至对其具有压倒性的影响力。

混业经营模式是当今国际上金融机构采用最为普遍的、可为社会提供全方位综合性金融业务的经营模式。当前国际上主要的金融混业经营模式可分为全能银行型和金融控股公司型这两种。前者以德国为代表，银行的经营范围包括了存贷款、信托、投资、证券、保险等一切与资金融通有关的业务。后者则以美国为首，即成立一个金融控股公司来对商业银行、证券公司和保险公司进行业务渗透并对它们有决策权，下属各类金融机构则在法律上相对独立。现代美国金融制度的形成经历了"混业经营—分业经营—混业经营"的历史演变过程。相对美国而言，德国金融制度最大的特点就是长期以来一直坚持混业经营制度。当然，德国也经历了一个金融制度的变迁和完善的过程。

一、德国全能银行体系的框架

德国混业经营制度是以全能银行对社会大众的服务供给，又通过一系列的专业性银行和特殊信贷机构加以补充为特点的。全能银行是可以提供包括商业银行业务、证券投资业务在内的全套金融服务的综合性银行。较之全能银行，德国专业银行只提供专项服务，包括抵押按揭银行、基建信贷联合会、投资公司、指导银行和德意志清算代理处以及其他具有特殊职能的银行。德国还有一些准银行机构的财务公司，比如保险公司、租赁公司、信用卡公司、投资顾问公司等，还有由非银行机构主办的提供融资服务的公司，如大汽车公司主办的汽车银行等。此外，还有邮政汇划和邮政储蓄机构等。

全能银行又可以分成商业银行、储蓄银行和合作银行三大种类。商业银行包括大银行、地区性银行和其他商业银行、外国银行分行以及私人银行等。在德国，最有代表性的大银行是德意志银行、德国工商银行和德累斯顿银行。这三大银行都是股份制全能银行，通过发行股票筹集资金而使自有资本符合资本充足率的要求。大银行的特点是设施完备、业务量大，并有遍布全国的分支机构。地区性银行和其他商业银行各自的规模、形式和业务不尽相同。有一些较大的地区性银行也在全国范围内开展业务，比如巴伐利亚统一抵押银行、BHF 银行及 BFG 银行等。储蓄银行是由三级体系构成的：乡镇储蓄所、地区储蓄银行及汇划中心、德意志汇划中心银行。储蓄银行是公共法人的银行。储蓄银行最初的任务是针对中小客户的存贷款业务，但随着居民收入的提高和金融业的发展，储蓄银行也发展成了全能银行。合作银行原来由三级构成：初级信用合作社、地区信贷合作银行和全国性的德国合作银行。合作银行业务活动的中心是促进其成员的经营活动，它主要为中小企业及建筑公司提供中长期贷款。同时，它也吸收储蓄存款。德国合作银行是公共法人性质的机构，也是全能银行。

二、德国商业银行对证券市场的参与

德国的商业银行是典型的全能银行，是集银行、证券、保险等多种金融中介业务于一体的金融混合体，能够从事吸收存款、发放短期及中期和长期贷款、托收承付、买卖证券、信托投资、财产代管、投资咨询、外汇交易、国内外汇兑等业务，进行的是混业经营。德国的全能银行享有以机构投资者进行证券投资的独占权。德国全能银行和不发达的证券市场之间是此消彼长的关系。由于银行可以参加包括保险业务在内的所有金融业务，所以银行在资本筹措的过程中起到决定性的作用，从而抑制了证券市场成为具有竞争性的融资手段的可能性。证券市场缺乏竞争力是综合性银行发展的根本原因。德国全能银行的发展也得益于其参与证券市场业务的不受阻碍。当然，德国全能银行是以商业银行为主体参与证券市场的，而商业银行对证券市场的参与主要集中在以下几个方面：

1. 证券的保管业务。商业银行对于受托保管的证券的管理范围包括定期代客户收取证券的利息、分红和应归还的本金；同时，要向客户就证券兑换、投资计划、股票价格变动、优先购买新股等事项提供咨询；还应当及时提醒客户关注与其持有的证券有关的公告，例如，客户持有股份的公司发生财务困难等情况。

2. 证券的承销业务。在德国，商业银行可以参与证券承销活动，采取的方式主要是承购代销，即银行首先自己买进所有待发行的证券，然后再把它们卖出去。商业银行承销股份公司的股票有三种情况：一是承销上市新股；二是内部股转化为公开上市股；三是股份公司增资扩股的股票。因为德国股份公司以发行股票方式筹集资金的历史较长，股票市场规模已经相当大，所以新股的发行已不占主要地位，目前，商业银行承销的股票以第三种情况居多。

3. 证券的自营和代理业务。在有价证券市场上，商业银行还以代理商和自营商的面目出现。当其作为代理商时，是在股票交易所代替客户买卖有价证券，或是代理过户，要向客户收取手续费。这是德国商业银行参与有价证券市场的重要形式。作为自营商，商业银行可以自己买卖证券，以期获得买卖价差和投资资本收益，但要承担证券价格波动的风险。

4. 其他证券业务。除了参与传统的证券保管、证券承销和证券交易，德国商业银行还积极参与衍生金融工具交易业务和国际证券业务。此外，为改善本国在境外的货币和资本流通条件及其竞争条件，德国商业银行也积极参与国际上通行的零息票债券、浮息债券以及利率调期等各类债券的发行和交易，参与国际其他证券交易所的证券买卖与操作。并且，为了协调和管理商业银行在国内外证券市场上的业务活动，德国商业银行还自发组织了一个"中央资本市场委员会"，定期讨论并协调商业银行在参与证券市场的业务活动中出现的有关问题。总之，银行等金融机构对证券市场的参与为证券市场的繁荣提供了条件。

三、德国金融混业经营的监管

德国是西方国家中银行监管制度较完善、监管效果较理想的国家之一。严格的金融监管,保证了德国金融业的健康发展,也促进了其经济的稳定与增长。现代德国金融监管的突出特点就是内部监管(即自我监管)与外部监管(即社会监管与联邦银行、联邦金融监管局监管)相结合。自我监管以建立金融机构的内部治理结构为基础,建立股东大会、理事会、监事会之间的相互制约和制衡机制,以年度业务报告和股东大会为依据。社会监管则通过一些银行设立独立的审计机构,对银行资产营运做出结论,并将其审计报告报送联邦金融监管局。这些社会性质的审计机构要对其审计结果负相关责任。德国金融监管的另一大特点是对大银行分支机构实行"并账管理"。德国中央银行和联邦金融监管局在对大银行的监管中,除要求各大银行必须建立内部自我约束机制和内部监控体系以防范风险,还要求各大银行将国内外各分支机构及银行集团的资本、资产及负债进行汇总,从整体上对其资本充足率、资产质量、抵御风险的能力、债务清偿能力、资产的流动性等进行定期的分析评价。德国的大型全能银行大多是股份制银行,产权关系明确,内部治理结构和监督机制健全。另外,以法律为准绳进行金融监管,把全部金融活动都纳入法律范畴,制定一套严格而缜密的金融法律制度体系,是德国金融监管的另一个显著特点。[1]

第三节 商业银行的组织机构

一、商业银行的外部组织形式

商业银行的外部组织形式是指商业银行在社会经济生活中的存在形式,主要有以下三种类型。

(一)单一银行制

单一银行制又称独家银行制,指银行业务由各自独立的商业银行经营,仅通过一个网点提供所有金融服务,不设或限制设立分支机构。这种制度起源于美国,并且在美国也最为普遍。由于中西部各州经济发展水平比较落后,为保护本地信贷资源,满足中小企业发展需要,反对金融权力集中,经济发展水平较低的各州都通过银行法禁止商业银行开设分支机构,特别是跨州设立分支机构。

---

[1] 陈柳钦:《德国金融混业经营及其监管》,《重庆工商大学学报(西部论坛)》2008年第5期。

这种银行制度的优点在于能够有效限制行业垄断，有利于自由竞争；有利于商业银行集中力量为本地区服务；管理层级少，经营较为灵活，有利于金融监管机关进行管控。但其也存在明显的缺陷：规模小，经营成本高，竞争力较差；服务范围过小，不适应区域经济一体化发展的现实需要，业务创新能力差；抗风险能力较差。

（二）总分行制

总分行制指商业银行除设置总行外，还在各地普遍设立分支机构，形成庞大银行网络的制度。总行一般设置在中心城市，各地分支机构由总行统一指挥领导。这种银行制度源于英国，目前多数国家均采用这种银行制度。

总分行制的优点在于分支机构多、分布广，使银行规模大、业务范围广、业务分散，规模经济和范围经济显著，从而易于吸收存款，分散贷款风险，提高抗风险能力；同时也能充分利用现代化设备和技术，提供多种金融服务，业务创新能力较强。其缺点在于容易形成垄断、妨碍竞争；银行内部管理层级较多，容易犯"大企业病"。

（三）银行控股公司制

银行控股公司制指由企业或财团成立控股公司，再由该控股公司控制或收购两家及以上的商业银行，或者由一家银行控股公司控制另一家银行控股公司，形成控股链条。虽然在法律意义上，这些商业银行之间是独立的，但其业务和经营政策均由控股公司控制。这种组织形式是美国监管机构与商业银行之间持续的"管制—逃避—再管制—再逃避"的循环往复斗争的结果，在美国最为流行。

银行控股公司的优点在于能够使银行绕过法律限制，不断扩大经营范围和优化业务结构；能够有效扩大银行资产规模，拓展金融创新空间，实现规模经济、范围经济和协同效应。但是，银行控股公司极易造成银行业资本的集中和垄断，限制了竞争；同时，在银行控股公司内部容易形成关联交易，风险控制难度增大，也不利于监管。

二、商业银行的内部组织结构

商业银行的内部组织结构是指商业银行内部各部门及各部门内部之间相互联系、相互作用的组织管理系统，包括组织架构、权责边界、履职要求等制衡机制以及决策、执行、监督、激励、约束等运行机制。以股份制商业银行为例，其内部治理结构可以分为决策机构、执行结构和监督机构三个层次：决策机构包含股东大会、董事会及董事会下设的各委员会；执行机构为管理层，包括行长、副行长及行长领导下的各委员会、各业务部门和职能部门；监督机构指监事会。

第一章 了解和认识商业银行

（一）股东大会

商业银行大多数是股份制企业，股东大会是其最高权力机构，依照《中华人民共和国公司法》和《中华人民共和国商业银行法》行使职权，决定公司重大事项。

（二）董事会

董事会由股东大会选举产生，代表股东执行股东大会的决定。董事会设董事长1人，可另设副董事长、董事。董事会的职责包括召集股东大会并报告工作、执行股东大会决议、制定目标、选举管理人员、决定经营计划和投资方案、决定预算决算方案等。

（三）管理层

管理层是商业银行的执行机构，人员包括行长、副行长及其他高级管理人员。管理层由董事会决定聘任或解聘。行长对董事会负责，职责包括主持商业银行的经营管理工作、执行董事会决议、实施经营计划和投资方案、拟定各项管理制度等。

（四）监事会

监事会由股东大会选举产生，其人员构成应当符合相关法律和公司章程规定。监事会的主要职责是对商业银行的全部经营管理活动进行监督检查。

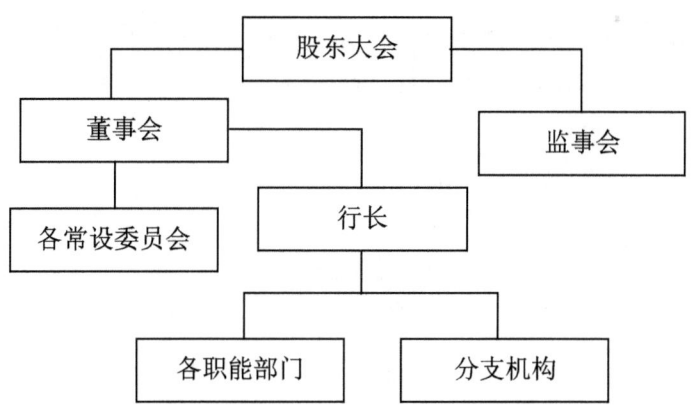

图1-1　典型股份制商业银行内部组织结构

第四节　政府对商业银行的监管

一、政府对商业银行进行监管的原因

（一）确保金融系统稳定

商业银行是金融资源的配置者和各类金融服务的提供者，在国民经济中占据极其重要的地位，但同时，商业银行也容易受到各类风险冲击，其经营管理具有脆弱性。因此，政府必须对商业银行进行严格监管，防范和化解可能面临或存在的各种金融风险，以确保整个金融系统的稳定性，为经济整体平稳有序运行提供有效金融支持。

（二）保护存款人和债权人利益

存款人和债权人将资金交予商业银行后，由商业银行对资金进行自由支配，存款人和债权人对此难以进行有效监督，二者之间信息不对称现象较为严重。若发生金融风险，使得商业银行倒闭，存款人和债权人的权益必将受到损失，社会经济后果严重。因此，由政府代表广大存款人和债权人对商业银行进行监督是必然选择。政府通过公权力，利用其信息优势，制定各种规章制度，对商业银行实施准入管理、运作管理和退出管理，定期对商业银行的各项指标进行监督检查，评价其财务情况，能够有效保护存款人和债权人的利益。

（三）改善货币政策实施效果

商业银行具有信用创造功能，是中央银行货币政策传导的重要枢纽。加强对商业银行的监督管理，促使其行为与中央银行货币政策意图保持一致，能够增强中央银行货币政策实施的效果，更好地发挥对宏观经济的调控作用。

（四）维护银行业公平有效竞争的环境

公平竞争是金融创新发展和提高效率的前提条件。在激烈的市场竞争中，如果缺乏有效监管，商业银行在逐利目标驱使下，容易突破各种规制约束，出现垄断或无序竞争等问题，导致市场失灵，影响金融业乃至整体经济有序运转。因此，政府对商业银行进行严格监管，能够为银行业创造良好的竞争环境，促进商业银行有序竞争、健

康发展，保持市场活力与效率，更好发挥其在国民经济中的重要作用。

二、政府对商业银行进行监管的内容

（一）市场准入监管

市场准入监管指银行监管当局对金融机构进入金融市场、经营金融产品和提供金融服务等方面进行依法审批，对不符合金融业准入标准的机构不予批准，维护存款人利益，保证银行业的健康运转。

市场准入监管是确保银行业安全稳健运行的第一道关口，目的是防止银行业过度竞争及由此导致的低效率和过度冒险行为；防止投资冒险者进入市场，违反审慎经营准则。我国现行商业银行市场准入监管包括机构准入监管、业务准入监管和高管人员准入监管。机构准入监管主要审核批准银行机构或分支机构的设立，主要考虑经济社会发展需要和政策要求，审核其最低资本金、股权结构、股东资格、内部控制等是否符合要求。业务准入监管是指按照审慎标准，审核批准新的业务范围和业务品种，主要考虑其合规性和风险性。高管人员准入监管主要是对高级管理人员的任职资格进行审核。

（二）运作过程监管

根据商业银行的经营特点，银行监管当局对商业银行的监管要以审慎监管为原则。以美国为例，其对商业银行的一整套监管体系包括资本充足性（Capital Adequacy）、资产质量（Asset Quality）、管理水平（Management）、盈利水平（Earnings）、流动性（Liquidity）和市场风险敏感度（Sensitivity of Market Risk），即 CAMELS 体系。

我国对商业银行运行过程的监管主要包括资本监管、监督检查和风险评级三方面。

第一，资本监管。资本监管是商业银行审慎监管的核心。"巴塞尔协议"规定商业银行的各类资本必须满足监管当局规定的资本充足率要求。另外，商业银行还必须按时披露资本充足率相关信息。

第二，监督检查。监管机构对商业银行的监督检查包括现场检查和非现场检查等手段。现场检查即对商业银行的实地检查，包括查阅账表、文件等各种资料和座谈等方式，分析、检查、评价和处理金融机构的经营管理情况，重点包括其业务的合法合规性、风险情况、资本重组型、流动性、资产质量、管理水平、内部控制、市场敏感度等。非现场检查即通过收集和分析商业银行经营管理的各类数据信息，对商业银行的总体经营情况、风险管理状况及合法合规情况进行分析评价，重点指向资本充足率、资产质量、流动性、盈利水平等。

第三，风险评级。风险评级指金融监管机构从全面性、系统性、持续性和审慎性原则出发，依据CAMELS体系对商业银行的风险表现情况和风险控制能力进行科学评估和审慎判断，最终形成综合评价。

（三）市场退出监管

市场退出监管指金融监管机构对金融机构退出金融业、破产倒闭、合并、兼并、变更、终止经营等实施监督管理。金融机构对商业银行的退出监管应当遵循以下原则：（1）依法退出原则，即商业银行退出经营必须依照相关法律规定有序退出；（2）效率与稳定原则，即依法处理债权人、股东、债务人和员工等多方权益，管控风险，提高效率，促进稳定经营；（3）准市场化原则，即商业银行退出经营时，将市场化方式与政府监管有机结合起来；（4）风险最小化原则，在商业银行退出经营时，要立足于防范和化解风险，将可能发生的风险控制在最小范围内；（5）协调配合原则，即商业银行退出经营时需要银行监管当局、财政部门和司法部门协同配合，处理好各方面关系，保证平稳退出；（6）强制性原则，即对于丧失清偿能力且救助与重组失败而无法继续经营的问题银行，必须强制其退出市场。

三、我国政府对商业银行的监管

（一）我国银行监管体系的发展历程

新中国成立后的计划经济体制时代，我国实行"大一统"银行体制，中国人民银行兼具央行与商业银行职能。1984年，中国人民银行开始专门行使中央银行职能，标志着我国"中央银行—商业银行"二级银行体系建立。

1995年，第八届全国人大第三次会议通过了《中华人民共和国中国人民银行法》，以国家立法形式确立中国人民银行作为中央银行的地位。2003年，第十届全国人大常委会第六次会议通过了《中华人民共和国银行业监督管理法》，明确了中国银行业监督管理委员会为银行业的监督管理机构。中国银行业监督管理委员会的成立意味着我国实现了在国务院领导下"一行三会"的监管模式，这有助于提升我国银行业的竞争力，规范商业银行的经营行为，维护有序的竞争秩序，使得行业的竞争以市场为向导，向着更加公平、透明的方向发展。

2018年，第十三届全国人大第一次会议通过了《国务院机构改革方案》，该方案规定，将中国银行业监督管理委员会和中国保险监督管理委员会的职责整合，组建中国银行保险监督管理委员会（简称中国银保监会）。中国银保监会的成立，是我国在加快政府职能转变过程中的一项重要举措，对于完善我国整个金融市场的监管体系有重要的意义。首先，有利于减少银监会和保监会的监管内耗，为银行业和保险业的合作提供更多契机和空间，为抑制金融市场竞争乱象创造有利条件。其次，有利于填补金融行业监管的空白。中国银保监会在监管主体上实现了资源的最大优化配置，进一步加强了监管的协调性，强化功能监管，防范监管空白和监管套利。

（二）完善我国银行监管体系的路径

1. 建立健全银行业监管法律法规制度体系

围绕银行业监管目标，构建科学的监管法律法规制度。法律法规制度的完善是有效实施银行业监管的基本保障。目前亟待对现行规章进行梳理，避免监管法规、规章间的矛盾。要注重相关法律法规的可操作性和协调性，根据金融业态变迁，及时将符合条件的政策规章法律化，为银行业监管提供可靠依据。面对互联网金融监管的相关法律法规建设相对滞后的现状，应先行制定相应的暂行条例，以控制过渡期金融风险。在金融控股公司快速发展背景下，应尽快出台金融控股公司监督管理试行办法。为配合金融控股公司相关法规的出台与实施，应进一步推动修订中国人民银行法、商业银行法、保险法和证券法等法律法规。

加快地方立法，明确地方金融监管部门的职能。首先，加快地方立法，明确地方金融办的职权与法律地位，并推动制定地方金融业监管条例，规范地方金融市场参与主体行为。其次，完善地方金融监管协调机制，强化地方金融监管部门与司法、公安以及市场监管等部门间的联动，注重监管合法性审查，提升地方金融监管机构执法能力，将监管纳入法规制度，以确保监管程序合法性以及结果的公正性。

2. 明确和完善银行业监管机构职能

尽管中央银行同时履行货币政策职能与监管职能存在一定缺陷，但多数国家已开始让中央银行履行更多监管职能。为适应金融业混业经营发展趋势，我国金融监管机构调整也在朝着金融混业监管模式方向进行。针对金融控股公司等大型混业经营的金融机构规模大、业务复杂以及业务的高关联性等特征，应把这类金融机构作为监管的重点。而在互联网等金融创新运营模式中，部分金融产品在缺乏有效监管情况下不断出现各类金融风险，因此，在目前的过渡期，为避免监管缺位问题，需要在确定系统性风险标准前提下，明确这些监管真空领域的监管责任主体。

3. 完善银行业监管内容和手段

银行业监管内容和手段如何顺应银行业发展规律是构建科学监管体系的关键。

（1）银行业监管应从被动型向主动适应型转变

结合我国实际情况，金融监管机构应从源头上控制银行资产杠杆率和集中度，确保银行体系与波动性较大的资本市场风险的有效隔离。针对不断出现的金融创新产品，银行业监管机构应及时把握并充分了解金融创新产品的发展和应用场景，密切关注商业银行结合金融科技开发新业务可能存在的风险。从被动型监管向主动适应型监管的转变，对于防范系统性金融风险可以起到至关重要的作用。

（2）开展功能监管以适应金融混业经营发展模式

银行业传统的机构监管模式不符合金融业混业经营发展趋势，为此，银行业监管应实现由机构监管向功能监管的转变。功能监管是根据金融体系基本功能而实施的跨产品、跨机构和跨市场的监管。功能监管的本质是对于不同类型金融机构从事的类似业务，突破子行业限制，根据功能明确界定监管责任，实行统一监管标准和信息披露要求，防止出现监管真空。

（3）加强对系统重要性银行的监管

为控制我国系统流动性风险的累积，避免系统重要性金融机构存在的道德风险问题，在非危机时期，必须加强对系统重要性金融机构的监管，以降低危机期间由于系统重要性金融机构的败德行为而诱发的系统性风险。应根据规模大小、传染和关联程度等界定系统重要性银行，从高层管理者选拔、业务扩张、金融创新、信息披露、资产质量和资本金水平等方面对系统重要性银行制定更高监管标准，实施更严格监管。另外，还应提高这类银行的风险意识，提前制定好银行在临近破产情形下可采取的措施。

（4）对影子银行应放管结合

银行业监管机构不但要加强对理财业务和信托业务的监管，还要推进包括利率市场化等在内的各项改革，推动银行转型，进一步规范银行表内外的理财产品，引导其将部分影子银行的业务回归传统银行业务。而针对典当行和小额贷款公司等影子银行的监管，则需制定统一的监管体系，督促有关部门落实监管职责。

（5）加强信息披露监管，构建金融市场征信体系，实现监管信息共享

银行披露的原始凭证和财务状况等信息是有效监管的前提，获得充分信息是保障银行业监管机构有效实施监管的前提，因此，信息披露监管是对银行实施有效监管的重要环节。银行客观地披露相关资产状况等信息可降低由于信息不完备导致的外部效应的影响，这一方面是对经营状况良好银行的激励，另一方面也对经营不良银行起到约束作用。需要强调的是，针对规模大、内部结构和交易复杂的金融控股公司，更应该要求其建立完善的信息披露制度。根据业务特点和监管规定，金融控股公司应及时

向监管机构披露准确、完整的业务信息,提高业务运行的透明度。金融控股公司所披露的信息至少应包括高管人员任职情况,交叉持股和互相持股情况,母公司与各子公司资产负债、盈利等财务状况,关联交易额和交易定价等。诚然,相关信息披露的真实性是金融信息监管有效性的保障。银行监管机构应重视信息管理平台建设,可借助金融科技运用网络技术对数据进行分析,推动智能监管以确保信息的真实性。

构建金融市场征信体系。征信体系中针对失信行为的惩罚机制可给予金融市场参与者相应的激励。地方金融征信体系的构建也是防范地方金融风险的关键。在参照中央银行的金融征信标准体系的基础上,应制定地方金融监管征信标准,并要求属地各类地方金融机构完善相应的金融信用制度。

构建信息共享机制,提高银行信息监管效率。目前我国银行业相关信息数据库的建设滞后于金融创新与业态的变迁。信息数据缺口导致监管机构难以及时识别风险积累,尤其缺乏系统重要性金融机构的信息。鉴于此,必须加强信息数据在监管机构间的共享。监管机构通过信息数据分析发现系统性风险隐患,则可采取防护性措施以确保银行市场的稳健性。

4. 完善银行业政府监管的多元监督体系

随着金融创新的加速,金融市场交易的复杂程度不断增加,仅凭政府监管很难满足银行业监管所需要的资源与能力。因此,在现代金融监管体系框架中,亟待将政府单一中心监管体系向政府与非政府组织间相互监督协调的多中心监管体系进行转变。政府监管机构主要对银行市场系统性风险负责,同时发挥非政府组织对金融市场中个体的非系统性风险的监督和管理作用。为弥补政府监管机构资源和能力不足等问题,应鼓励发展行业协会、中介组织等第三方机构,借助第三方机构辅助政府监管机构实施监管。

案例分析与创新思考

一、工商银行收购南非标准银行

2008年,中国工商银行以55亿美元收购南非标准银行20%的股权。

中国与非洲之间的贸易和投资往来增长迅速,非洲是中国第三大贸易伙伴,2006年,中非贸易总额达到555亿美元。贸易和投资的快速发展给银行提供了商业机会,2007年,中国工商银行以55亿美元购入南非标准银行20%的股份,成为标准银行的单一最大股东。此项并购是当时工商银行最大的一笔对外直接投资。

2007年，工商银行在中国大陆地区共有1.7万个网点，在海外的分支机构却只有112家。工商银行的高层曾多次公开表达通过并购在发达国家和发展中国家进行国际化扩张的兴趣，他们的目标主要有三个：一是实现收入来源多元化；二是为中国企业走出国门提供更好的服务；三是进一步扩大其业务网络，加快进入全球新兴市场，着力将工行打造成一流的国际现代金融机构。

2007年，南非标准银行在全球1000家上榜银行中排名第106（非洲共有18家银行上榜），是南非乃至非洲规模最大的商业银行。穆迪对其长期信用评级是Baa1。并购前，标准银行最大的股东是有政府背景的Public Investment Corporation，持有约13.9%股权；第二、第三大股东分别为南非最大保险集团Old Mutual及与保护黑人经济利益相关的机构Tutuwa Group，各有8.2%、7.6%股权；其他股东持股比例不足5%。

根据并购协议，中国工商银行支付了约366.7亿南非兰特（约54.6亿美元）的对价，收购标准银行20%的股权，成为该行第一大股东。收购成功后，工商银行将派驻两名非执行董事进入标准银行，其中一名担任副董事长职务。双方还将成立一家资产管理公司，募集设立最少10亿美金的全球资源基金，旨在投资金属、石油和天然气等自然矿产资源。

2008年，工商银行从标准银行获得了12.13亿兰特现金分红和价值5.89亿兰特的股票股息。据测算，工商银行从投资标准银行所获得的投资年回报率约为7.7%，高于国外债券投资。通过这项交易，工商银行将获得新的渠道和本土经验。

截至2009年3月底，工行与南非标准银行共开展合作项目65个，其中已完成项目9个，包括联合牵头中海油服收购Awilco公司项目融资、承贷Premium集团和联一国际出口商品融资等。由工行和南非标准银行组成的联合体又收到博茨瓦纳政府的正式委任书，作为银团贷款的独家牵头行安排博茨瓦纳Morupule B燃煤电站项目的8.25亿美元出口买方信贷和1.4亿美元搭桥贷款。此项目是当时非洲最大的电力项目，对工行在国际电力市场和非洲地区的声誉产生了重要的积极影响。

点评：

1. 中国公司在欧美地区进行扩张可能牵涉较为敏感的政治问题，这促使中国企业将眼光投向其他国家如南非等，并倾向于购入少数股权，而不是完全收购。

2. 很多基于少数股权投资的战略合作关系都因控股等方面的原因以失败告终，工行20%的股权并不足以控股。要在如此不同的两个金融机构之间建立强大的合作文化，将给双方带来巨大挑战。

二、招商银行全面收购香港永隆银行

2008年,招商银行共斥资363亿港元完成收购香港永隆银行。

2002年,招行在香港成立分行后,香港一直被其视为拓展国际化业务的"桥头堡"。截至2007年底,香港分行资产总额已经达到187亿港元。招行希望继续发挥其零售银行业务的优势,为往来于香港和内地的个人客户提供"两地一卡通"产品。该卡兼有香港借记卡和内地借记卡的优点,用户可享受两地招行网点之间网上汇款实时到账服务。但是长期以来,在港网点不足一直是招行在港进一步发展业务的瓶颈,因此,收购一家香港本地银行,对其拓展在港零售业务很有必要。

永隆银行成立于1933年,是最悠久的香港本地银行之一,在香港拥有35家分支机构。截至2008年被收购前,香港永隆银行位列香港第四大本地独立银行。2007年,永隆银行净利润虽较2006年滑坡,但其多项中间业务的发展,让招商银行颇感兴趣。年报显示,永隆银行理财中心业务收益大幅增长101.3%;信用卡发卡总数和放款量分别增长10.4%、27.7%;证券业务税前盈利上升逾1倍;代理人寿保险净佣金增长15.8%。此外,香港银行的混业经营资源对内地银行很有吸引力,永隆银行旗下的附属公司涉及信托、保险、证券、期货等多个行业。

2008年10月27日,招商银行共收购永隆银行2.27亿股股份,约占永隆银行全部已发行股份的97.82%,对于剩余的2.18%永隆银行股份,将依照香港公司条例和收购守则规定进行强制性收购。最终,招商银行共斥资363亿港元完成收购永隆银行。

收购完成后,招商银行的高管团队全面进驻永隆银行。从改组董事会和任命新总裁可以看出,招行对于永隆的控制权正在逐步显现,市场上之前对招行管理不够、协同效应不足的担心有所减少。

2012年,永隆集团财富管理业务实现收益港币4898万元,较2011年增长29.28%。永隆银行于2012年正式推出"永隆私人财富管理服务",并成立永隆银行私人财富管理中心;推出了投资移民专属"资产配置参考组合"、首次私人配售债券服务、网上首次公开发行基金认购服务、债券及基金抵押贷款服务等。2012年末,永隆银行信用卡业务发卡总数逾25万张,应收账款为港币4.09亿元,较2011年下跌2.72%。在大力推动商户收单业务下,加上香港消费市场持续增长,商户收单款项较2011年增长13.77%,达港币41.11亿元。

点评:

招商银行收购永隆银行和以往不同,这是在次贷危机的时候,以高价收购有争议的金融机构。虽然收购价格较高,短期无法体现收益,但是招行通过收购于短时间内在香港获得一个综合化经营平台,拓展了国际业务空间。经过多年的整合,永隆银行的投资回报已经逐渐显现。

三、民生银行收购美国联合银行以失败告终

2008年，民生银行收购美国联合银行，最终，联合银行在次贷危机中倒闭。

在民生银行于2007年2月宣布的未来五年规划中，国际化、多元化、金融控股是主要方向。民生银行在此前两三年就与投行及财务顾问做过讨论，谋求进入美国市场。

2008年，在美林银行的推动下，民生银行展开了对美国联合银行的收购行动。在正式公开的收购方案中，民生银行将分三步收购联合控股，并最终成为其第一大股东。第一步，以约0.97亿—1.45亿美元（折合人民币约7.37亿—11.02亿元）的现金，认购联合控股近期拟增发的新股约535万股（占联合控股增发后总股本的4.9%）；第二步，在2008年3月31日（双方协商后可推迟至2008年12月31日）之前，以1.15亿—1.72亿美元（折合人民币约8.74亿—13.07亿元）的追加投资，令民生银行在联合控股增持股份至9.9%；第三步，民生银行有权通过购买联合控股发行的新股，或购买联合控股指定的某些售股股东出售的老股的方式，进一步增持联合控股股份至20%。民生银行承诺，其所持联行股份将锁定三年，全部总投资不超过25亿元人民币。

淡马锡的董事苏庆赞对此次收购表示了不同意见。他认为联行的主要业务集中于商业房地产贷款，贸易融资业务的比重相对较低，从整体上和民生银行战略发展方向不尽一致；其锁定期的规定也不尽合理。联合银行的董事长胡少杰给民生银行的解释是，联行99%的房贷都给了华人，与美国本地人不同，华人买房首付款很高，一般会达到25%—30%，而且，华人的还款能力很强。

民生银行的董事会通过了该收购方案。但第一笔资金投入之后不久，美国次贷危机爆发，联合银行的股价也大幅下跌。

对联行的贷款组合，外界的估算是，与房地产相关的贷款占比达到77.16%，建筑贷款大概占总贷款额的20%。国际投行界某资深人士认为，联合银行是个问题很大的银行，因为其20%的贷款是加州的建筑贷款，而加州的建筑市场已经崩溃；美国很多对冲基金都在做空它的股票。

此后，在联邦存款保险公司（FDIC）的催促下，联合银行公布了一份独立调查报告。报告称，联合银行正面临呆账与房贷亏损问题，对贷款的损失拨备也不充足，这都是因为银行内部监管不足，高管涉嫌蓄意做出不当行为。

联合银行在2008年年报及2009年一季度财务报告中隐瞒了数以百万美元计的贷款坏账和呆账损失。

联合银行最终倒闭。2009年11月，民生银行在对外发布的公告中称，2008年3月和12月，该行对联合银行的两次投资，累计折合人民币约8.87亿元；截至9月30日，已按

会计准则确认投资损失和减值损失合计8.24亿元人民币。

至此，民生银行收购美国联合银行彻底以失败告终。

失败经验总结：

1. 民生银行未能获取联合银行全面、准确、客观的经营数据，联合银行存在欺诈行为。

2. 民生银行未能把握好并购的时点，对成熟市场的抗风险能力、监管力度估计错误。

3. 以美联储为代表的成熟市场的监管部门对中国企业和中资银行带有政治性排斥的倾向。

4. 民生银行本身对国际化的定位过于激进。

5. 在收购谈判及收购成功之后，话语权的争斗都将十分激烈，要避免出现收购之后，仍无话语权或话语权被架空的情况。

思考：

1. 中国银行业海外并购有何战略意义？中国银行业海外并购中有哪些需要改进的策略？

2. 结合外资银行进入我国的途径，谈谈中资银行应该如何更好地实施"走出去"战略。

本章小结

1. 商业银行是以追求企业价值最大化为目标，以金融资产和负债经营为对象的特殊企业。

2. 随着知识经济和网络经济时代的到来，商业银行正在发生深刻变革，表现为不断走向综合化、网络化和全球化。

3. 商业银行在国民经济发展中发挥着信用中介、支付中介、信用创造、金融服务等重要作用。

4. 商业银行的外部组织形式可以分为单一银行制、总分行制和银行控股公司制。商业银行的内部组织结构可以分为决策机构、执行机构和监督机构。

5. 为确保金融系统稳定、保护存款人和债权人利益、改善货币政策实施效果以及维护银行业公平有效竞争的环境,政府对商业银行依法进行监管,主要集中在市场准入监管、运作过程监管和市场退出监管三方面。

思考与练习

1. 简述商业银行未来发展趋势。
2. 简述商业银行的性质与主要作用。
3. 商业银行的外部组织形式有哪些?
4. 商业银行的内部组织结构如何划分?
5. 政府对商业银行的监管主要包括哪几个方面?

第二章　商业银行资本管理

【学习目标】
1. 了解商业银行资本的含义与功能。
2. 了解商业银行资本构成、充足性及监管。
3. 掌握商业银行资本的筹集和管理方式。

第一节　资本的性质与作用

一、商业银行面临的主要风险

商业银行在日常运营管理过程中，会面临多种风险，如信用风险、利率风险、汇率风险等。正确认识和评估商业银行的风险是商业银行稳健经营的重要保障。

（一）信用风险

信用风险指由于信用活动中存在的不确定性而导致银行遭受损失或不能获取额外收益的可能性，即商业银行的交易对象不能按事先达成的协议履行义务（违约）的潜在可能性。它是商业银行信贷经营上的一种主要风险。如资产业务中借款人无法偿还债务引起的资产质量恶化，负债业务中的存款人大量提取现款形成挤兑，等等。商业银行的所有业务都可能面临信用风险，而信贷业务的信用风险最大。严重的信用风险不仅可能威胁到商业银行自身的经营安全，而且可能导致商业银行的信用体系和支付体系崩溃，甚至引发金融危机。

（二）利率风险

利率风险指由于市场利率的变化，使得商业银行在筹集和运用资金时可能遭受的损失。具体而言，商业银行的利率风险主要来源于资产负债期限错配、资产负债利率错配和资产负债市场价值变动三个方面。利率风险的表现形式主要分为重新定价风险、收益率曲线风险、基准风险和期权性风险。利率市场化程度越高，利率变化越复杂，商业银行利率风险就越大。

（三）汇率风险

汇率风险是指汇率变动可能会给商业银行的当期收益或经济价值带来损失的风险，主要是由于汇率波动的时间差、地区差以及银行表内外业务币种和期限结构不匹配等因素造成的。目前我国商业银行的汇率风险具体表现为外汇敞口风险、结售汇等中间业务汇率风险和折算风险。

（四）流动性风险

流动性风险有狭义与广义之分。狭义的流动性风险是指商业银行没有足够的现金来弥补客户存款的提取而产生的支付风险。广义的流动性风险除了包含狭义的内容，还包括商业银行的资金来源不足而未能满足客户合理的信贷需求或其他即时的现金需求而引起的风险。流动性风险的最大危害在于其具有传导性。由于不同的金融机构的资产之间具有复杂的债权债务联系，这使得一旦某个金融机构资产流动性出现问题，则将会演变成全局性的金融动荡。

（五）操作风险

操作风险是指由于商业银行内部程序、人员、系统不充足或者运行失当，以及因为外部事件的冲击等导致直接或间接损失的风险。操作风险表现形式有：内部欺诈，外部欺诈，聘用员工做法不当和工作场所安全性问题，客户、产品及业务做法引起的风险事件，实物资产损坏，业务中断和系统失灵，交割及流程管理的风险事件等。随着机构的庞大，银行产品越来越多样化和复杂化，银行业务对以计算机为代表的 IT 技术高度依赖，一些操作上的失误可能带来很大的甚至是极其严重的后果。

（六）法律风险

法律风险是一种特殊类型的操作风险，它包括但不限于因监管措施和解决民商事争议而支付的罚款、罚金或者惩罚性赔偿所导致的风险敞口。从狭义上讲，法律风险主要关注商业银行所签署的各类合同、承诺等法律文件的有效性和可执行能力。从广义上讲，包括与法律风险相类似或密切相关的外部合规风险和监管风险。

（七）声誉风险

声誉风险是指由商业银行经营、管理及其他行为或外部事件导致利益相关方对商业银行负面评价的风险。

（八）国别风险

国别风险是指由于某一国家或地区的经济、政治、社会文化及事件，导致该国家或地区的借款人或债务人没有能力或者拒绝偿付商业银行债务，或使商业银行在该国家或地区的商业存在遭受损失，或使商业银行遭受其他损失的风险。

二、商业银行资本的多种功能

商业银行资本是商业银行从事经营活动必须注入的资金，是商业银行自身拥有的或者能永久支配和使用的资金。一般而言，商业银行资本具有以下三种基本功能。

（一）营业功能

营业功能指商业银行资本不仅为银行的注册、组织营业以及存款进入前的经营提供启动资金，而且可以为银行的扩张和银行新业务、新计划的开拓与发展提供资金。同时，也有助于树立公众对银行的信心，向银行的债权人显示银行的实力，提高企业声誉，有利于拓展业务。

（二）保护功能

保护功能指商业银行资本能够吸收银行的经营亏损，为避免被兼并、倒闭或破产提供缓冲，保护银行的正常经营。因而，商业银行资本又被称为旨在保护债权人在面临风险时免遭损失的"缓冲器"。理论上可以将商业银行经营过程中的全部风险分为可预期损失、不可预期损失和异常损失。除异常损失外，可预期损失和不可预期损失都要求被补偿或消化，以维持稳健经营。实际操作中，可预期损失以损失准备金的形式计入银行经营成本，不可预期损失则通过银行资本予以覆盖。

（三）管理功能

管理功能指商业银行资本为监管当局提供了控制银行风险的管理杠杆。金融监管当局对银行资本制定了具体的规定和要求，这些规定和要求能够有效限制银行片面谋求发展而盲目扩张的行为，有助于保证银行长期可持续性发展。

第二节　商业银行资本的构成

一、商业银行资本的类型

商业银行资本是商业银行发展的长期性资金支撑，主要源于创立时筹集的资本和利润转化。按照会计准则，商业银行资本可以分为股本、资本公积、盈余公积和未分配利润等不同类型。

（一）股本

股本又称实收资本，是指投资者按照企业章程或合同、协议等约定实际投入商业银行的资本。股份制银行的股本则是在核定的股本总额范围内通过发行股票或股东出资取得，一般可分为普通股和优先股。

（二）资本公积

资本公积是指由投资者投入，所有权属于投资者，但不构成商业银行股本的那部分出资。我国商业银行的资本公积包括资本溢价、接受现金捐赠、股权投资准备、外币资本折算差额、关联交易差价和其他资本公积等。

（三）盈余公积

盈余公积是指商业银行按照规定从净利润中提取的各种积累资金。我国商业银行的盈余公积包括法定盈余公积、任意盈余公积和法定公益金。

（四）未分配利润

未分配利润是指商业银行以前年度实现的、留待以后年度分配的结存利润。

（五）重估储备

重估储备是指商业银行对固定资产进行重新估值时，固定资产的公允价值超过账面价值的部分。

（六）权益准备金

权益准备金又称一般准备金，是指根据全部贷款余额的一定比例计提的、用于弥补尚未识别的、可能损失的准备金。

（七）次级债务

次级债务是指固定期限大于等于5年，除非商业银行倒闭或清算，不用于弥补商业银行日常经营损失，且该项债务的求偿权排在存款和其他负债之后的商业银行长期债务。

二、"巴塞尔协议"对资本的规定

"巴塞尔协议"是由巴塞尔银行监管委员会发布的若干重要协议。巴塞尔银行监管委员会是由十国集团国家中央银行行长于1974年建立的，是国际清算银行的四个常务委员会之一。1988年7月，巴塞尔银行监管委员会发布了《统一资本计量与资本标准的国际协议》，简称"巴塞尔协议Ⅰ"，规定参加国应以国际可比性及一致性为基础，制定各自的商业银行资本标准。2004年6月，巴塞尔银行监管委员会发布了《统一资本计量与资本标准的国际协议：修订框架》，简称"巴塞尔协议Ⅱ"，提出银行监管"三大支柱"的基本框架。2010年12月，巴塞尔银行监管委员会发布了《全球更稳健的银行及银行体系监管框架》及《流动性风险计量标准及监管的国际框架》，简称"巴塞尔协议Ⅲ"，内容包括：修改合格资本定义，扩大资本覆盖风险面，建立杠杆率标准等。

尽管巴塞尔银行监管委员会并不拥有超越各国主权的监管特权，其公布实施的各项协议文件也并不具备法律约束力，但是在其成立至今的数十年里，其提倡的监管标准和指导原则在国际银行业中得到广泛应用，大大提高了各国商业银行的风险管理能力。

"巴塞尔协议"将资本分为核心资本和附属资本两类。

（一）核心资本

核心资本即一级资本，是银行资本中最重要的组成部分，其特点是资本价值稳定、风险承受力强。一级资本又分为核心一级资本和其他一级资本。

核心一级资本包括普通股、股本盈余、优先股、累计其他综合收益和公开储备、满足一定标准的少数股东权益、监管调整项。

其他一级资本包括银行发行的不在核心一级资本中的金融工具、发行其他一级资本工具产生的股本盈余、未计入核心一级资本的由银行并表子公司发行且由第三方持有的工具、其他一级资本的监管调整项。

（二）附属资本

附属资本即二级资本，包括银行发行的未包含在一级资本中的金融工具、发行二级资本工具时产生的股本盈余、未计入一级资本的由银行并表子公司发行且由第三方持有的工具、二级资本监管调整项。

三、商业银行规模与资本构成

（一）不同规模商业银行资本构成的差异性

规模不同的商业银行，其资本构成具有显著的异质性。

大型商业银行的资本构成中，股本盈余和未分配利润占较大比重，然后依次是长期债务和普通股。大型商业银行信誉较好，容易以较低成本发行大量次级票据和债券以补充银行长期资金，这种方式近年来在西方国家银行业较为流行。

中小商业银行的资本构成中，主要是内部的未分配利润，较少从外部的金融市场上获取资本。一方面，资本市场有进入门槛，中小型商业银行规模小、实力弱，可能无法进入；另一方面，即使能跨过准入门槛，与大型商业银行相比，中小商业银行发行金融工具融资时的成本相对更高。因而，中小商业银行努力提升资本充足率以显示其安全性，这使得中小商业银行的资本充足情况反而比大型商业银行更高。

（二）我国商业银行资本构成

"巴塞尔协议III"确立了新的银行业资本和监管标准。据此，基于我国现状，2012年6月，我国银行监管机构中国银监会颁布了《商业银行资本管理办法（试行）》，自2013年开始实施。该管理办法对现金监管资本予以重新确定，以维护银行资本工具的损失吸收能力，提升抗风险能力。根据这一办法，我国商业银行资本包括以下内容。

1. 核心一级资本

核心一级资本包括实收资本或普通股、资本公积、盈余公积、一般风险准备、未分配利润、少数股东资本可计入部分。

2. 其他一级资本

其他一级资本包括其他一级资本工具及其溢价、少数股东资本可计入部分。

3. 二级资本

二级资本包括二级资本工具及其溢价、超额贷款损失准备、少数股东资本可计入部分。

专栏2-1 "巴塞尔协议Ⅲ"整体框架

"巴塞尔协议Ⅲ"是在"巴塞尔协议Ⅱ"框架"三大支柱"的基础上，为完善监管资本框架而形成的。"巴塞尔协议Ⅱ"中"三大支柱"的主要内容为：一是最低资本要求，最低资本充足率应达到8%，核心资本充足率应达到4%；二是监管部门的监督检查，监管者通过监测判断银行内部能否合理运行，并对其提出改进的方案；三是市场约束，要求银行及时公开披露包括资本结构、风险敞口、资本充足率、对资本的内部评价机制以及风险管理战略等在内的信息。

（一）提高资本充足率要求

"巴塞尔协议Ⅲ"对于核心一级资本充足率、一级资本充足率的最低要求有所提高，引入了资本留存资本，提升经济衰退时期银行吸收损失的能力，建立与信贷过快增长挂钩的逆周期超额资本区间，对大型银行提出附加资本要求，降低"大而不能倒"带来的道德风险。

一级资本充足率下限将从现行的4%上调至6%，核心一级资本充足率的下限将从现行的2%提高到4.5%。新的一级资本规定在2013年1月至2015年1月间执行。总资本充足率要求在2016年以前仍为8%。

增设总额不得低于银行风险资产的2.5%的资本防护缓冲资金，在2016年1月至2019年1月之间分阶段执行。此后，核心一级资本、一级资本、总资本充足率分别提升至7%、8.5%和10.5%。提出0—2.5%的逆周期资本缓冲区间，由各国根据情况自行安排。

（二）严格资本扣除限制

对于少数股权、商誉、递延税资产、对金融机构普通股的非并表投资、债务工具和其他投资性资产的未实现收益、拨备额与预期亏损之差、固定收益养老基金资产和负债等计入资本的要求有所改变。

（三）扩大风险资产覆盖范围

提高再资产证券化风险暴露的资本要求、增加压力状态下的风险价值、提高交易业务的资本要求、提高场外衍生品交易和证券融资业务的交易对手信用风险的资本要求等。

(四)引入杠杆率

为弥补资本充足率要求下无法反映表内外总资产的扩张情况的不足,减少对资产通过加权系数转换后计算资本要求所带来的漏洞,推出了杠杆率,并逐步将其纳入第一支柱。

(五)加强流动性管理

降低银行体系的流动性风险,引入了流动性监管指标,包括流动性覆盖率和净稳定资产比率。同时,巴塞尔银行监管委员会提出了其他辅助监测工具,包括合同期限错配、融资集中度、可用的无变现障碍资产和与市场有关的监测工具等。

第三节 资本充足与银行稳健

一、资本与银行倒闭风险

商业银行资本具有保护存款人和债权人权益不受损失、维护公众信心的作用。但是,商业银行资本并不是越多越好。事实上,商业银行资本不能过高也不能过低,必须适度,这就是商业银行最佳资本需要量原理。银行资本过高会使银行财务杠杆率下降,增加筹集资本的成本,最终影响银行利润和股东利益;资本过低则会增加对存款等其他资金来源的需求,使银行边际收益下降,也不符合稳健经营要求。在一个以资本金占总资产比率(用以衡量银行资本规模)为横轴、以资本成本为纵轴的坐标轴上,随着资本规模的变化,银行的资本成本曲线呈现U形运动轨迹。

因而,商业银行的资本规模取决于商业银行倒闭风险的大小,即商业银行负债总额超过其资产总额的可能性。

以一种简化的资产负债表来表示商业银行在日常经营中三种情况,如图2-1所示。

从图2-1可知,A银行的资产没有发生损失,经营安全稳健;B银行发生了资产损失,但由于资产损失小于其资本规模,仍可以继续经营(需要控制资产损失风险);C银行发生较为严重的资产损失,超过其资本规模,若不采取紧急挽救措施,将会发生倒闭风险,无法继续经营。

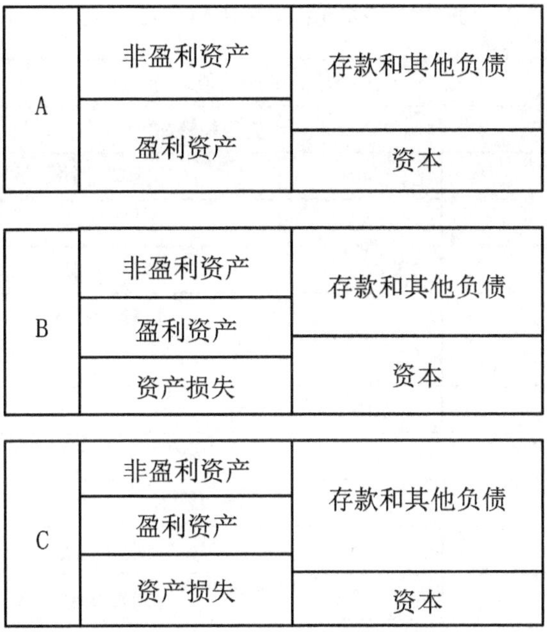

图 2-1　商业银行资本与倒闭风险

二、资本充足与银行稳健经营

资本充足仅仅是相对于商业银行的资产负债状况而言的，资本充足并不意味着商业银行没有倒闭风险。通过表2-1就可以看出，资本充足不是商业银行稳健经营的充分条件。

由表2-1两家商业银行的资产负债可以看出，二者的资产规模均为240亿元。A银行的资本为20亿元，占资产比重约为8.3%；B银行的资本为30亿元，占资产比重为12.5%，因而，可以初步认为B银行要比A银行的资本更充足。但是，进一步考察二者的资产负债结构可以看出，这一结论并不成立。

A商业银行的流动资产（包括现金和应付款、短期政府债券）规模为100亿元，负债方的活期存款规模为70亿元；B银行的流动资产规模仅为45亿元，但活期存款却达到170亿元。从二者的资产负债结构可以看出，A银行的资本规模虽小，但其流动性强，负债稳定；B银行的资本规模虽大，但资产流动性弱，负债稳定性差。从这一角度看，A银行的资本可能是充足的，而B银行的资本可能是不充足的。因而，简单以资本占资产比重衡量资本充足性是不够的。

表 2-1　资本充足与商业银行稳健经营　　　　　　　　　　　单位：亿元

A 银行的资产负债表			
资产		负债和资本	
现金和应付款	40	活期存款	70
短期政府债券	60	储蓄存款	40
长期政府债券	60	定期存款	90
贷款	80	可转让存单	20
		资本	20
合计	240	合计	240
B 银行的资产负债表			
资产		负债和资本	
现金和应付款	30	活期存款	170
短期政府债券	15	储蓄存款	6
长期政府债券	40	定期存款	6
贷款	155	可转让存单	28
		资本	30
合计	240	合计	240

除法定的资本充足率对资本数量的要求外，商业银行资本需要量的因素主要有以下几个方面。

（一）宏观经济形势

由于经济波动具有周期性，在经济波动的不同阶段，商业银行的资本需要量是不同的。在经济繁荣时期，供需旺盛，市场繁荣，银行存款增长较快，资产质量较高，坏账风险较低，银行可以保持相对少量的资本。反之，在经济衰退和萧条时期，银行需要保持相对充足的资本以应对各种风险。

（二）银行的资产负债结构

从负债看，负债流动性不同，需要保持的资本储备也不同。对活期存款等流动性较高的负债，必须保持较多的资本储备，而对于定期存款等流动性较低的负债，则可以保持较少的资本储备。

从资产看，银行资本受资产质量的制约。资产质量较高，则受损失的可能性就较小，只需保持较少的资本储备。反之，则需保持较高的资本储备。

（三）银行的信誉

资本是决定商业银行信誉的重要因素，商业银行信誉的高低反过来又影响其应当保持的资本数量。对于实力雄厚、信誉度高的银行，其资金来源较为充足，在经济不景气、发生金融危机时，较高的信誉度使得其发生挤兑的风险较低，因而可以持有相对较少的资本。反之，对于一家信誉度较低的银行，就必须持有相对较多的资本以防挤兑风险发生。

三、"巴塞尔协议Ⅲ"对资本充足的测定

"巴塞尔协议Ⅲ"对资本充足性的要求更高，其最低资本要求包括以下几方面。

1. 核心一级资本与风险加权资产的比率不得低于4.5%

$$核心一级资本比率 = \frac{核心一级资本}{风险加权资产} \times 100\%$$

$$= \frac{核心一级资本}{信用风险加权资产 + 市场风险和操作风险资本要求 \times 12.5} \times 100\% \geq 4.5\%$$

2. 一级资本不得低于风险加权资产的6%

$$一级资本比率 = \frac{核心一级资本 + 其他一级资本}{风险加权资产} \times 100\%$$

$$= \frac{核心一级资本 + 其他一级资本}{信用风险加权资产 + 市场风险和操作风险资本要求 \times 12.5} \times 100\% \geq 6\%$$

3. 总资本与风险加权资产的比率不得低于8%

$$总风险资本比率 = \frac{总资本}{风险加权资产} \times 100\%$$

$$= \frac{一级资本 + 二级资本}{信用风险加权资产 + 市场风险和操作风险资本要求 \times 12.5} \times 100\% \geq 8\%$$

信用风险加权资产是根据信用风险权重违约概率（PD）、违约损失率（LGD）以及违约风险暴露（EAD）来计算的。计量信用风险资本要求的方法主要包括：

（1）标准法。使用外部评级机构的评级结果确定风险权重。

（2）初级内部评级法。商业银行只估计 PD 值，LGD 值与 EAD 值由央行制定。

（3）高级内部评级法。允许商业银行自行估计 PD 值、LGD 值和 EAD 值。

（4）资产组合信用风险模型法。

由以上测算公式可以看出，风险权重对资本充足率有重要影响，不同风险权重可能使商业银行在资本、资产总额相等条件下的资本比率差异显著。"巴塞尔协议Ⅲ"对

不同信用等级主体的债券及商业银行资产负债表内、表外的不同资产的权重都做了规定。

第四节 资本的筹集与管理

从商业银行微观营运角度而言，在确定了商业银行总体经营目标后，商业银行的资产负债会随着目标的变化而变化，资本也必然不断发生变化。商业银行必须在法律允许范围内，综合考虑各种资本供给渠道的可行性及成本，对资本进行筹集和管理。资本管理包括筹资方式的选择、筹资规模计划、资本结构安排、风险资本配置及股份分配等内容，并正由外生的监管资本约束转向内生的风险资本管理。

一、银行资本的规模

商业银行资本规模测算方法较多，主要包括账面资本（GAAP）、管理资本（RAP）和市场价值资本（MVC）。

（一）账面资本（GAAP）

账面资本是以账面价值计量的资本数额，即在得到或发行时在会计账簿中记录的价值。其计算公式为：

$$账面价值 = 总资产账面价值 - 总负债账面价值$$

随着时间的推移，影响账面价值的因素不断发生变化，资产与负债的账面价值与其实际价值也会发生偏离。尤其是在商业银行资产与负债价值下跌时，账面价值高于实际价值，以账面价值指标衡量银行资本并不合适，它无法说明商业银行是否有足够的资本应对当前风险。

（二）管理资本（RAP）

管理资本是监管会计原理计量的资本量。其计算公式为：

管理资本 = 股东股权 + 永久优先股 + 贷款与租赁损失储备 + 可转换次级债务 + 其他

（三）市场价值资本（MVC）

市场价值资本是与投资关系最为密切的商业银行资本。其计算公式为：

市场价值资本＝商业银行资产的市场价值－商业银行负债的市场价值

也可以以股票价格和股票数量近似计算：

市场价值资本＝每股股票现期市场价格 × 发行但未偿付的股票数量

用这种方法衡量的银行资本，虽然会随着市场价值不断变化，但能更好地反映商业银行面临风险时的实际保护程度。

二、银行的资本计划

商业银行在发展过程中，需要不断调整资产负债结构以接近或达到最佳资本结构。根据自身情况，商业银行有必要审时度势，制订相应计划安排调整资本数量，以使资本比率不断向最佳目标接近。商业银行的资本计划一般分为四个阶段。

（一）制定总体财务目标

管理者必须根据商业银行的规模、服务范围、增长目标和利润目标制定总体财务目标。同时，还要根据现有财务报表进行敏感性分析，提出资本需要量基准线，对可能出现的各种情况提前着手准备。

（二）确定商业银行的资本需要量

要根据对商业银行资产的年度增长目标和利润目标的预测来确定相应的资本结构。资产与利润增长的预测又必须考虑到商业银行目前经营状况、未来发展前景及宏观经济走势等诸多因素。

（三）确定内部筹集的资本数量

即确定多少资本可以通过商业银行利润留成从内部产生。管理者面对一定数量的现期收益，必须同时考虑到未来收益的增长情况，在用于股东的红利分配和保留在商业银行内部二者之间进行抉择。

（四）为实现最低筹资成本而选择相应筹资手段

在内部筹集的资本数量确定后，外部筹资的数量也可以确定下来，进而需要考虑的问题就是如何以最低的成本筹集相应的资本数量。选择发行股票或债券等手段筹集资本，必须综合考虑当时的市场情况及现有股东的权益等多种内外部条件。

三、银行的内部筹集与外部筹集

（一）银行的内部筹集

1. 银行内部筹集的优缺点

资本的内部筹集是商业银行获取资本最为便捷和经济的方法，其优点有：不依赖公开市场筹集，免去发行成本；避免股权稀释削弱股东控制权，也避免了对每股收益的稀释。

但资本内部筹集也有缺陷，筹集资本的数量在很大程度上受到来自商业银行自身的限制。这些限制包括：首先，政府当局对商业银行适度资本金规模的限制。当资本比率要求降低时，商业银行可以用较少的未分配利润支持更多的资产增长；相反，当资本比率要求提高时，同样的未分配利润只能支持较小的资产增长。其次，商业银行所能获得的净利润规模。当商业银行的盈利水平提高时，可以提留的未分配利润就会相应增加，从而支持更高的资产增长速度。最后，商业银行的股利分配政策。商业银行的管理者要决定商业银行的净收益中有多少用于分配，有多少保留在银行内部。留存收益与股利分配之间存在此消彼长的关系。商业银行若要扩大内部资本筹集，必然要减少股利分配，这可能会影响银行的市值，因而需要慎重选择。

资本的内部筹集可以采用两种具体方法，即进行收益留存或增加各种准备金。由于监管机构对准备金的提取有上限规定，并且过多的准备金会影响商业银行的利润总额，因而留存收益便成为商业银行内源资本的主要来源。

2. 商业银行资产持续增长模型

由商业银行内源资本所支持的银行资产增长率称为持续增长率。美国经济学家 David Bernon 于1978年提出银行资产持续增长模型，这一模型可以用式（2-1）表示，用来解释银行内部筹集资本如何促进银行资产扩张。

$$SG_1 = \frac{TA_1 - TA_0}{TA_0} = \frac{\Delta TA}{TA_0} \tag{2-1}$$

其中，SG 为商业银行的资产持续增长率，TA 为商业银行的总资产，ΔTA 为商业银行的资产增量。

又有

$$SG_1 = \frac{\Delta TA}{TA_0} = \frac{\Delta EC}{EC_0} \tag{2-2}$$

其中，EC 为商业银行的股本，ΔEC 为商业银行的股本增量。

因而，有

$$SG_1 = \frac{EC_1 - EC_0}{EC_0}$$

$$= \frac{[EC_0 + ROA(1-DR) \times TA_1] - EC_0}{EC_0}$$

$$= \frac{ROA(1-DR) \times TA_1}{EC_0}$$

$$= \frac{ROA(1-DR)}{\frac{EC_1 - ROA(1-DR) \times TA_1}{TA_1}}$$

$$= \frac{ROA(1-DR)}{\frac{EC_1}{TA_1} - ROA(1-DR)} \quad (2\text{-}3)$$

式（2-3）表明了银行资产持续增长率（SG）与资产收益率（ROA）、股利分配比例（DR）和资本比率（EC/TA）之间的关系。其中三个变量确定以后，剩余一个变量的值就可以由公式确定。

也可以将外源资本对银行资产持续增长率的影响考虑在内，这时，式（2-3）变为

$$SG_1 = \frac{ROA(1-DR) + \frac{\Delta EK}{TA_1}}{\frac{EC_1}{TA_1} - ROA(1-DR)} \quad (2\text{-}4)$$

其中，ΔEK 为外源资本增量。

（二）银行的外部筹集

收益留存和增加各种准备金的内部筹集方法虽然成本较低，但筹集数量毕竟有限，并且还受各种客观条件的制约。当商业银行的内部融资无法满足其资本需求时，就要通过外部融资解决资本问题，资本的外部筹集已成为商业银行筹资管理的重要手段。

商业银行主要的外部筹集资本方式包括：发行普通股、发行优先股、发行中长期债券、出售资产与租赁设备等。

1. 发行普通股

普通股代表股东对商业银行的所有权。发行普通股包括首次公开发行股票和增发两种。优点在于：发行普通股筹集的资金是银行资本，不需要偿还；公开发行能够在短期内筹集巨额资本；在筹资过程中还能宣传企业，扩大影响力。但发行普通股也存在不利因素，如费用高、手续复杂、股东的控制力容易被削弱、降低财务杠杆等。

2. 发行优先股

优先股股东可以获得固定的股息，清偿顺序高于普通股，是介于普通股和债券之间的筹资工具。但优先股股东的投票权受限。优先股的种类包括固定股息优先股、浮动股息优先股、可转换优先股等。发行优先股虽然也需要较高的发行费用，但原股东的控制力不受影响。

3. 发行中长期债券

中长期债券的平均期限较长，债券持有者的清偿顺序排在各类存款之后。相对于其他外部筹资方式，发行中长期债券的优点包括税收优惠带来的筹资成本降低、加杠杆提高了每股收益增加的可能性、原股东的控制力不受影响等。但中长期债券必须要还本付息，过多发行必然会增加银行债务负担，加大面临的利率风险，也会影响商业银行的信誉。

4. 出售资产与租赁设备

商业银行改善资本充足率的一个可选方案是出售银行资产以降低风险资产规模，或者将高风险资产替换为低风险资产，即增加低风险资产权重，降低高风险资产权重，使总风险加权资产下降。另一种做法是出售办公设施，然后租回。这可以增加现金流入，从而增加银行资本头寸。

各种筹资手段各有优缺点，商业银行应当结合自身情况，选择最有利的筹资方式。首先应当考虑外部资本筹集的灵活性，考虑长远资本筹集的便利性，不应只顾眼前利益。其次应当把握筹资债券的发行时机，要考虑债券市场行情、银行自身的信誉情况及各种外部影响因素，同时也要制定合理的发行价格。

案例分析与创新思考

优先股开启银行业一级资本工具新时代

在2014年3月21日的行情中，银行股的全面井喷令人印象深刻：截至收盘，银行板块整体上涨了3.54%，国有银行指数、股份制与城商行指数则分别上涨了2.84%、5.73%。3月24日周一早盘，银行板块继续大幅拉升——优先股试点即将启动的消息成为银行股飙升的催化剂。

"优先股试点将极大地缓解银行股的融资压力，提升银行股的估值水平。"接受记者采访的专家和研究人士表示，从整个银行业角度来看，优先股试点的最大看点在于其开启了银行业一级资本工具的新时代，有望彻底解决资本后顾之忧。

（一）明确银行发行优先股原则

《优先股试点管理办法》对原有征求意见稿进行了部分修订，基本明确了银行发行优先股的整体原则。该办法取消了转股条款，但因为银行优先股作为一级资本工具要求具有强制转股内容，因此证监会对银行发行予以了豁免，规定商业银行可根据资本监管规定，非公开发行触发事件发生时强制转换为普通股的优先股。下一步还将与银监会联合发文，对优先股强制转换为普通股涉及的有关事项提出具体的监管要求。

（二）缓解银行融资压力

"转股安排超预期，将彻底解决商业银行资本的后顾之忧。"安信证券一位研究员评价称，上述规定实际意味着非公开发行的优先股实际上具有补充核心一级资本的功能，"对银行来说，间接通过非公开发行优先股，既可补充一级资本，又可以在触发事件发生时充当核心一级资本。未来银行可以通过'债券＋非公开发行优先股'的形式满足资本要求。"

欧美金融危机促使巴塞尔银行监管委员会大幅度提高了资本工具的质量要求，而我国2013年实施的《商业银行资本管理办法（试行）》也比照"巴塞尔协议Ⅲ"框架，将银行总资本划分为核心一级资本、其他一级资本和二级资本，其中对银行资本、一级资本、核心一级资本充足率的要求分别是：2018年底前系统重要性银行需达到11.5%、10.5%、9.5%；其他银行为10.5%、9.5%、8.5%。

数据显示，截至2013年底，全行业资本、一级资本、核心一级资本充足率分别为12.19%、9.95%、9.95%，尚无一级资本工具。有关测算显示，未来5年内，上市银行的一级资本缺口将逐渐显现，其中核心一级资本充足率相对较低的分别为民生、浦发、华夏，2013年三季度末核心一级资本充足率在8%—9%。

中金公司分析师表示，优先股将实质性降低银行核心一级资本充足率要求，大幅减轻银行普通股股权融资压力。目前，中小银行的核心一级资本充足率和一级资本充足率要求分别为7.5%和8.5%，当前中国无论是核心一级资本还是一级资本均完全由所有者权益构成，不存在其他一级资本工具，因此中小银行和大型银行的实际核心一级资本充足率被变相提升到了8.5%和9.5%。由于优先股可以计入其他一级资本，因此，实质上将银行核心一级资本充足率的要求降低至7.5%和8.5%。

而随着上市银行核心一级资本充足率的提升，银行股的融资压力也将得到极大的缓解。一直以来，上市银行巨额融资一直是股票市场一个沉重的话题，也是拉低银行股估值的重要因素。"未来若发行优先股，能够大幅度缓解普通股权融资压力，若同时配合银行外延性扩张方式转变，3年至5年内上市银行再融资压力基本消除。"中信证券行业分析师朱琰预计，潜在优先股发行规模约8000亿元，当前有融资计划的银行潜在发行规模为2000亿元至3000亿元。考虑到监管机构倾向于扭转银行规模扩张冲动，且经济形势也不支持继续信贷扩张，他认为初期银行优先股发行规模将低于计划发行量。

（三）保险机构将成主要买家

考虑到当前我国大型银行发行的二级资本工具利率在5%左右，普通股的分红收益率水平也达到了6%至8%。对比国际银行业发行的优先股成本（7%至11%），有机构预计，银行优先股的发行成本在6.5%至8%之间，将对保险资金构成极大的吸引力。

朱琰认为，保险机构是银行优先股的主要买家，保监会将单独发文进行管理，预计归属权益投资但会分配单独额度。"优先股发行总体有利于低估值蓝筹股，但由于办法停止了转股条款，使得银行优先股吸引力增加。"

从市场反应来看，优先股的转股安排对银行股而言无疑有非常正面的影响，并且超出此前预期。安信证券表示，从行业估值看，目前股价对应的2014年市盈率和市净率分别为4.4倍和0.77倍，估值在历史低点。而从过去的经验来看，市场情绪极度悲观、银行估值低于0.8倍之时，银行股往往存在绝对收益机会。此次优先股管理办法对银行的安排极为有利，预计短期内有望带来估值修复机会，而在经济持续疲弱、无风险利率高企的背景下，虽然估值修复空间可能受到制约，但目前时点是极为有利的配置时机。[1]

思考：

1. 为什么要推进发行优先股试点？发行优先股试点对我国银行业的发展有什么好处？
2. 未来还可以在哪些方面改革以拓宽我国商业银行的外部融资渠道？

---

[1] 李侠：《优先股开启银行业一级资本工具新时代》，《金融时报》2014年3月25日第4版。

本章小结

1. 商业银行面临的主要风险包括信用风险、利率风险、汇率风险、流动性风险、操作风险、法律风险、声誉风险、国别风险等。

2. 商业银行资本具有三种基本功能：营业功能、保护功能和管理功能。

3. 商业银行资本可分为核心资本和附属资本两类，核心资本又包括核心一级资本和其他一级资本。

4. 最佳资本需要量原理认为：银行资本不能过高也不能过低，必须适度。影响商业银行资本需要量的因素有宏观经济形势、银行的资产负债结构、银行的信誉等。

5. 商业银行在发展过程中需要不断调整资产负债结构以接近或达到最佳资本结构。商业银行的资本计划一般分为四个阶段：制定总体财务目标，确定商业银行的资本需要量，确定内部筹集的资本数量，为实现最低筹资成本而选择相应筹资手段。

6. 商业银行的资本筹集分为内部筹集与外部筹集。

思考与练习

1. 商业银行面临的风险主要有哪些？
2. 商业银行资本对商业银行有何作用？
3. "巴塞尔协议"对商业银行的资本构成是如何规定的？
4. 商业银行筹集资本的主要渠道有哪些？

第三章　商业银行负债管理

【学习目标】

1. 了解商业银行负债的作用、构成和负债结构的变化。
2. 了解商业银行存款的定价方法。
3. 了解商业银行非存款性资金来源渠道。
4. 了解商业银行负债成本的分析方法。

第一节　存款的种类和构成

一、存款的种类

（一）个人存款

个人存款是自然人将其持有的货币资金存入银行保管的一种信用活动形式。个人存款可以随时或按约定时间支取，是银行对存款人的负债，包括活期储蓄存款、定期储蓄存款、定活两便存款、个人通知存款和教育储蓄存款等。

1. 活期储蓄存款

活期储蓄存款是指不规定存款期限，客户可以随时存取的存款。现实中，活期存款通常1元起存，以存折或银行卡作为存取凭证，部分银行客户可以凭存折或银行卡在全国各网点通存通兑。现已可以无卡存取。

2. 定期储蓄存款

定期储蓄存款亦称"定期存单",是指银行与存款人双方在存款时事先约定期限、利率,到期后支取本息的存款。对于未到期提前支取的定期存款,按活期利率计息,并扣除提前日期的利息。根据存取方式的不同,定期储蓄存款可以分为整存整取、零存整取、整存零取、存本取息四种。

3. 定活两便存款

定活两便存款是指在存款开户时不约定存期,银行根据客户存款的实际存期按规定计息,可以随时支取的一种个人存款种类。

4. 个人通知存款

个人通知存款是指在存入款项时不约定存期,支取时事先通知银行,约定支取存款日期和金额的一种个人存款方式。个人通知存款需一次性存入,可以一次或分次支取。

5. 教育储蓄存款

教育储蓄存款是为鼓励城乡居民以储蓄方式,为其子女接受非义务教育积蓄资金,促进教育事业发展而开办的储蓄。

(二)单位存款

单位存款是指法人(包括企业、机关事业单位、社会团体等)在商业银行的存款信用活动,包括单位定期存款、单位活期存款、单位通知存款、单位协定存款和保证金存款等。

1. 单位定期存款

单位定期存款是指单位将短期闲置资金存入银行,并事先与银行约定存期、利率,到期支取本息的一种存款方式。

2. 单位活期存款

单位活期存款是指不约定存款期限,可以随时办理存取,并按照中国人民银行公布的活期存款利率按季计取利息的存款。

3. 单位通知存款

单位通知存款指存款人不约定存期,在支取时需事先通知存款银行的一种存款方式。单位通知存款实行账户管理,其账户不得作结算户使用。

4. 单位协定存款

单位协定存款是指客户与银行签订协定存款合同,开立结算账户,约定期限,商定账户基本额度,由银行对基本额度内存款按结息日或支取日活期存款利率计息,超过基本额度的部分或符合条件的最低存款余额部分，按结息日或清户日协定存款利率支付利息。

5. 保证金存款

保证金存款是金融机构为客户出具的具有结算功能的信用工具，或提供资金融通后，按约履行相关义务，而与其约定将一定数量的资金存入特定账户所形成的存款类别。若客户违约，银行有权直接划扣该账户中的存款，以最大限度减少银行损失。

（三）同业存款

同业存款是指金融机构之间开展的同业资金存入与存出业务。同业存款包括国内同业存款和国外同业存款两类。国内同业存款指银行或其他金融机构为方便结算，在各自有关的结算地点开立存款账户，是对于接纳该笔存款的银行和金融机构而言的。国外同业存款是各国经营外汇业务的银行，为了便于国际业务的收付，在某种货币的结算地点开立的该货币的存款账户，是对于接纳该笔存款的银行和金融机构而言的。

（四）外汇存款

外汇存款是指以可兑换货币表示的在银行账户里的各种存款。从银行方面来说，外汇存款是其接受顾客的外币现金、外币汇票或支票等信用工具，并对顾客负有定期或不定期偿付义务的授信行为，即对存户发生了债务；而从客户方面来说，则是以外币现金、外币汇票或支票等信用工具寄存银行，并可定期或不定期向银行收回的授信行为，即对银行取得外汇债权。

二、存款的构成

1. 存款的稳定性

银行在争取存款时，比较偏好稳定性强的存款，即核心存款。核心存款指对市场利率变动和外部经济因素变化反应不敏感的存款。一般来说，商业银行的交易存款账户和不流通的定期存款账户属于核心存款账户，扩大核心存款的比重有利于降低商业银行经营的市场风险。与核心存款相对应的是易变性存款，指那些对市场利率变动和外部经济因素变化敏感的存款。商业银行易变性存款的增加会扩大其市场风险。因而，商业银行应着力扩大核心存款的比重。

2. 存款的利率

商业银行为存款支付的利率多种多样。存款利率取决于多种因素。

首先，存款的期限越长，利率越高。活期存款利率最低，对于期限较长的定期存款，商业银行支付的利率也越高。

其次，存款利率还与商业银行的实力有关。在存款竞争中，大型商业银行综合实力强，经营成本相对更低，存款的安全性也高，因而可以支付低于中小商业银行的存款利率。

最后，存款利率还取决于商业银行的经营目标。当商业银行实行扩张性经营战略时，为扩大市场份额，通常以高于其他商业银行的存款利率吸引客户存款。

专栏3-1　新格局下商业银行存款业务发展策略

一、提高银行核心存款业务发展质量

长期以来，我国商业银行都希望通过扩大规模来增加银行的经济收入，因此比较注重抢占市场份额，甚至会利用价格手段来达到增加存款业务的目的。长此以往，虽然银行的规模有所增长，但是银行抵御风险的能力并没有同步提高，银行在资本补充方面的能力需要进一步加强。新格局下，我国商业银行应提高核心存款的发展质量。首先，在开展存款业务时，不能仅以市场份额作为考核标准，也不能将存款业务与同行业的存款比较作为衡量银行发展水平的标准。其次，商业银行可以通过下调长期存款的资产转移定价（Funds Transfer Pricing，FTP）来引导分支机构加大短期资金的组织力度。对于长期限存款的客户授权利率，商业银行可以采取收紧的方式，以此加大活期资金组织。另外，商业银行还可以建立科学的绩效考核制度，进一步优化存款期限结构，让存款利息基本保持平稳状态，并且能够有所降低，只有这样才能让商业银行的利润实现长期性增长。

二、完善银行资金内循环体系

新格局下，我国人民群众的存款方式发生改变，金融资产越来越受欢迎，并且其他金融机构的存款业务发展态势良好。因此，商业银行需要尽快完善内部的资金循环体系，与非银行机构建立业务上的合作关系，提升存款业务的联动能力。首先，针对非银行机构，商业银行要提高自身托管资金的留存。商业银行需要不断提升资金托管产品优势，加大对资金托管产品的营销力度，提高资金托管运营能力，以产品优势吸引更多非银机构的资金托管业务，逐渐扩大商业银行内部托管资金的数量和规模。其次，商业银行可以在资金内循环系统中搭建同行业的业务发展平台：第一步，商业银行要深入研究与分析同行业发展情况，了解自身在行业市场中的优势；第二步，商业银行可以在业务发展平台中与同行业客户进行专业化交流，争取更多优质客户资源，以此增加活期存款业务数量。

三、搭建银行财富管理体系

在银行所有的业务收入中,财富管理业务所带来的收入占据重要地位,一方面,财富管理业务可以带动中间业务的发展,从而促使中间业务的收入得到显著增长;另一方面,还可以为商业银行带来低成本的活期存款。招商银行就利用财富管理业务增加了内部的活期存款沉淀。该银行通过宣传资产管理规模,吸引许多客户创建理财主账户,并且还为客户提供电子银行服务,具有支付结算和代发客户的优势,推动了活期存款业务的良好发展。由此可见,我国商业银行需要尽快搭建财富管理体系,吸引更多客户在银行内创建理财主账户,然后拓展存款渠道,尤其是在活期存款方面。商业银行在搭建财富管理体系时要依靠高质量产品吸引客户,如债权产品、信托产品、基金产品等,丰富金融产品形式,满足不同社会群体的多样化需求,只有这样才能吸引具有资产配置需求的客户选择商业银行,从而增加商业银行非存款类的其他资金和资产。此外,由于我国正在大力推行乡村振兴战略,所以商业银行应关注农村市场蕴藏的巨大潜力,在财富管理体系中增加农村地区的相关服务内容。首先,商业银行可以先到农村地区宣传金融方面的信息,向农村地区的客户介绍一些优质的金融产品;其次,商业银行需要为农村地区的客户开通金融支付功能,为他们提供便民缴费的服务;最后,商业银行要善于挖掘农村地区的客户,如农村合作社的股东、农村地区小型企业的经营者、城市与农村边界地带的拆迁户等。

四、促进银行存款业务协同发展

新格局下,商业银行要促进存款业务的协同发展,增强存款业务的联动能力,建立存款业务和支付结算业务、贷款等业务之间的良好联动关系。商业银行现有的板块业务包括零售金融板块、资金管理板块及金融板块,其中,零售金融板块对应的是个体客户存款;资金管理板块对应的是公司存款;金融板块对应的是同业存款业务。首先,针对不同板块,商业银行可以设立板块业务之间的联动考核指标,还可以基于统一性、整体性发展的考虑,制订板块业务的发展方案。其次,从目前情况来看,商业银行的零售金融板块、公司金融板块与代发业务有着非常密切的联系,因此,商业银行在今后的发展中要加强技术的协同化程度,促进存款业务不同板块之间资金的协同发展。最后,商业银行在发展存款业务时需要关注分行和子公司的发展情况,当分行或者子公司在发展过程中遇到业务上的困难,总行不仅需要给予其技术方面的支持,还应为其提供专业化建议,促进分行业务的健康发展。分行和子公司也应及时总结存款业务中的经验,改正自身存在的不足,然后配合总行为客户持续提供综合性的金融服务。

五、推动银行存款业务数字化转型

新格局下,随着"零接触"理念的深入人心,商业银行进行数字化转型已是必然趋势。第一步，商业银行要在发展存款业务时积极推动数字化营销，运用大数据技术来分析不同客户，研究客户群体的不同需求，然后针对客户个性化需求为客户提供精确、合适的产品。同时，商业银行还可以运用人工智能技术分析客户的资金流向情况，尤其是重点客户，然后为客户开展定向营销。第二步，商业银行在进行数字化转型过程中要加强金融产品创新，坚持以客户需求为中心，运用互联网技术丰富传统产品形式，将原本线下的产品拓展为线下与线上相结合的产品。第三步，商业银行需要拓展线上存款业务的发展渠道。目前，场景金融的应用越来越广泛，商业银行在开展存款业务时也离不开场景金融的支持，商业银行需要完善生态场景金融，尽快搭建民生场景金融、消费场景金融、社区场景金融等，以此提高商业银行场景化的资金存款量。[1]

第二节　存款的定价

一、成本加利润定价法

为吸收存款，商业银行要向客户提供多种服务，这必然会导致商业银行存款服务成本增加。因而，商业银行必须对存款服务进行适当的定价，在弥补相应成本的同时获取适当收益，即存款定价可以采用成本加利润的方式决定。用公式表示如下：

单位存款服务价格 = 单位存款服务经营支出 + 分配到银行存款的总支出
+ 单位存款的计划利润

成本加利润定价法要求精确计算每种存款服务的成本，一种普遍的方法是以商业银行的资金成本为基础制定价格，计算方法是以每种资金来源的成本比率分别乘以每种资金来源的权重，进而求和即可得出。

【例3-1】某商业银行需筹集资金500万元，包括200万元的活期存款、200万元的定期与储蓄存款、50万元的货币市场借款和50万元的股权资本。活期存款的利息和非利息成本为存款的8%，储蓄和货币市场借款的总成本为10%，股权资本的筹资成本为20%。假如储备要求等减少商业银行可使用资金的数额为活期存款的15%、储蓄存款的5%、货币市场借款的2%，那么该商业银行的加权平均税前资金成本为：

---

[1] 亢爱草：《新格局下商业银行存款业务发展策略》，《投资与创业》2022年第8期。

$$\text{加权平均税前资金成本} = \frac{200}{500} \times \frac{8\%}{1-15\%} + \frac{200}{500} \times \frac{10\%}{1-5\%} + \frac{50}{500} \times \frac{10\%}{1-2\%} + \frac{50}{500} \times \frac{20\%}{100\%}$$
$$\approx 11\%$$

因而，商业银行必须确保其贷款及其他盈利资产组合的税前收益率不低于11%。

二、边际成本定价法

在浮动利率制度下，利率的变化是常态，利率的不断变化使得平均成本定价法难以被实际应用。在这种情况下，存款的边际成本定价法可能要优于加权平均成本定价法。若利率下降，筹集新资金的边际成本低于平均成本，某些贷款和投资根据平均成本看起来是不盈利的，但以更低的边际成本计算则是盈利的；相反若利率上升，筹集新资金的边际成本高于平均成本，按照平均成本看，新增贷款和投资能够盈利，但以边际成本看，可能是亏损的。

【例3-2】某商业银行通过7%的存款利率吸引了25万元的新存款。该商业银行估计，如果提供7.5%的利率可筹集存款50万元，提供8%的利率可筹集存款75万元，提供8.5%的利率可筹集存款100万元，提供9%的利率可筹集存款125万元。如果该商业银行投资资产收益率为10%，由于贷款利率不随贷款量的增加而增加，因此贷款利率就是贷款的边际收益率。当存款为多少时，商业银行可获得最大的利润？

若要求此利润最大化问题，在得知边际收益率后，只需求得边际成本率即可。边际成本率由总成本变动除以商业银行资金增量计算。公式表达如下：

边际成本 = 总成本的变动
= 新利率×以新利率筹集的总资金 − 旧利率×以旧利率筹集的总资金

$$\text{边际成本率} = \frac{\text{总成本的变动额}}{\text{筹集的新增资金额}}$$

表3-1 使用边际成本定价法确定存款利率

存款利率	存款额/万元	边际成本/万元	边际成本率	边际收益率	利润（总收益−总成本）/万元
7.0%	25				
7.5%	50	2	8%	10%	1.25
8.0%	75	2.25	9%	10%	1.5
8.5%	100	2.5	10%	10%	1.5
9.0%	125	2.75	11%	10%	1.25

注：总收益 = 存款额 × 边际收益率，总成本 = 存款额 × 存款利率。

由表3-1可以看出，在边际收益率大于边际成本率时，增加存款可以不断增加其利润；当边际收益率等于其边际成本率时，利润达到最大；当边际收益率小于其边际成本率时，增加存款会降低其利润。因而，商业银行应当选择8.5%的存款利率，以获得最大利润。边际成本定价法不仅可以告诉商业银行，其存款基础应扩大到什么程度，还可以在其利润开始下降时，告诉商业银行必须以更低的边际成本筹集资金，或寻找边际收益更大的新投资。

三、存款的其他定价方法

1. 为不同客户指定不同的价格

随着银行业存款竞争的加剧，商业银行为了吸引客户，通常按照客户存款的平均余额以及客户对其存款运用的情况安排不同的价格。通常，商业银行为客户规定一个存款的平均余额最低限额，只要客户的存款余额保持在最低限额以上，客户使用存款就只需付很低的费用或者不付费，但如果平均余额降到规定的最低限额以下，就要支付较高的费用。

2. 根据客户与商业银行的关系定价

商业银行为吸引客户购买更多项存款服务，会在存款定价上给予一定的优惠。商业银行对于那些购买两项以上服务的客户，在提供服务时收取较低的费用甚至免费提供服务，这既增强了客户依赖性，也提高了商业银行存款的稳定性。

第三节 非存款性的资金来源

一、同业拆借

同业拆借是金融机构之间的短期资金融通，主要用于支持日常性的资金周转，是商业银行为解决短期资金余缺，调剂法定准备金头寸而融通资金的重要渠道。

商业银行在日常的经营管理过程中可能会有暂时的资金闲置，也可能会有暂时的资金不足，同业拆借市场满足了资金供求双方的需要：发生流动性不足的商业银行可以通过同业拆借市场获取资金，资金闲置的商业银行可以通过同业拆借市场借出资金获利。在西方国家，中央银行对商业银行的存款准备金不支付利息，同时商业银行对一部分活期存款也不支付利息，这就刺激了商业银行将闲置的资金头寸投放到同业拆借市场以获得收益。我国央行对商业银行的准备金支付存款利息，商业银行对各种存款也支付相应的利息，因此我国银行间同业拆借的目的是补充存款准备金的不足和保持银行资金的流动性。

只有银行间同业拆借的利率高于中央银行的存款准备金利率时，商业银行将资金投放于同业拆借市场才是合理的。同时，商业银行拆借额度的确定必须立足于自身的承受能力。拆出资金以不影响存款的正常提取和转账为限，拆入资金必须视自身短期内的还债能力为度。我国金融监管机构对商业银行的同业拆借实行限额管理，并且对银行间同业拆借的资金用途有严格规定，拆入的资金只能用于弥补票据结算、联行汇差头寸的不足和解决临时性周转资金的需要，不能用于其他用途。

专栏3-2 我国同业拆借市场发展历程

一、拆借市场的起步和初次整顿（1984—1988）

1984年，中国人民银行开始独立行使中央银行职能，鼓励金融机构利用行际差、时间差、地区差进行拆借，但由于信贷资金管理体制长期处于计划经济体制下，一时调整不过来，资金拆借量很小。1986年，国务院颁布《中华人民共和国银行管理条例》，明确专业银行间资金可互相拆借并出台政策鼓励其发展，同业拆借市场得以真正启动。

然而，1988年，通货膨胀压力增大，一些金融机构"短拆长用"，投资固定资产，不顾自身清偿能力；许多地区将办信托和成立金融性公司作为来钱渠道，资金拆借市场严重混乱。同年，中国人民银行进行整顿，撤销了年初才批准的融资中心，规范拆借期限。

在同业拆借市场发展的起步阶段，问题是显而易见的。一是急功近利，央行尽其所能去扩大空白的市场，然而这种单纯的扩大却缺乏风险意识和控制手段、规避工具。同时央行急切的心态在拆借利率方面暴露无遗，在当时市场发展不完善的情况下是不适合实行拆借利率市场化的，这种超前的政策也为其后的混乱埋下了隐患。二是用途不当，许多地方政府把资金拆借作为筹集长期资金的渠道，一些银行把其作为弥补信贷资金缺口的主要手段。虽然某种意义上它为缓解当时各地经济发展迫切所需资金做了重大贡献，但它也严重影响了同业拆借市场的资金流动性和进一步发展。三是法律不健全，1990年以前，同业拆借市场都在基本没有相关市场管理法规的状态下运行。

二、拆借市场的再起步和再次整顿（1990—1993）

经过一段时间的整顿、调查，金融秩序开始恢复正常。1990年，中国人民银行下发《同业拆借管理试行办法》，首次对我国同业拆借市场管理作了比较全面而系统的规定。之后两年同业拆借市场又趋活跃，1990年交易量为2300亿元，1991年、1992年分别比1990年上升26%和30%。

然而，1992年股票、房地产投资出现失控，随之而来大量拆借资金被用于股票、房地产等或是地方财政。此种情况一直持续到1993年上半年。国家再一次整顿市场，年末收回违规拆借金830亿元，由于整顿时不忘疏通，当年拆借交易量达到300亿元左右。

这一时期的问题主要集中在两个发展不平衡上。一是货币市场与资本市场不平衡。我国资本市场发展迅猛而管理滞后，受利益因素驱动，同业拆借市场资金便通过各种渠道流向资本市场，既导致同业拆借市场的资金风险，又助长了资本市场的不正常波动。二是同业拆借市场与债权、票据市场不平衡。同业拆借市场一枝独秀，这样就难以通过债权的抵押、质押规避市场风险。

三、建立全国银行间拆借市场网络和清理收回融资中心逾期资金（1996—1997）

为从根本上纠正同业拆借市场混乱现象，1995年，中国人民银行撤销了各商业银行及其分行开办的融资中心等中介机构，保留人行牵头设立的融资中心。1996年1月3日，全国银行间拆借市场网络建立并试运行。1月4日，人行对外公布了第一个全国统一同业拆借市场价权平均利率（CHIBOR），它标志着我国利率市场化的开始。

而此前积蓄已久的风险问题终于爆发，大量拆借资金不能按时归还，严重干扰了人民银行正常工作。人民银行从1997年第四季度开始，清理回收逾期资金160多亿元，清理连环债400多亿元。

这期间虽然建立了全国统一拆借市场，但仍面临一些问题：一是拆借交易量逐年大幅减少，从1995年的10000亿元锐减到1998年的989亿元；二是部分中小金融机构不具备加入一级市场交易条件，网络延伸受到限制；三是融资中心、央行终于自食了参与市场、从事买断资金交易的苦果，而之后对融资中心信心的丧失和撤销在无形中为日后的交易增加了障碍。

四、市场化改革与不断求索（1998年至今）

1998年5月，人民银行批准经营人民币业务的外资银行加入全国同业拆借市场，批准保险公司、农村信用社加入全国统一拆借市场。

1999年9月，人民银行批准一批证券公司和基金管理公司进入银行间同业市场。

虽然市场主体不断丰富，但由于社会存款集中于商业银行，它们便成为主要资金净融出方，而其他金融机构则为资金净融入方。这种拆借的单向性显然是不稳定的。

同时，证券公司和外资金融机构没有起到预想的效果。虽然2002年证券公司拆借量占市场总量的46.4%，但只有拆入而无拆出，不仅增加了拆借市场的风险，也使资本市场价格的波动直接反映到拆借市场利率变化上。而外资银行由于信息不对称，再加上国家管制，并不活跃，2000年只占交易总量的0.83%。

与此同时，人民银行长期以来向商业银行提供利率甚至低于同业拆借利率的再贷款，同时对准备金付息，这都降低了同业拆借市场发展的欲望。在这种制度下，同业拆借利率很难说是扮演基准利率的角色。

五、由我国同业拆借市场发展引发的深层思考

1. 游戏规则的确定。中国同业拆借从无到有，不断完善的制度是其重要保障。动力机制和约束机制的缺位都会使我们付出沉重代价。但在确立一项规则时，必须使交易者看到接受规则背后的利益，否则无论政府如何推崇都不会持久。在市场发展过程中，无论是支持还是反对某种交易规则，都要十分尊重这种利益。

2. 金融改革的阶段性和稳定性。同业拆借市场经历的几起几落当然是源于我们的不断探索，然而在我国同业拆借市场上，改革目标与阶段性目标的衔接总有明显的缺陷，前一段的改革成果，反而成为下一步的改革对象。

3. 金融政策的连续性和规范性。金融政策要有一定的约束力是各方面公认的，而在我国同业市场，常朝令夕改，政策制定后往往得不到有效实施，利益主体混乱，这都导致了我国同业市场发展的低效率。[1]

二、中央银行的贴现借款

中央银行是向商业银行提供货币的最后贷款者，其借款形式有两种，一种是直接借款，即再贷款；另一种是间接借款，即再贴现。在市场经济发达的国家，由于票据和贴现业务广泛流行，再贴现就成为商业银行向中央银行借款的主要渠道。但在商业票据信用不普及的国家，主要采取再贷款的形式。

商业银行向中央银行借款有严格限制。因为各国央行通常把对商业银行的放款作为宏观金融调控的主要手段，放款的数额将直接构成具有成倍派生能力的基础货币，其利率经常随经济、金融形势的变化而调节，一般要高于同业拆借利率。若央行提高贴现利率或再贷款利率，则意味着央行收紧货币供给，实行紧缩的货币政策；反之，则意味着实行扩张的货币政策。

---

[1] 白洋：《我国同业拆借市场发展历程》，《商场现代化》2006年第26期。

三、国际金融市场融资

商业银行也可以利用国际金融市场进行融资。国际金融市场上的融资方式多种多样，常见的融资方式包括外国金融债券和欧洲金融债券等。

外国金融债券是指债券发行银行通过外国金融市场所在国的银行或金融机构发行的，以该国货币为面值的金融债券。这类债券的发行银行在一个国家，债券面额和发行市场在另一个国家。常见的外国金融债券包括扬基债券、武士债券和熊猫债券。扬基债券是在美国发行的国外债券，武士债券是在日本发行的外国债券，熊猫债券是在我国发行的外国债券。

欧洲金融债券指债券发行银行通过其他银行和金融机构，在债券面值货币以外的国家发行并推销的债券。这类债券的发行银行属于一个国家，发行市场属于另一个国家，而债券面值所使用的货币属于第三国。如我国银行在伦敦金融市场发行美元债券，在法兰克福金融市场上发行日元债券，前者被称为欧洲美元金融债券，后者被称为欧洲日元金融债券。

四、发行中长期债券

发行中长期债券是指商业银行作为发行人，发行期限超过一年的债券并承担相应还款付息义务，向投资者筹集资金的融资方式。商业银行发行中长期债券所承担的利息成本较其他融资方式要高，优点在于能够保证商业银行自身的稳定性。但是，资金成本的提高又促使商业银行不得不去经营风险较高的资产业务，这增大了商业银行的经营风险。

一般而言，政府对商业银行发行中长期债券有法律法规限制。西方国家一般鼓励商业银行发行中长期债券，尤其是资本性债券，但我国对此有严格限制，商业银行通过发行中长期债券获得资金的比例较低。

专栏3-3　2021年商业银行发债近2万亿元：二级资本债规模居首，占比超三成，永续债热度有所回落

一直以来，发行债券都是商业银行重要的融资方式。2021年，在市场利率回落、银行业整体让利实体经济、加大拨备计提力度的背景下，部分银行利润增长有限，内源性资本补充不足，加大信贷投放的同时，需要通过外源性渠道补充资本，抵御风险。

企业预警通数据显示，2021年，商业银行合计发行债券249只，累计发债规模达1.98万亿元，发债数量及规模较2020年均增长近2%。债券类型主要以二级资本债、永续债、小微贷款金融债、金融债、绿色金融债为主，发行主体同样多元，包括国有大行、股份制银行、城商行、农商行等。

其中，二级资本债合计发行规模6170.73亿元，约占总发债规模的31%。其次是永续债，累计发行规模达5855亿元，约占总发债规模的30%，金融债合计发行3625亿元、小微企业专项金融债合计发行3420亿元、绿色金融债384.55亿元、创新创业债100亿元、"三农"专项金融债91亿元。

在发行二级资本债的队伍中，城商行、农商行等中小银行为主力军，发债数量及规模较2020年双双增长。与此同时，此前发行热情高涨的永续债，在2021年发债规模有所下滑。

一、发行规模再创历史新高，二级资本债券仍受青睐

资本充足水平是商业银行稳健发展的重要基础，而传统的发债方式依旧是其进行融资的重要手段。

在监管多次引导让利实体经济、增加信贷投放，以及银行自身前瞻性应对未来不良贷款上升的压力等多重因素影响下，商业银行纷纷通过各种途径保证资本充足水平。银保监会相关负责人也多次公开表示，为了提高金融服务实体经济的能力，增强服务小微企业、服务"三农"的能力，支持银行利用永续债、二级资本债等创新型的资本工具，多渠道补充资本。

二级资本债券是商业银行外源性资本补充的常用工具，可提高核心一级资本充足率、一级资本充足率和资本充足率三项资本充足性监管指标中的资本充足率。企业预警通数据显示，2021年，商业银行累计发债规模达1.98万亿元。其中，62家商业银行合计发行82只二级资本债，发债规模达6170.73亿元。与之相比，2020年，商业银行合计发行了72只二级资本债，发债规模达6152.9亿元。发债数量和发行金额均较上年有所增长，这也意味着，商业银行二级资本债的年度发行规模创下历史新高。

由于发行较为便利，二级资本债深受中小银行"追捧"。2021年，商业银行超6000亿二级资本债中，中小银行为主要发行主体，合计有53家城商行、农商行加入发债队列，占所有二级资本债发行银行的85%，另外包括了5家国有行、3家股份行。

"二级资本债主要的发行主体是中小银行，和二级资本本身的属性有关。"金乐函数分析师廖鹤凯解释称，"二级资本为附属资本，包括贷款损失准备金和次级债务等，这两年疫情防控压力较大，市场环境艰难，而且随着资管新规过渡期结束，中小银行受到的冲击更大，普遍有持续补充资本的需求，以解决当下困境或更好应对长期挑战。

这一趋势在近年来大环境不佳的情况下有所强化，而且在2022年预计将会延续。"

与此同时，大型商业银行占据了较大比例的发行规模。据财经网金融梳理，2021年，国有行、股份行分别发行二级资本债4000亿元、1140亿元，约占该债券全年发行规模的83%。其中，2021年单笔及累计规模最大的二级资本债均来自建设银行，2021年8月10日该行成功发债800亿元，全年累计发行二级资本债1450亿元。

此外，2021年11月以来，国有行、股份行踊跃参与二级资本债的发行。11月，建设银行、平安银行、中国银行、兴业银行分别发债450亿元、300亿元、500亿元、450亿元；12月，建设银行、工商银行分别发债200亿元、600亿元。

对此，廖鹤凯指出，与以往常规的中小银行发行二级资本债券不同，2021年11月以来发债的中国银行、建设银行、平安银行等均为系统重要性银行，信用等级高，发债规模巨大，导致了发行规模数据的非常规波动，发债规模有所增资。2022年预计发债规模还会有小幅度增加，其中中小银行的发展趋势会持续增加。

他认为，这样的集中发债看起来是偶发性的，更多的或许是为了更好地服务实体经济、加速不良资产处置进程，以及后续业务发展的需要。

二、永续债发行热情回落，小微企业专项金融债规模超3000亿元

不同于二级资本债券的"由来已久"，永续债是近年来商业银行对于新型资本工具的创新探索。

2019年1月，银保监会发布公告称，批准中国银行发行不超过400亿元无固定期限资本债券，商业银行首单永续债正式落地。公告指出，这是我国商业银行获批发行的首单此类新的资本工具，有利于进一步充实资本，优化资本结构，扩大信贷投放空间，提升风险抵御能力。同时也有利于丰富债券市场投资品种，满足投资者多样化需求。

自此，永续债成为火热程度仅次于二级资本债券的"补血"利器。2019年，商业银行合计发行16只永续债，发债规模达5696亿元；2020年，永续债发行热情高涨，商业银行合计发行54只永续债，发债规模达6484亿元，发债数量和额度分别环比增长了70%、12%。

到2021年，永续债发行规模有所放缓，55家商业银行合计发行62只永续债，累计发行规模达5855亿元，较上年环比下滑了14%。财经网金融了解到，2021年7月，一度只有一家银行出现发行永续债的动作，即恒丰银行发债80亿元，不足同年6月的十分之一。

永续债的发行主力军同样是城商行、农商行等中小银行。企业预警通数据显示，2021年永续债的发行银行中包含有29家城商行、10家农商行、6家国有行、5家股份行及1家民营银行。发债规模上，国有行、股份行、城商行、农商行、民营银行分别发行

了2815亿元、1460亿元、1387亿元、178亿元、15亿元永续债。2021年6月8日，工商银行在全国银行间债券市场发行完成700亿元永续债，是年度发行规模最大的一笔永续债。

值得一提的是，2021年以来，银行永续债发行主体进一步扩容，从商业银行增加到政策性银行。2021年7月22日，中国进出口银行发布公告称，计划于7月27日在全国银行间债券市场发行2021年无固定期限资本债券（第一期），本期债券计划发行600亿元。进出口银行由此成为首家发行永续债的政策性银行。在此前的2020年7月，网商银行发行25亿元永续债，民营银行首次加入永续债发行行列。截至2022年1月，银行永续债发行队伍已经涵盖国有行、股份行、城商行、农商行、民营银行、政策行等所有银行类型。

同时，永续债条款也进一步创新，转股型永续债落地。2021年1月20日，宁波通商银行发行首单转股型无固定期限资本债券，共5亿元，票面利率4.8%，全场认购倍数2.1倍。转股型资本债券是一种含权的资本补充工具，与此前发行的减记型资本债券相比，当风险事件触发时，减记型资本债券将直接减记，转股型资本债券可转为股权并参与发行人剩余资产分配。

除了二级资本债、永续债之外，近年来，监管部门引导金融机构加大对实体经济特别是小微企业、科技创新、绿色发展的支持。

2021年7月，央行曾印发《关于深入开展中小微企业金融服务能力提升工程的通知》，要求加大对中小微企业的信贷投放，鼓励中小银行业金融机构发行小微企业专项金融债券，拓宽小微企业信贷资金来源。

小微企业专项金融债作为专项用于小微企业贷款的债券，发行规模保持较高水平。企业预警通数据显示，2021年，41家商业银行合计发行了52只小微企业专项金融债，合计发行规模达3420亿元。具体包括了21家城商行、11家农商行、6家股份行、3家国有行，其中单笔发行规模最大的小微企业专项金融债来自交通银行、光大银行，这两家银行分别于3月、4月发行400亿元额度的债券。

此外，为了助力"双碳"目标的实现，商业银行积极发行绿色金融债券，促进绿色信贷领域发展。2021年，14家商业银行合计发行了18只绿色金融债，发行规模累计可达384.55亿元，较2020年的167亿元增长了130%。发行银行以城商行为主，包括了8家城商行、5家农商行和1家国有行。

对于2022年小微企业专项金融债、绿色金融债的发展前景，廖鹤凯指出，小微企业专项债、绿色金融债专项用于小微企业、绿色金融领域的发展，在2022年甚至未来数年都有增长空间。特别是绿色金融债，是未来新经济周期中的重要品种，规模和数量都有较大的发展空间。

光大银行金融分析师周茂华也表示，小微企业、绿色经济等领域均是国内政策重点支持的领域，国内强化逆周期与跨周期结合，积极推动绿色发展战略与"双碳"目标实现，一系列制度标准完善与支持政策落实等，小微专项债与绿色金融债发行将稳中有升。[1]

第四节 商业银行负债成本的管理

一、成本的概念

商业银行在进行负债成本管理时，必须准确核算各种成本，以便对各种可供选择的资金来源价格进行比较，从而确定合理的资产价格，以弥补资金成本和支付给股东所需的收益率。商业银行负债成本管理经常使用的成本概念有利息成本、营业成本、资金成本和可用资金成本等。

（一）利息成本

利息成本是商业银行以货币形式直接支付给存款者或债券持有人、信贷中介的报酬，利息成本的高低依期限的不同而不同。利息成本的计算方式有不变利率计息和可变利率计息两种。不变利率计息是在负债发生时规定利率，以后不再调整。可变利率计息是指负债发生时不规定具体的利率，而是确定一个基点，然后在这一基准基础上进行调整。

（二）营业成本

营业成本是指花费在吸收负债上的、除利息之外的一切开支，包括广告宣传费用、银行职员的工资和薪金、设备折旧、办公费用及其他为存款客户提供服务所需的开支等。这些成本中，有些有具体的受益者，如为存款提供的转账结算、代收代付及利用计算机的自动化服务等所需的开支，实际代表商业银行为吸纳存款性负债而支付的除

---

[1] 财经网：《数说 | 2021年商业银行发债近2万亿：二级资本债规模居首占比超三成 永续债热度有所回落》，https://new.qq.com/rain/a/20220110A07WMM00，访问日期：2022年5月10日。

利息之外的报酬；有些没有具体的受益者，如广告宣传费用等。

（三）资金成本

资金成本指包括利息在内的、花费在吸收负债上的一切开支，即利息成本和营业成本之和，它反映商业银行为获取负债而付出的代价。以资金成本除以吸收的资金数额，可得资金成本率。

$$资金成本率 = \frac{利息成本 + 营业成本}{吸收的资金}$$

资金成本率可以分为某一类负债或资金来源的资金成本和总资金成本两种。资金成本率是一个重要的成本分析指标，既可以用来比较银行不同年份的吸收负债成本，考察其发展趋势，也可以在银行同业，尤其是规模相同、条件相近的银行之间进行比较，从而明确其在目前竞争中的地位。

（四）可用资金成本

可用资金是商业银行可以实际用于贷款和投资的资金，是商业银行总的资金来源中扣除应缴存的法定存款准备金和必要的储备金后的余额，即扣除库存现金、在中央银行的存款、在关联行或往来行的存款及其他现金项目之后的资金。可用资金成本率是资金成本与可用资金数额比率。可用资金成本率可以用于各种存款的对比，分析为得到各种可用资金所要付出的代价，也可以在总体上分析银行可用资金成本的历史变化情况，及比较本行与其他银行可用资金成本的高低。

$$可用资金成本率 = \frac{利息成本 + 营业成本}{可用资金}$$

可用资金 = 吸收的资金 - 法定存款准备金 - 必要的储备金

为保证流动性和安全性，商业银行不能将吸收的所有资金都用于贷款和投资，必须保留一部分现金，这部分现金的成本必须通过实际用于贷款和投资的那部分资金的收益来补偿。显然，这一成本概念对于商业银行选择盈利资产有重要意义。

二、成本的分析方法

成本分析以上述成本要领为基础来计算、比较银行各类成本的实际数额，分析研究其变动情况和变化原因。成本分析方法主要有平均成本法和边际成本法两种。

(一)平均成本法

平均成本法的计算公式为:

$$\bar{X}=\frac{\sum Xf}{\sum f}=\frac{\sum(X_1+X_2)f}{\sum f}$$

其中,f为各类资金来源的数量,X为各种资金的单位成本,$\bar{X}$为银行全部资金来源的加权平均成本。

平均成本法主要用于对不同银行的各种负债成本进行对比分析和同一银行历年负债成本的变动分析等。每项资金来源的历史平均成本等于利息费用率与该项来源平均余额的乘积。

平均成本法也存在缺陷,主要是未考虑未来利息变动导致的利息成本的变动。当未来利率上升时,平均成本低于新债务的实际成本,以平均成本为基础的固定资产收益率就不能弥补实际成本;反之,当利率下降时,平均成本高于新债务的实际成本,可能会使得商业银行高估资产价格,从而错过资产扩张的机会。

(二)边际成本法

边际成本是商业银行增加一单位的资金所支付的成本。银行在确定资产时,只有当新增资产的边际收益大于新增负债的边际成本时,银行才能获得适当的利润。每项负债都有不同的边际成本,主要受市场利率、管理费用和该项负债用于补充现金资产的比例的影响,这些成本相加就可得出新增资金的边际成本。边际成本是资产定价的重要依据。若已知边际成本,资产收益率就可以适当高出边际成本率,高出部分为商业银行的目标利润和风险补偿费用。边际成本也可以反映各项负债的相对成本,以确定新增负债的最低费用目标。当银行资金边际成本一定时,银行就能从备选资产中选择那些边际收益大于边际成本的资产。

资金的边际成本计算公式为:

$$MC_1=\frac{新增利息+新增其他开支}{新增资金}\times100\%$$

如果新增资金中有部分资金作为必需的储备,则新增可用资金边际成本为:

$$MC_2=\frac{新增利息+新增其他开支}{新增资金-必要的储备}\times100\%$$

边际成本法能够有效计算各类资金的成本,但由于商业银行资金来源多种多样,各项资金来源风险也不同,因此,采用平均成本法更能反映商业银行的总成本情况。

专栏3-4　多家银行下调部分存款利率，业内：进一步管控银行负债成本势在必行

2022年9月15日，工行、农行、中行、建行、交行、邮储银行六家国有大行以及招商银行均在官网发布调整人民币存款挂牌利率的公告，包括活期存款和定期存款在内的多个品种利率出现不同幅度的下调。

其中，工行、农行、中行、建行、交行五家大行活期均下调5个基点至0.25%，3年期定期存款（整存整取）利率下调15个基点至2.6%；其余期限存款利率均下降10个基点，3个月、6个月、1年期、2年期、5年期定期存款（整存整取）利率分别为1.25%、1.45%、1.65%、2.15%、2.65%。

而邮储银行与上述五大行有略微差别，6个月和1年期定期存款利率分别为1.46%、1.68%，比上述五大行分别高1个基点和3个基点，其余期限利率与上述五大行相同。

除了国有大行之外，部分股份行的存款利率也有所下降。招商银行上海分行一名客户经理表示，该行普通存款利率有所下调，但特色存款产品"享定存"和大额存单利率暂时没有变化。

当日，招商银行在其官网更新储蓄存款利率表，并表示自2022年9月15日起执行。根据该行储蓄存款利率表，当前招商银行活期存款利率为0.25%，3个月、6个月、1年期、2年期、3年期、5年期定期存款（整存整取）利率分别为1.25%、1.45%、1.65%、2.15%、2.6%、2.65%，与工行、农行、中行、建行、交行五家国有大行保持一致。

业内分析称，本次存款利率下调，表明存款利率改革成效正在显现。

央行在2022年一季度货币政策执行报告中指出，自2022年4月起，央行建立了存款利率市场化调整机制，自律机制成员银行参考以10年期国债收益率为代表的债券市场利率和以1年期LPR为代表的贷款市场利率来合理调整存款利率水平。

中国民生银行首席经济学家温彬表示："这样一方面可以推动存款基准利率与市场利率'两轨并一轨'，另一方面也可以推动存款利率与LPR相互牵引联动，促使政策利率向存款利率的传导更加顺畅。在8月超预期降息10个基点之后，10年期国债收益率快速大幅降低，1年期、5年期的LPR分别调降5个基点、15个基点，存款利率下调，且在调降幅度上大体相吻合，表明存款利率改革成效正在显现。"

同时，2022年以来商业银行净息差持续收窄，管控银行负债成本势在必行。"目前，信贷供需矛盾依然较大，今年5年期的LPR累计降幅达到35个基点，在明年一季度重定价之后，将会对银行营收形成较大挤压，为此进一步管控银行负债成本势在必行。"

中泰宏观首席分析师陈兴也指出，存款利率调降可以缓解银行负债端压力。存款利率下调，使得LPR下调对银行净息差的负面影响减弱，有助于银行利润稳定。2022年经济下行压力有所加大，居民消费意愿偏弱，存款规模高居不下，而央行调降LPR以推动银行降低实体经济的融资成本，使得银行净息差进一步收窄。因此，多家银行为了控制负债端的成本，不断下调存款利率以减轻负债端压力。

温彬补充道，当前市场主体储蓄意愿较强，降低存款成本有助于激发市场主体的自我融资需求，有利于资金向实体部门转化，促进宽信用的形成，带动经济进入良性循环轨道。

此外，陈兴认为，本次存款利率调降并不必然导致9月LPR下调。"本次存款利率调降，对于9月LPR利率报价并无指示意义。存款利率的下调，主要是在现有的调整机制下，前期LPR调降的自然结果，并不能据此推出9月LPR利率的再度下调，虽然存款利率的下行确实为LPR调整打开空间。"[1]

案例分析与创新思考

银行融资开辟新天地——民生银行发行可转债透析

2003年，民生银行（6000016）作为有关办法实施后的第7只转债品种宣告发行。值得注意的是，这是第一次由上市银行作为可转债的发行人，同时也是近年来银行企业以金融债的形式进行融资的头一遭。这既标志着可转债品种的日渐丰富，也意味着银行企业融资形式多样化的到来。

与一般工商企业不同的是，银行的发展往往是通过资本金的扩大来增加资产规模进而提高效益。根据"巴塞尔协议"，资本金分为两层——核心资本和附属资本，我国已制定商业银行资本充足率的目标为8%，其中核心资本充足率不低于4%，附属资本不能超过核心资本的100%。与完全的股权融资直接充实核心资本不同的是，民生银行发行的可转换债券属于附属资本的一种，作为银行企业的一条新的融资渠道，它无疑具有积极的意义。

---

[1] 蓝鲸财经：《多家银行下调部分存款利率，业内：进一步管控银行负债成本势在必行》，http://m.sohu.com/a/585356867_250147，访问日期：2022年10月15日。

南方证券研究所的秦月星博士认为,从资金来源上看,股权资金和债权资金对于银行的意义是一样的,债券资金作为附属资本的一部分,与股本资金一样起到提高资本充足率的作用。但由于二者在资金运用上存在一定的区别,使转债融资体现出更为灵活、高效的特点。因为商业银行以可转换债券形式获得的融资,既可以用于补充资本金,也可以用于投资和直接发放贷款,改善贷款结构,在兼顾提升资产安全性的同时,还可以做到提升银行的收益性。因此,它在资金运用上表现为更自由、更灵活,特别是有利于在短期内实现银行收益的增加,实现长期和短期效益的兼顾。而发行股票,只能通过筹建分行等形式扩大营运规模,这往往需要一定的时间才能体现效益。

从民生银行的募资运用计划上就可看到,在资金转为股份之前,作为债务类资金来源,其中60%拟用于发放中小企业贷款,另外40%则用于货币市场和国债市场,以适应期限较长的转股期内转股比例的变化情况。转为股份后,再将部分资金用于拨付分支机构营运资金等用途。随着资金由负债类变为权益类,募集资金的具体运用方式再进行调整。[1]

思考:

1. 民生银行为什么要发行可转债?
2. 在利率市场化背景下,商业银行应当如何开展负债管理?

本章小结

1. 存款是商业银行的主要负债和经常性的资金来源。存款的种类包括个人存款、单位存款、同业存款、外汇存款。

2. 商业银行必须对存款服务进行适当的定价,定价方法包括成本加利润定价法、边际成本定价法和其他定价方法。

3. 商业银行的非存款性的资金来源渠道多种多样,主要包括同业拆借、中央银行的贴现借款、国际金融市场融资和发行中长期债券等。

4. 商业银行负债成本管理经常使用的成本概念有利息成本、营业成本、资金成本

---

[1] 于扬:《银行融资开辟新天地——民生银行发行可转债透析》,《中国金属通报》2003年第9期。

和可用资金成本等。成本分析方法主要有平均成本法和边际成本法。

思考与练习

1. 商业银行的主要负债和经常性的资金来源是什么？包括哪几类？
2. 商业银行存款定价方法有哪些？
3. 商业银行的非存款性的资金来源有哪些？
4. 商业银行负债成本管理经常使用的成本概念有哪些？成本分析方法有哪些？

第四章 商业银行现金资产管理

> 【学习目标】
>
> 1. 掌握商业银行现金资产的构成、现金资产管理的目的和原则。
> 2. 了解商业银行存款准备金的构成和要求。
> 3. 掌握商业银行流动性需求及其种类、流动性需求管理的原则和方法。
> 4. 了解商业银行流动性需求预测的作用和方法。

第一节 商业银行现金资产概述

一、现金资产的构成

现金资产指商业银行所持有的库存现金和等同现金的、随时可以用于支付的准现金资产。现金资产包括以下四种。

（一）库存现金

库存现金是商业银行保存在金库中的现钞和硬币。其特点是流动性程度高，但无法产生盈利，并且其保管、安防费用较高，过多持有现金会影响银行资产的收益性。另一方面，现金短缺有可能引发流动性风险。商业银行一般根据业务需要，只保持必要的最低额度。

（二）在中央银行的存款

在中央银行的存款是指商业银行存放在中央银行准备金账户中的存款，又称存款准备金，包括法定存款准备金和超额准备金。

法定存款准备金是按照法定比率向中央银行缴存的存款准备金。法定存款准备金具有强制性，商业银行必须依法缴存，一般不得动用，并要不断随商业银行存款额的增减进行相应调整。

超额准备金是在中央银行存放的、超过法定存款准备金的部分存款，是用于随时补充法定存款准备金的不足、商业银行同业清算、保证存款提取和用于贷款的准备金。超额准备金可以由商业银行随时支取，其数额直接影响商业银行的流动性供给能力和信贷扩张能力。

（三）存放同业存款

存放同业存款是指商业银行因业务需要存放在其他商业银行的存款。存放同业主要是为了方便商业银行之间的票据清算及委托代理银行提供服务的需要。存放同业存款的性质为活期存款，可以随时支用，通常被视为商业银行的现金资产，是营运资金的一部分。

（四）托收中现金

托收中现金是商业银行向其他银行收取的票据款项，也称托收未达款。商业银行在为客户办理票据支付清算过程中，会产生需向其他付款银行托收但尚未收妥的款项，因而，托收中现金是银行之间票据支付清算过程中自然形成的，属于非营利性资产。

二、现金资产管理的目的

现金资产是商业银行为维持资产流动性及满足业务需要而必须持有的资产。现金资产管理的目的是在保证流动性的前提下，尽可能保持最低现金资产占用量，使现金资产达到最佳规模。一方面，现金资产是保持流动性和满足业务需要的保证，现金资产不足会导致难以应对客户提现要求，加大流动性风险，可能会引发挤兑风潮，甚至导致商业银行破产倒闭；另一方面，现金资产是一种营利性很低甚至无收益的资产，持有现金的机会成本很高，现金资产保留过多会降低商业银行的盈利水平。因而，商业银行需要在现金不足的短缺成本与持有现金的机会成本之间进行权衡抉择，在不威胁流动性的基础上，尽可能减少现金资产的持有量。

三、现金资产管理的原则

适度的流动性是商业银行经营成败的关键,也是商业银行营利性与安全性的平衡杠杆。具体操作过程中,商业银行现金资产管理应当坚持以下原则。

(一)适度存量控制原则

商业银行的现金资产存量要保持适度规模。规模太小,无法满足流动性要求,容易引发流动性风险,威胁商业银行经营安全;规模太大,商业银行的机会成本过高,会影响商业银行的盈利。因此,商业银行要保持合理的现金资产存量,使之能够与贷款规模相适应,满足流动性要求。除总量控制外,商业银行还需要合理安排现金资产的存量结构。因为现金资产的各个组成部分各有不同的功能和特点,因而在适度控制总量的同时,要注意内部结构的合理性。

(二)适时流量调节原则

商业银行的资金流动始终处于不断变化中。随着内外部环境的变化,原本适度的现金存量可能并不适应当前的需要,商业银行必须根据业务过程中现金流量的变化情况,结合流动性需求,适时调节现金资产流量,逐步达到适应当前需要的新的最优存量规模。存量过多时,将多余的现金资产通过增加贷款或进行证券投资等方式加以运用;存量不足时,将一部分资产变现,补充现金资产,确保流动性需求。

(三)安全性原则

库存现金是商业银行现金资产的重要组成部分,也是商业银行现金资产中唯一以现钞或硬币形态存在的资产,容易受人为因素或自然灾害等因素的影响。因此,商业银行在现金管理尤其是库存现金管理过程中,必须注意安全性管理。应当建立健全安全保卫制度,提高工作人员的业务素质和能力,防止出现被盗、被抢或包装、清点等问题。

第二节 存款准备金管理

一、存款准备金的概念

存款准备金指商业银行存放在中央银行准备金账户中的存款,包括法定存款准备金和超额准备金。存款准备金是商业银行现金资产的重要组成部分。

法定存款准备金是按照法定比率向中央银行缴存的存款准备金。法定存款准备金具有强制性,商业银行必须依法缴存,一般不得动用,并要不断随商业银行存款额的增减进行相应调整。法定存款准备金是中央银行进行宏观调控的一般性货币政策工具之一。

超额准备金是在中央银行存放的、超过法定存款准备金的部分存款,是用于随时补充法定存款准备金的不足、商业银行同业清算、保证存款提取和用于贷款的准备金。超额准备金可以由商业银行随时支取,其数额直接影响商业银行的流动性供给能力和信贷扩张能力。在存款总量不变的前提下,超额准备金与法定存款准备金之间是此消彼长的关系。当法定存款准备金增加时,超额准备金相应减少,从而商业银行的信贷扩张能力减弱;反之,法定存款准备金减少时,超额准备金增加,从而商业银行的信贷扩张能力增强。因而,超额准备金是货币政策的近期中介指标,直接影响社会信用总量。

专栏4-1 我国存款准备金制度发展历程

我国的存款准备金制度是在1984年建立起来的,至今存款准备金率经历了54次调整,其中降低存款准备金率19次,提高存款准备金率35次。历年中小型和大型金融机构存款准备金率的均值分别为13.8%和14.9%。最低的一次是1999年11月存款准备金率由8%下调到6%,最高一次为2011年6月国内大型和中小型存款类金融机构存款准备金率分别达到21.5%和19.5%。我国存款准备金政策调整大致可以分为以下五个阶段。

(一)1984—1998年,中央银行集中资金调整信贷结构阶段

我国存款准备金制度最早在1984年建立,改革开放逐渐推进到金融领域,商业银行的职能(面向普通企业和个人存款贷款业务)逐渐从中国人民银行剥离出来,存款准备金制度也建立起来。当时央行规定了"法定存款准备金率",对企业、城镇储蓄和

农村存款,其法定准备金率各自是20%、40%、25%。由于过高的法定存款准备金率带来流动性问题,为了减轻金融机构的压力,人民银行从1985年开始统一了存款准备金率的标准,不再按存款种类核定分类,统一调整为10%,对准备金也开始支付利息。1987年和1988年,人民银行先后两次将存款准备金率从10%上调至13%,两次的存款准备金率频繁调整,一是为了适当集中资金,将资金用于支持重点产业和项目;二是为了紧缩银根,控制通货膨胀。这对于防止经济过热、物价过快上涨以及货币投放过多发挥了积极的作用。

(二)1998—2004年,存款准备金制度发展和改革阶段

一是,1997年,由于受亚洲金融危机的影响,我国经济增速快速下滑,加上之前的经济高通胀所导致的货币发行收缩,使得整个经济陷入通缩的局面。为保障商业银行资金充裕,1998年3月以来,央行实际执行了宽松的货币政策,人民银行将存款准备金率从13%下调到8%。尽管-5%的调整幅度是历次调整中最为剧烈的,但中央银行通过追加收回再贷款计划、增发央行融资券等方式进行了对冲。次年又降低至6%,达到了历史的最低点。在之后的5年里我国进入了一个稳定的时期,存款准备金率都维持在6%的稳定水平。二是,为更好地发挥准备金制度在货币信贷调控中的作用,人民银行于1998年3月对准备金制度进行了改革,将各金融机构在人民银行的准备金存款和备付金存款两个账户合并,统称为准备金存款账户。将法定存款准备金率由13%下调至8%,对各金融机构按法人存放和考核,对准备金存款账户超额部分的总量及分布由各金融机构自行确定。该制度的改革,不仅有利于加强金融机构系统内资金调度和管理,同时健全了存款准备金的支付清算功能,有利于发挥准备金工具作为货币政策手段的作用。

(三)2004—2011年,深度冻结流动性和管理常态化阶段

人民银行自2003年9月首次上调存款准备金率,始自2003年下半年的这一轮宏观调控,一直试图用"点刹"的办法让经济减速,但中国经济不仅没有软着陆,反而有一发难收之势:固定资产投资规模仍继续扩大,货币供应量仍过快增长,通货膨胀压力不断增加。人民银行频繁上调准备金率,特别是2006—2007年,先后11次上调准备金率,调整频率之高为历史罕见。据统计,截至2011年6月末,人民银行共上调存款准备金率32次。尤其在2006年7月到2008年6月期间,人民银行上调准备金率18次,准备金率高达17.5%,通过调整使通货膨胀和流动性过剩压力得到了缓解。2010年,由于国内经济形势较金融危机时期已有所好转,人民银行为了收紧流动性,准备金率调整一路高歌。由于"四万亿"计划引发的经济过热在2010年开始显现,人民银行从2010年起再次开始提高准备金率,截至2011年6月连续上调12次,2011年6月国内大型和中小型

存款类金融机构存款准备金率分别达到21.5%和19.5%的历史新高,有效地对冲了外汇占款过多导致的流动性过剩。

(四)2011—2019年,主动投放流动性的有效工具阶段

随着中国外汇流入增速下降,为应对这一变化,2011年底,央行连续8次降低存款准备金率,成为"增加银行体系流动性供应,增强金融服务实体经济能力"的重要举措。2012年底到2015年初,我国存款准备金率没有进行过调整。2015年初到2016年初,先后4次降低存款准备金率,而2018年至今已经进行了6次降准,很明显进入降准周期。由于降低存款准备金率使整个社会信贷规模扩大,对于资本市场(股市、债市、房市)算是利好消息。最典型的是2019年1月4日,中国人民银行决定下调金融机构存款准备金率,此后沪指开启了上涨行情,从低点2440点,最高涨至3288点。

(五)2019年至今,构建"三档两优"准备金率新框架和定向降准阶段

为深化金融供给侧结构性改革,增强中央银行货币政策调控能力,有效引导金融机构加大对实体经济支持力度,缓解小微企业和民营企业融资难问题,人民银行于2019年5月6日宣布构建"三档两优"准备金率新框架,即金融机构存款准备金率分为高、中、低三个基准档,并在此基础上实行两项优惠政策。"三档两优"新框架既是总量政策的优化,也是结构性政策的创新;不仅有利于加强宏观调控和流动性管理,而且还改善了金融供给结构,防范了资金风险,使小微企业和民营企业得到了更好的发展。特别是2019年5月15日起将服务县域的农村商业银行存款准备金率与农村信用社并档,执行较低存款准备金率的机构数量从2385家增至3544家,资产总规模也从5.6万亿元扩大至15.4万亿元,有力推动了金融供给侧结构性改革在县域的落地落实。央行降准和定向降准的实施,也表明逆周期调节力度明显加大。对城商行定向降准有助于缓解当前流动性分层、城商行负债端收缩的困局,从而更好地支持民营小微企业。央行在加大逆周期调节力度的同时,也保持货币政策的松紧适度。[1]

二、法定存款准备金的要求

出于防范商业银行流动性风险的需要,目前,世界各国货币当局均要求商业银行按照准备金比率的要求缴纳法定存款准备金。为此,商业银行在对存款准备金进行管理时,首先要对法定存款准备金进行计算。存款类型不同,法定存款准备金的计算方法就不同。

---

[1] 孙桂红:《我国存款准备金制度发展中存在的问题及完善建议》,《时代金融》2020年第1期。

（一）法定存款准备金的计算

法定存款准备金的计算方法有两种：滞后法定存款准备金计算法和同步法定存款准备金计算法。

1. 滞后法定存款准备金计算法

滞后法定存款准备金计算法是根据前期存款负债的余额确定本期法定存款准备金需要量的方法（见表4-1）。由于非交易性存款账户的余额变动幅度相对较小，因而这种方法主要用于非交易性账户法定存款准备金的计算。

这种方法要求商业银行根据两周前的存款负债余额确定目前应当持有的法定存款准备金数量。因此，商业银行可以以两周前的7天为基期，以基期的实际存款余额为基础，计算法定存款准备金保持周应持有的法定存款准备金的平均数。

表4-1 滞后法定存款准备金计算法

第一周	第二周	第三周
计算基期周		法定存款准备金保持周

若商业银行在2020年10月1日至10月7日期间非交易性存款的平均余额为10000万元，按照7%的法定存款准备金率，该行在10月15日至21日这一周应保持的法定存款准备金余额为700万元。

2. 同步法定存款准备金计算法

同步法定存款准备金计算法以本期存款余额为基础来计算本期的法定存款准备金需要量。由于交易性存款账户的余额变动幅度相对较大，因而这种方法主要用于交易性账户法定存款准备金的计算。

同步法定存款准备金计算法要求确定两周为一个计算期，计算这两周中商业银行交易性账户存款的日平均余额，法定存款准备金的保持期从本计算周期的第三天算起，到计算周期结束后的第二天为止。在两周的计算周期内，应上缴的法定存款准备金的平均余额以存款平均余额为基础来计算。

（二）法定存款准备金的管理

商业银行法定存款准备金管理的原则是在规定的时间内，尽量通过自身的努力满足法定存款准备金的限额要求，避免受到金融监管当局的惩罚。鉴于法定存款准备金一般为无息存款，商业银行对法定存款准备金管理的基本出发点是在满足中央银行法定要求的前提下，尽量使法定存款准备金账户余额最小。

商业银行对法定存款准备金的管理需要提前预测法定存款准备金保持期内的各种

存款与库存现金的变化情况，制定法定存款准备金的具体管理目标。将按照两种方法计算出来的法定存款准备金需要量进行合并，即可得出商业银行在一定时期内需要缴纳的全部法定存款准备金。

商业银行应当将法定存款准备金实际需要量和已缴纳数量进行比较，实行动态管理机制，若已缴纳数量低于实际需要量，则要及时予以补足；反之，若已缴纳数量超过实际需要量，则要及时予以调减，以增加可用头寸，提高盈利水平。

三、超额准备金的管理

超额准备金是商业银行在中央银行存放的超过法定存款准备金的部分存款。超额准备金是商业银行最重要的可用头寸，是商业银行用于随时补充法定存款准备金、同业清算、补充流动性、清偿债务和用于贷款等的准备资产。

（一）影响超额准备金需要量的因素

1. 存款波动

商业银行在经营过程中若出现大量存款流出的现象，就需要动用超额准备金予以应对，若无超额准备金，就需要采取出售证券、催收贷款、向中央银行借款等方式补充流动资金，这会增大成本或降低收益。若存款流出规模过大且无法补充流动资金，商业银行甚至面临倒闭风险。因而，商业银行必须时刻关注存款变动情况，提前预测存款的波动。若商业银行预测某一时期不确定性增大，则应当增加超额准备金数量；反之，则应当减少超额准备金数量。

2. 贷款的发放与收回

贷款的发放与收回对超额准备金的影响主要取决于贷款使用范围。如果贷款户是在本行开户的企业，本行在中央银行的存款不会发生变化；如果贷款户是在他行开户的企业，或者在本行开户的企业取得贷款后立即对外支付，就会减少本行在中央银行的存款，从而使本行的超额准备金下降，此时，商业银行就需要增加超额准备金。

贷款的收回对超额准备金的影响也因贷款对象的不同而有所不同。在他行开户的贷款企业归还贷款时，将使本行的超额准备金增加，而在本行开户的贷款企业归还贷款则不会影响超额准备金的使用量。

3. 其他因素

其他影响超额准备金的因素包括：一是向中央银行的借款，当商业银行向中央银行的借款数大于还款数时，商业银行的超额准备金就会上升，反之就会下降。二是同业往来情况,当商业银行在分析期同业往来的科目存在应付项余额时,其超额准备金数额就会下降,反之则会上升。三是法定存款准备金的变化,在准备金总量一定的情况下,法定存款准备金与超额准备金之间是此消彼长的关系,法定存款准备金的变动对超额准备金的管理与调整有重要影响。

(二)超额准备金的调节

超额准备金不产生或极少产生利息收入,持有超额准备金的机会成本较高,因而,从节省机会成本的角度,商业银行应当核定必要的超额准备金保有量。在对超额准备金需要量进行预测的基础上,应适当进行头寸调整。商业银行可以通过同业拆借、短期证券回购、商业票据交易、向中央银行借款及出售资产等多种方式调度与补充超额准备金头寸。

第三节 现金资产与流动性需求

一、商业银行的流动性需求及其种类

商业银行现金资产管理的核心任务是保证银行经营过程中的适度流动性,平衡流动性与收益性之间的矛盾。商业银行既要保证其现金资产满足正常和非正常的现金支出需要,又要追求利润最大化。因此,商业银行要准确预测资金头寸,对各期流动性需要量进行准确预测,为流动性管理提供依据。

流动性需求是指商业银行自身或客户提款对资金支付的需要,包括存款客户的提现要求和贷款客户的贷款需要。流动性是商业银行的生命线,一般而言,商业银行的流动性需求分为短期流动性需求、长期流动性需求、周期流动性需求和临时流动性需求四种。

(一)短期流动性需求

短期流动性需求是一种短期现金需求。季节性因素是影响流动性需求的主要因素。由于商业银行的贷款对象多为其存款客户,因此流动性需求的季节性变动过程也就是存款与贷款相互影响的过程。当存款处于季节性低潮时,贷款却可能出现季节性增长;当存款增加时,贷款需求却可能下降。商业银行的资金来源与资金运用之间的季节错

配，会造成商业银行短期流动性需求的不稳定。当然，这种季节性因素对流动性的影响可以预测，商业银行可以通过历年的经营情况预测每一时期存贷款变化情况，估计往来账户的季节性指数，以此确定短期流动性管理的策略。

（二）长期流动性需求

长期流动性需求是一种长期现金需求。这种需求主要由商业银行所服务的地区或产业的经济发展状况决定。一般而言，若商业银行服务的是新开发的地区或新兴产业，那么在较长时期内其贷款需求一般会大于存款需求，即表现为净现金需求；相反，若商业银行服务的是较为成熟稳定的地区或传统产业，那么在较长时期内其贷款需求小于存款需求，即表现为净现金供给。总之，商业银行长期流动性需求的估计，必须以长期经济预测为基础，估算较长时期的存款与贷款水平。

（三）周期流动性需求

周期流动性需求是一种长期现金需求，这种需求主要是由于经济周期性波动所引起的。经济周期性变化（衰退、萧条、复苏和繁荣）及市场利率的频繁变动，会给商业银行带来巨大的流动性压力，特别是在商业银行不能自主改变利率的情况下，这种流动性压力更加显著。由于市场运行的复杂性，经济周期难以预测。为应对潜在的流动性需求，商业银行可能不得不持有大量低盈利的流动资产。

（四）临时流动性需求

临时流动性需求是一种临时性的现金需求。这种需求往往是由难以预测的偶然事件引起的，正因为其难以预测，商业银行必须准备部分现金以备急用。如果商业银行不能满足临时流动性需求，那么可能损害商业银行的信誉，甚至造成挤兑乃至破产倒闭。鉴于临时性流动需求短缺的不可预见性和潜在的严重危害，商业银行要着力构建多元化的资金来源结构，制订保持流动性的周密计划，应对可能出现的突发情况。

二、现金资产与流动性供给

商业银行流动性供给是指商业银行对即期资金支付需求的供应。商业银行流动性供给的手段可以分为两个方面，即由资产负债表反映的商业银行内部存储的流动性和从外部金融市场"购买"的流动性。其中，商业银行的现金资产作为资金运用的一部分，直接形成了商业银行对流动性的供给。

商业银行可以直接、自主运用的资金也称资金头寸。资金头寸概念有可用头寸、基础头寸和可贷头寸之分。

（一）可用头寸

可用头寸即商业银行的可用现金，指扣除了法定存款准备金后的所有现金资产。可用头寸是库存现金、在中央银行的超额准备金及存放同业存款的总和。

（二）基础头寸

基础头寸是商业银行库存现金与在中央银行的超额准备金之和。基础头寸是商业银行最具流动性的资产，可随时动用，用于充当银行一切资金结算的最终支付手段。基础头寸中，商业银行库存现金和超额准备金在数量上可以相互转化，在本质上没有区别。商业银行可以从其在中央银行的存款准备金账户中提取现金，以增加库存现金，减少超额准备金；反之，也可以将库存现金存入中央银行的存款准备金账户，这样，库存现金就会减少，超额准备金就会相应增加。

（三）可贷头寸

可贷头寸是商业银行在某一时期内可以直接用于贷款发放和投资的资金，是形成商业银行营利性资产的基础。可贷头寸主要来自商业银行在中央银行的超额准备金和库存现金。但超额准备金并不等同于可贷头寸，超额准备金首先要满足各项资金清算的需要，只有超过商业银行正常运转需要限额的部分超额准备金才是可贷头寸。

三、流动性需求管理的原则

商业银行在流动性需求管理过程中，面临着复杂的外部市场环境，内部流动性资产与负债也处于不断调整过程中，合理的流动性管理方案是商业银行稳健经营的重中之重。商业银行在进行流动性需求管理的过程中，可遵循以下原则。

（一）进取型原则

进取型原则指当出现流动性缺口时，商业银行通过主动负债的方式来满足流动性需求，扩大经营规模，而非依靠收缩资产规模、出售资产的手段。采取进取型原则有利于银行业务规模的扩张，降低银行经营成本，提高经营效益，但也有一定的风险性，尤其是在市场资金供给紧张时，商业银行的筹资成本增加，可能难以筹集到足够的资金。对于实力雄厚的大型商业银行来说，由于其具有良好的信誉，容易通过主动负债的方式获得成本较低的资金，并且受市场供求关系的影响较小，因此，大型商业银行采取进取型原则的可行性较高。

(二) 保守型原则

保守型原则指当出现流动性缺口时，商业银行通过资产转换、出售等方式满足流动性需求，而非通过主动负债的方式。根据保守型原则，在资金需求的淡季，商业银行应当加大第二准备金即流动性较强的短期证券的持有比例，为资金需求高峰期准备充足的流动性资金。运用这一原则进行流动性需求管理，商业银行的资金调整和转换不受或少受市场资金供求关系的影响，在不确定的资产需求增加时，可以通过内部资金调整来补足流动性，风险较小。但运用这一原则的机会成本较高，原因在于第二准备金的收益率较低。对于规模较小的中小型商业银行而言，由于其难以像大型商业银行一样，通过主动负债低成本地获取资金，故多采用保守型原则进行流动性管理。

(三) 成本最低原则

无论是主动负债的进取型原则还是靠自身资产转换的保守型原则，都要付出一定代价，在流动性缺口满足的过程中，应当以成本最低为原则。成本最低原则是选择最优筹资方案的评价标准，商业银行可以在对未来流动性需求以及市场资金供求状况和利率走势进行预测的基础上，设计多种筹资方案，通过对多种筹资方案成本的测算，确定最佳方案。

四、流动性需求管理的方法

(一) 转换资产

商业银行一般通过持有流动性资产，主要是现金和可流通证券来保持流动性。当出现流动性缺口时，商业银行可以将非现金资产迅速转换为现金来获取流动性资金。一般而言，流动性资产包括现金、准现金、同业拆借、短期政府债券、商业票据、银行承兑汇票等。流动性资产的流动性强，风险较小，但盈利能力差。在总量一定的前提下，流动性资产的持有比例越高，机会成本就越高，因而，商业银行需要慎重确定流动性资产的持有比例。

(二) 借入资金

当出现流动性缺口时，通过借入资金满足流动性需求是一种风险较大但收益也最高的流动性需求管理方式。借入资金的渠道主要包括向中央银行再贴现再贷款、同业拆借、证券回购、发行大额可转让定期存单、从国际金融市场借款等方式。借入流动性资金使商业银行可以保留较少的流动性资产，将资金更多地投放于高盈利的资产项目，提高商业银行整体盈利能力。同时，借入资金也可以使商业银行的资产规模和结构保持稳定，无须通过资产转换的形式满足流动性需求。但主动借入资金的流动性需求管理方式容易受到借款便利程度和借款成本的制约，在市场资金供求紧张时期尤为明显。

（三）其他方法

随着金融创新，商业银行在满足流动性需求方面探索了多种方法。如商业银行购买能在未来以法定价格卖出选择权的长期证券，在有效转移价格风险的同时使长期证券具备流动性；又如，商业银行将抵押贷款打包出售，通过资产证券化的方式提高资产的流动性；再如，商业银行可以运用远期商业票据等来满足流动性需求。

第四节　商业银行流动性需求预测

一、流动性需求预测的作用

商业银行在经营管理过程中，既要保证其现金资产满足正常和非正常的现金支出需要，又要追求利润最大化。流动性需求与流动性供给不匹配是商业银行经营的常态。因而，需要经营管理者合理评估各期流动性需要量，准确预测资金头寸，为流动性管理提供可靠依据。

影响商业银行流动性的因素多种多样，引起流动性供给增加的因素包括贷款的本金收回和利息收入增加、银行资产出售、存款增加、其他负债增加、中间业务收入增加、发行新股等；引起流动性需求增加的因素包括新发放的贷款、购买金融资产、存款减少、其他负债减少、各种费用和税收支出的增加、派发股利等。

某一时点商业银行的净流动性头寸取决于其流动性需求与流动性供给的对比状况。当流动性需求超过流动性供给时，就存在流动性赤字，商业银行有负的流动性缺口，这时，商业银行就需要及时进行资金调剂，补充流动性；当流动性需求小于流动性供给时，存在流动性盈余，商业银行有正的流动性缺口，这时商业银行就需要决定如何将这些剩余流动性资金投资于营利性资产。

二、流动性需求预测的方法

(一) 资金结构法

资金结构法是通过分析商业银行的存贷款资金结构及其变化趋势预测未来流动性需求的方法。对于债务，按照提取的可能性即稳定性进行分类，对不同种类的债务按流动性需求提取准备金；对于资产，主要是按照流动性需求提取相应比例的流动性准备金。

资金结构法的主要步骤：

第一，将商业银行的负债按照提取的可能性分为游资负债、易变负债和稳定负债。游资负债是指对利率十分敏感或在近期将要提取的存款和其他借入的资金，如即将到期的存款、同业拆借和证券回购等。易变负债是指近期内可能被提取的存款，如经纪人存款、可转让定期存单及各类借入的短期资金。稳定负债是指那些被认为近期不可能被提取或提取可能性很小的、稳定性最强的存款或其他负债，也称作核心负债或核心存款。

第二，对上述三种不同类别的负债计提不同比例的流动性准备金。不同类别负债的流动性准备金的计提比例通常根据历史经验判断，一般而言，稳定性越差，流动性准备金计提比例就越高。假定某商业银行对游资负债保持 a_1 比例的流动性，对易变负债保持 a_2 比例的流动性，对稳定负债保持 a_3 比例的流动性，$a_1 > a_2 > a_3$，那么该行所需保持的流动性需要量为：

负债流动性需要量 $= a_1 \times$（游资负债－法定存款准备金）
  $+ a_2 \times$（易变负债－法定存款准备金）
  $+ a_3 \times$（稳定负债－法定存款准备金）

第三，计算贷款的流动性准备金。虽然相对存款而言，商业银行可以自主确定贷款业务规模，但从客户关系维护角度，商业银行会尽力满足优质客户的贷款需求。一般而言，商业银行对优质新增贷款通常保持100%的流动性准备。

这样，负债流动性需求加贷款流动性需求即可得出商业银行的总流动性需求。

【例4-1】A银行的各项存款及非存款负债、法定存款准备金及流动性资金计提比例如表4-2所示：

表 4-2　A 商业银行流动性需求预测

各项存款及非存款负债	金额/百万元	法定存款准备金率	流动性资金计提比例
游资负债	200	8%	90%
易变负债	180	5%	30%
稳定负债	300	3%	10%
新增贷款	30		100%

该行的总流动性需求＝90%×（200－200×8%）＋30%×（180－180×5%）＋10%×（300－300×3%）＋100%×30＝276（百万元）

（二）因素法

商业银行的流动性变化主要取决于存贷款业务的变化，对商业银行流动性的预测，主要是对存贷款业务变化趋势的预测。商业银行流动性供给随着存款增加和贷款减少而增加，随着存款减少和贷款增加而降低。一般而言，影响商业银行存贷款业务变化的因素包括宏观经济运行情况和货币政策变动以及微观个体行为特征、主观偏好。银行管理者应当分析各种影响因素的变动趋势，估计未来一段时间内存贷款业务变动和应缴存款准备金的变动情况，据此判断每月流动性需要量。

一定时期内，商业银行的流动性需求可以表示为：

流动性需求量＝预计贷款增量－预计存款增量＋应缴法定存款准备金变化量

（三）流动性指标法

在流动性管理实践中，商业银行可以借助一些反映流动性状况的指标，通过与行业平均水平的比较来估算、预测和分析管理其流动性需求状况。

1. 现金比率

$$现金比率 = \frac{现金 + 同业存款}{总资产} \times 100\%$$

现金比率越高，说明商业银行的流动性越充足。

2. 流动证券比率

$$流动证券比率 = \frac{政府债券}{总资产} \times 100\%$$

流动证券比率越高，说明商业银行的流动性越充足。

3. 无风险资产比率

$$无风险资产比率 = \frac{现金 + 同业存款 + 政府债券}{总资产} \times 100\%$$

无风险资产比率越高,说明商业银行的流动性越充足。

4. 同业拆借净值率

$$同业拆借净值率 = \frac{同业拆出 - 同业拆入}{总资产} \times 100\%$$

同业拆借净值率越高,说明商业银行的流动性越充足。

5. 流动资产比率

$$流动资产比率 = \frac{现金 + 政府债券 + 同业拆借净值}{总资产} \times 100\%$$

流动资产比率越高,说明商业银行的流动性越充足。

6. 能力比率

$$能力比率 = \frac{贷款和租赁净额}{总资产} \times 100\%$$

能力比率是负向指标,能力比率越高,说明商业银行的流动性较差的资产占比越高,整体流动性就越差。

7. 流动性货币率

$$流动性货币率 = \frac{货币市场资产}{货币市场负债} \times 100\%$$

其中,货币市场资产包括现金、短期政府债券、同业拆出、回购协议证券。货币市场负债包括大额定期存单、欧洲货币存款、同业拆入和回购协议证券。流动性货币率反映了商业银行的短期资产满足短期负债的能力,该指标越大,表明商业银行的流动性越充足。

8. 短期投资比率

$$短期投资比率 = \frac{短期同业存款 + 同业拆出 + 短期证券}{总资产} \times 100\%$$

短期投资比率越高,说明商业银行的流动性越充足。

9. 短期投资与敏感负债率

$$短期投资与敏感负债率 = \frac{短期投资}{敏感性负债} \times 100\%$$

其中,短期投资是短期内能够迅速变现的资产,包括在其他商业银行的短期存款、中央银行超额准备金的拆出和商业银行持有的短期证券。敏感性负债是对利率变化反应灵敏的负债,包括大额存款、外国机构存款、同业拆借、回购协议中的售出证券、政府持有的即期票据等。这些负债对市场利率变化高度敏感,容易从商业银行中流出。短期投资与敏感负债率上升,说明商业银行的流动性越充足。

10. 核心存款比率

$$核心存款比率 = \frac{核心存款}{总资产} \times 100\%$$

核心存款比率越高,说明商业银行的流动性越充足。

11. 存款结构比率

$$存款结构比率 = \frac{活期存款}{定期存款} \times 100\%$$

存款结构比率用来衡量商业银行融资基础的稳定性。活期存款的稳定性差,该比率上升,意味着商业银行存款的稳定性减弱,流动性需求增加。

12. 交易性存款率

$$交易性存款率 = \frac{交易性存款}{非交易性存款} \times 100\%$$

交易性存款账户是具有签发类似支票权的各种交易账户,如可转让提款单账户、货币市场账户等。非交易性存款是以储蓄为目的的各种存款。非交易性存款相对稳定,仅需较少的流动性资金。交易性存款主要是为银行提供低的成本和适中的流动性。非交易性存款的利率一般比交易性存款的利率要高,但银行管理成本较低,它为银行提供较高的成本和高流动性。

专栏4-2 《商业银行流动性风险管理办法》

第一章 总则

第一条 为加强商业银行流动性风险管理,维护银行体系安全稳健运行,根据《中华人民共和国银行业监督管理法》《中华人民共和国商业银行法》《中华人民共和国外资银行管理条例》等法律法规,制定本办法。

第二条 本办法适用于在中华人民共和国境内依法设立的商业银行。

第三条 本办法所称流动性风险,是指商业银行无法以合理成本及时获得充足资金,用于偿付到期债务、履行其他支付义务和满足正常业务开展的其他资金需求的风险。

第四条 商业银行应当按照本办法建立健全流动性风险管理体系，对法人和集团层面、各附属机构、各分支机构、各业务条线的流动性风险进行有效识别、计量、监测和控制，确保其流动性需求能够及时以合理成本得到满足。

第五条 银行业监督管理机构依法对商业银行的流动性风险及其管理体系实施监督管理。

第二章 流动性风险管理

第六条 商业银行应当在法人和集团层面建立与其业务规模、性质和复杂程度相适应的流动性风险管理体系。

流动性风险管理体系应当包括以下基本要素：

（一）有效的流动性风险管理治理结构；

（二）完善的流动性风险管理策略、政策和程序；

（三）有效的流动性风险识别、计量、监测和控制；

（四）完备的管理信息系统。

第一节 流动性风险管理治理结构

第七条 商业银行应当建立有效的流动性风险管理治理结构，明确董事会及其专门委员会、监事会（监事）、高级管理层以及相关部门在流动性风险管理中的职责和报告路线，建立适当的考核和问责机制。

第八条 商业银行董事会应当承担流动性风险管理的最终责任，履行以下职责：

（一）审核批准流动性风险偏好、流动性风险管理策略、重要的政策和程序，流动性风险偏好应当至少每年审议一次；

（二）监督高级管理层对流动性风险实施有效管理和控制；

（三）持续关注流动性风险状况，定期获得流动性风险报告，及时了解流动性风险水平、管理状况及其重大变化；

（四）审批流动性风险信息披露内容，确保披露信息的真实性和准确性；

（五）其他有关职责。

董事会可以授权其下设的专门委员会履行部分职责。

第九条 商业银行高级管理层应当履行以下职责：

（一）制定、定期评估并监督执行流动性风险偏好、流动性风险管理策略、政策和程序；

（二）确定流动性风险管理组织架构，明确各部门职责分工，确保商业银行具有足够的资源，独立、有效地开展流动性风险管理工作；

（三）确保流动性风险偏好、流动性风险管理策略、政策和程序在商业银行内部得到有效沟通和传达；

（四）建立完备的管理信息系统，支持流动性风险的识别、计量、监测和控制；

（五）充分了解并定期评估流动性风险水平及管理状况，及时了解流动性风险的重大变化，并向董事会定期报告；

（六）其他有关职责。

第十条 商业银行应当指定专门部门负责流动性风险管理，其流动性风险管理职能应当与业务经营职能保持相对独立，并且具备履行流动性风险管理职能所需要的人力、物力资源。

商业银行负责流动性风险管理的部门应当具备以下职能：

（一）拟定流动性风险管理策略、政策和程序，提交高级管理层和董事会审核批准；

（二）识别、计量和监测流动性风险，包括持续监控优质流动性资产状况，监测流动性风险限额遵守情况并及时报告超限额情况，组织开展流动性风险压力测试，组织流动性风险应急计划的测试和评估；

（三）识别、评估新产品、新业务和新机构中所包含的流动性风险，审核相关操作和风险管理程序；

（四）定期提交独立的流动性风险报告，及时向高级管理层和董事会报告流动性风险水平、管理状况及其重大变化；

（五）拟定流动性风险信息披露内容，提交高级管理层和董事会审批；

（六）其他有关职责。

第十一条 商业银行应当在内部定价以及考核激励等相关制度中充分考虑流动性风险因素，在考核分支机构或主要业务条线经风险调整的收益时应当考虑流动性风险成本，防止因过度追求业务扩张和短期利润而放松流动性风险管理。

第十二条 商业银行监事会（监事）应当对董事会和高级管理层在流动性风险管理中的履职情况进行监督评价，至少每年向股东大会（股东）报告一次。

第十三条 商业银行应当按照银行业监督管理机构关于内部控制有关要求，建立完善的流动性风险管理内部控制体系，作为银行整体内部控制体系的有机组成部分。

第十四条 商业银行应当将流动性风险管理纳入内部审计范畴，定期审查和评价流动性风险管理的充分性和有效性。

内部审计应当涵盖流动性风险管理的所有环节，包括但不限于：

（一）流动性风险管理治理结构、策略、政策和程序能否确保有效识别、计量、监测和控制流动性风险；

（二）流动性风险管理政策和程序是否得到有效执行；

（三）现金流分析和压力测试的各项假设条件是否合理；

（四）流动性风险限额管理是否有效；

（五）流动性风险管理信息系统是否完备；

（六）流动性风险报告是否准确、及时、全面。

第十五条 流动性风险管理的内部审计报告应当提交董事会和监事会。董事会应当针对内部审计发现的问题，督促高级管理层及时采取整改措施。内部审计部门应当跟踪检查整改措施的实施情况，并及时向董事会提交有关报告。

商业银行境外分支机构或附属机构采用相对独立的本地流动性风险管理模式的，应当对其流动性风险管理单独进行审计。

第二节 流动性风险管理策略、政策和程序

第十六条 商业银行应当根据经营战略、业务特点、财务实力、融资能力、总体风险偏好及市场影响力等因素确定流动性风险偏好。

商业银行的流动性风险偏好应当明确其在正常和压力情景下愿意并能够承受的流动性风险水平。

第十七条 商业银行应当根据流动性风险偏好制定书面的流动性风险管理策略、政策和程序。流动性风险管理策略、政策和程序应当涵盖表内外各项业务以及境内外所有可能对流动性风险产生重大影响的业务部门、分支机构和附属机构，并包括正常和压力情景下的流动性风险管理。

第十八条 商业银行的流动性风险管理策略应当明确流动性风险管理的总体目标、管理模式以及主要政策和程序。

流动性风险管理政策和程序包括但不限于：

（一）流动性风险识别、计量和监测，包括现金流测算和分析；

（二）流动性风险限额管理；

（三）融资管理；

（四）日间流动性风险管理；

（五）压力测试；

（六）应急计划；

（七）优质流动性资产管理；

（八）跨机构、跨境以及重要币种的流动性风险管理；

（九）对影响流动性风险的潜在因素以及其他类别风险对流动性风险的影响进行持续监测和分析。

第十九条 商业银行在开办新产品、新业务和设立新机构之前，应当在可行性研

究中充分评估可能对流动性风险产生的影响，完善相应的风险管理政策和程序，并经负责流动性风险管理的部门审核同意。

第二十条 商业银行应当综合考虑业务发展、技术更新及市场变化等因素，至少每年对流动性风险偏好、流动性风险管理策略、政策和程序进行一次评估，必要时进行修订。

第三节 流动性风险识别、计量、监测和控制

第二十一条 商业银行应当根据业务规模、性质、复杂程度及风险状况，运用适当方法和模型，对在正常和压力情景下未来不同时间段的资产负债期限错配、融资来源多元化和稳定程度、优质流动性资产、重要币种流动性风险及市场流动性等进行分析和监测。

商业银行在运用上述方法和模型时应当使用合理的假设条件，定期对各项假设条件进行评估，必要时进行修正，并保留书面记录。

第二十二条 商业银行应当建立现金流测算和分析框架，有效计量、监测和控制正常和压力情景下未来不同时间段的现金流缺口。

现金流测算和分析应当涵盖资产和负债的未来现金流以及或有资产和或有负债的潜在现金流，并充分考虑支付结算、代理和托管等业务对现金流的影响。

商业银行应当对重要币种的现金流单独进行测算和分析。

第二十三条 商业银行应当根据业务规模、性质、复杂程度及风险状况，监测可能引发流动性风险的特定情景或事件，采用适当的预警指标，前瞻性地分析其对流动性风险的影响。可参考的情景或事件包括但不限于：

（一）资产快速增长，负债波动性显著上升；

（二）资产或负债集中度上升；

（三）负债平均期限下降；

（四）批发或零售存款大量流失；

（五）批发或零售融资成本上升；

（六）难以继续获得长期或短期融资；

（七）期限或货币错配程度加剧；

（八）多次接近内部限额或监管标准；

（九）表外业务、复杂产品和交易对流动性的需求增加；

（十）银行资产质量、盈利水平和总体财务状况恶化；

（十一）交易对手要求追加额外抵（质）押品或拒绝进行新交易；

（十二）代理行降低或取消授信额度；

（十三）信用评级下调；

（十四）股票价格下跌；

（十五）出现重大声誉风险事件。

第二十四条　商业银行应当对流动性风险实施限额管理，根据自身业务规模、性质、复杂程度、流动性风险偏好和外部市场发展变化情况，设定流动性风险限额。流动性风险限额包括但不限于现金流缺口限额、负债集中度限额、集团内部交易和融资限额。

商业银行应当制定流动性风险限额管理的政策和程序，建立流动性风险限额设定、调整的授权制度、审批流程和超限额审批程序，至少每年对流动性风险限额进行一次评估，必要时进行调整。

商业银行应当对流动性风险限额遵守情况进行监控，超限额情况应当及时报告。对未经批准的超限额情况应当按照限额管理的政策和程序进行处理。对超限额情况的处理应当保留书面记录。

第二十五条　商业银行应当建立并完善融资策略，提高融资来源的多元化和稳定程度。

商业银行的融资管理应当符合以下要求：

（一）分析正常和压力情景下未来不同时间段的融资需求和来源；

（二）加强负债品种、期限、交易对手、币种、融资抵（质）押品和融资市场等的集中度管理，适当设置集中度限额，对于同业批发融资，应按总量和主要期限分别设定限额；

（三）加强融资渠道管理，积极维护与主要融资交易对手的关系，保持在市场上的适当活跃程度，并定期评估市场融资和资产变现能力；

（四）密切监测主要金融市场的交易量和价格等变动情况，评估市场流动性对商业银行融资能力的影响。

第二十六条　商业银行应当加强融资抵（质）押品管理，确保其能够满足正常和压力情景下日间和不同期限融资交易的抵（质）押品需求，并且能够及时履行向相关交易对手返售抵（质）押品的义务。

商业银行应当区分有变现障碍资产和无变现障碍资产。对可以用作抵（质）押品的无变现障碍资产的种类、数量、币种、所处地域和机构、托管账户，以及中央银行或金融市场对其接受程度进行监测分析，定期评估其资产价值及融资能力，并充分考虑其在融资中的操作性要求和时间要求。

商业银行应当在考虑抵（质）押品的融资能力、价格敏感度、压力情景下的折扣率等因素的基础上提高抵（质）押品的多元化程度。

第二十七条　商业银行应当加强日间流动性风险管理，确保具有充足的日间流动性头寸和相关融资安排，及时满足正常和压力情景下的日间支付需求。

商业银行的日间流动性风险管理应该符合以下要求：

（一）有效计量每日的预期现金流入总量和流出总量，日间各个时点现金流入和流出的规模、缺口等；

（二）及时监测业务行为变化，以及账面资金、日间信用额度、可用押品等可用资金变化等对日间流动性头寸的影响；

（三）具有充足的日间融资安排来满足日间支付需求，必要时可通过管理和使用押品来获取日间流动性；

（四）具有根据日间情况合理管控资金流出时点的能力；

（五）充分考虑非预期冲击对日间流动性的影响。

商业银行应当结合历史数据对日间流动性状况进行回溯分析，并在必要时完善日间流动性风险管理。

第二十八条　商业银行应当加强同业业务流动性风险管理，提高同业负债的多元化和稳定程度，并优化同业资产结构和配置。

第二十九条　商业银行应当建立流动性风险压力测试制度，分析承受短期和中长期压力情景的流动性风险控制能力。

流动性风险压力测试应当符合以下要求：

（一）合理审慎设定并定期审核压力情景，充分考虑影响商业银行自身的特定冲击、影响整个市场的系统性冲击和两者相结合的情景，以及轻度、中度、严重等不同压力程度；

（二）合理审慎设定在压力情景下商业银行满足流动性需求并可持续经营的最短期限，在影响整个市场的系统性冲击情景下该期限应当不少于30天；

（三）充分考虑各类风险与流动性风险的内在关联性和市场流动性对商业银行流动性风险的影响；

（四）定期在法人和集团层面实施压力测试，当存在流动性转移限制等情况时，应当对有关分支机构或附属机构单独实施压力测试；

（五）压力测试频率应当与商业银行的规模、风险水平及市场影响力相适应，常规压力测试应当至少每季度进行一次，出现市场剧烈波动等情况时，应当提高压力测试频率；

（六）在可能情况下，应当参考以往出现的影响银行或市场的流动性冲击，对压力

测试结果实施事后检验,压力测试结果和事后检验应当有书面记录;

(七)在确定流动性风险偏好、流动性风险管理策略、政策和程序,以及制定业务发展和财务计划时,应当充分考虑压力测试结果,必要时应当根据压力测试结果对上述内容进行调整。

董事会和高级管理层应当对压力测试的情景设定、程序和结果进行审核,不断完善流动性风险压力测试,充分发挥其在流动性风险管理中的作用。

第三十条　商业银行应当根据其业务规模、性质、复杂程度、风险水平、组织架构及市场影响力,充分考虑压力测试结果,制定有效的流动性风险应急计划,确保其可以应对紧急情况下的流动性需求。商业银行应当至少每年对应急计划进行一次测试和评估,必要时进行修订。

流动性风险应急计划应当符合以下要求:

(一)设定触发应急计划的各种情景;

(二)列明应急资金来源,合理估计可能的筹资规模和所需时间,充分考虑跨境、跨机构的流动性转移限制,确保应急资金来源的可靠性和充分性;

(三)规定应急程序和措施,至少包括资产方应急措施、负债方应急措施、加强内外部沟通和其他减少因信息不对称而给商业银行带来不利影响的措施;

(四)明确董事会、高级管理层及各部门实施应急程序和措施的权限与职责;

(五)区分法人和集团层面应急计划,并视需要针对重要币种和境外主要业务区域制定专门的应急计划,对于存在流动性转移限制的分支机构或附属机构,应当制定专门的应急计划。

第三十一条　商业银行应当持有充足的优质流动性资产,确保其在压力情景下能够及时满足流动性需求。优质流动性资产应当为无变现障碍资产,可以包括在压力情景下能够通过出售或抵(质)押方式获取资金的流动性资产。

商业银行应当根据其流动性风险偏好,考虑压力情景的严重程度和持续时间、现金流缺口、优质流动性资产变现能力等因素,按照审慎原则确定优质流动性资产的规模和构成。

第三十二条　商业银行应当对流动性风险实施并表管理,既要考虑银行集团的整体流动性风险水平,又要考虑附属机构的流动性风险状况及其对银行集团的影响。

商业银行应当设立集团内部的交易和融资限额,分析银行集团内部负债集中度可能对流动性风险产生的影响,防止分支机构或附属机构过度依赖集团内部融资,减少集团内部的风险传导。

商业银行应当充分了解境外分支机构、附属机构及其业务所在国家或地区与流动性风险管理相关的法律、法规和监管要求,充分考虑流动性转移限制和金融市场发展差异程度等因素对流动性风险并表管理的影响。

第三十三条　商业银行应当按照本外币合计和重要币种分别进行流动性风险识别、计量、监测和控制。

第三十四条　商业银行应当审慎评估信用风险、市场风险、操作风险和声誉风险等其他类别风险对流动性风险的影响。

第四节　管理信息系统

第三十五条　商业银行应当建立完备的管理信息系统,准确、及时、全面计量、监测和报告流动性风险状况。

管理信息系统应当至少实现以下功能:

(一)监测日间流动性状况,每日计算各个设定时间段的现金流入、流出及缺口;

(二)计算流动性风险监管和监测指标,并在必要时提高监测频率;

(三)支持流动性风险限额的监测和控制;

(四)支持对大额资金流动的实时监控;

(五)支持对优质流动性资产及其他无变现障碍资产种类、数量、币种、所处地域和机构、托管账户等信息的监测;

(六)支持对融资抵(质)押品种类、数量、币种、所处地域和机构、托管账户等信息的监测;

(七)支持在不同假设情景下实施压力测试。

第三十六条　商业银行应当建立规范的流动性风险报告制度,明确各项流动性风险报告的内容、形式、频率和报送范围,确保董事会、高级管理层和其他管理人员及时了解流动性风险水平及其管理状况。

第三章　流动性风险监管

第一节　流动性风险监管指标

第三十七条　流动性风险监管指标包括流动性覆盖率、净稳定资金比例、流动性比例、流动性匹配率和优质流动性资产充足率。

资产规模不小于2000亿元人民币的商业银行应当持续达到流动性覆盖率、净稳定资金比例、流动性比例和流动性匹配率的最低监管标准。

资产规模小于2000亿元人民币的商业银行应当持续达到优质流动性资产充足率、流动性比例和流动性匹配率的最低监管标准。

第三十八条　流动性覆盖率监管指标旨在确保商业银行具有充足的合格优质流动性资产,能够在规定的流动性压力情景下,通过变现这些资产满足未来至少30天的流动性需求。

流动性覆盖率的计算公式为：

流动性覆盖率＝合格优质流动性资产 ÷ 未来30天现金净流出量

流动性覆盖率的最低监管标准为不低于100%。除本办法第六十条第二款规定的情形外，流动性覆盖率应当不低于最低监管标准。

第三十九条　净稳定资金比例监管指标旨在确保商业银行具有充足的稳定资金来源，以满足各类资产和表外风险敞口对稳定资金的需求。

净稳定资金比例的计算公式为：

净稳定资金比例＝可用的稳定资金 ÷ 所需的稳定资金

净稳定资金比例的最低监管标准为不低于100%。

第四十条　流动性比例的计算公式为：

流动性比例＝流动性资产余额 ÷ 流动性负债余额

流动性比例的最低监管标准为不低于25%。

第四十一条　流动性匹配率监管指标衡量商业银行主要资产与负债的期限配置结构，旨在引导商业银行合理配置长期稳定负债、高流动性或短期资产，避免过度依赖短期资金支持长期业务发展，提高流动性风险抵御能力。

流动性匹配率的计算公式为：

流动性匹配率＝加权资金来源 ÷ 加权资金运用

流动性匹配率的最低监管标准为不低于100%。

第四十二条　优质流动性资产充足率监管指标旨在确保商业银行保持充足的、无变现障碍的优质流动性资产，在压力情况下，银行可通过变现这些资产来满足未来30天内的流动性需求。

优质流动性资产充足率的计算公式为：

优质流动性资产充足率＝优质流动性资产 ÷ 短期现金净流出

优质流动性资产充足率的最低监管标准为不低于100%。除本办法第六十条第二款规定的情形外，优质流动性资产充足率应当不低于最低监管标准。

第四十三条　商业银行应当在法人和集团层面，分别计算未并表和并表的流动性风险监管指标，并表范围按照银行业监督管理机构关于商业银行资本监管的相关规定执行。

在计算并表流动性覆盖率时，若集团内部存在跨境或跨机构的流动性转移限制，相关附属机构满足自身流动性覆盖率最低监管标准之外的合格优质流动性资产，不能计入集团的合格优质流动性资产。

第二节 流动性风险监测工具

第四十四条 银行业监督管理机构应当从商业银行资产负债期限错配情况、融资来源的多元化和稳定程度、无变现障碍资产、重要币种流动性风险状况以及市场流动性等方面,定期对商业银行和银行体系的流动性风险进行分析和监测。

银行业监督管理机构应当充分考虑单一的流动性风险监管指标或监测工具在反映商业银行流动性风险方面的局限性,综合运用多种方法和工具对流动性风险进行分析和监测。

银行业监督管理机构可结合商业银行的发展战略、市场定位、经营模式、资产负债结构和风险管理能力,对全部或部分监测工具设置差异化的监测预警值或预警区间,适时进行风险提示或要求银行采取相关措施。

第四十五条 银行业监督管理机构应当定期监测商业银行的所有表内外项目在不同时间段的合同期限错配情况,并分析其对流动性风险的影响。合同期限错配情况的分析和监测可以涵盖隔夜、7天、14天、1个月、2个月、3个月、6个月、9个月、1年、2年、3年、5年和5年以上等多个时间段。相关参考指标包括但不限于各个时间段的流动性缺口和流动性缺口率。

第四十六条 银行业监督管理机构应当定期监测商业银行融资来源的多元化和稳定程度,并分析其对流动性风险的影响。银行业监督管理机构应当按照重要性原则,分析商业银行的表内外负债在融资工具、交易对手和币种等方面的集中度。对负债集中度的分析应当涵盖多个时间段。相关参考指标包括但不限于核心负债比例、同业融入比例、最大十户存款比例和最大十家同业融入比例。

当商业银行出现对短期同业批发融资依赖程度较高、同业批发融资增长较快、发行同业存单增长较快等情况时,或商业银行在上述方面明显高于同质同类银行或全部商业银行平均水平时,银行业监督管理机构应当及时了解原因并分析其反映出的商业银行风险变化,必要时进行风险提示或要求商业银行采取相关措施。

第四十七条 银行业监督管理机构应当定期监测商业银行无变现障碍资产的种类、金额和所在地。相关参考指标包括但不限于超额备付金率、本办法第三十一条所规定的优质流动性资产以及向中央银行或市场融资时可以用作抵(质)押品的其他资产。

第四十八条 银行业监督管理机构应当根据商业银行的外汇业务规模、货币错配情况和市场影响力等因素决定是否对其重要币种的流动性风险进行单独监测。相关参考指标包括但不限于重要币种的流动性覆盖率。

第四十九条 银行业监督管理机构应当密切跟踪研究宏观经济形势和金融市场变化对银行体系流动性的影响,分析、监测金融市场的整体流动性状况。发现市场流动性紧张、融资成本提高、优质流动性资产变现能力下降或丧失、流动性转移受限等情况时，应当及时分析其对商业银行融资能力的影响。

银行业监督管理机构用于分析、监测市场流动性的相关参考指标包括但不限于银行间市场相关利率及成交量、国库定期存款招标利率、票据转贴现利率及证券市场相关指数。

第五十条　银行业监督管理机构应当持续监测商业银行存贷比的变动情况，当商业银行出现存贷比指标波动较大、快速或持续单向变化等情况时，或商业银行的存贷比明显高于同质同类银行或全部商业银行平均水平时，应当及时了解原因并分析其反映出的商业银行风险变化，必要时进行风险提示或要求商业银行采取相关措施。

第五十一条　商业银行应当将流动性风险监测指标全部纳入内部流动性风险管理框架，及时监测指标变化并定期向银行业监督管理机构报告。

第五十二条　除本办法列出的流动性风险监管指标和监测参考指标外，银行业监督管理机构还可根据商业银行的业务规模、性质、复杂程度、管理模式和流动性风险特点，设置其他流动性风险指标工具，实施流动性风险分析和监测。

第三节　流动性风险监管方法和措施

第五十三条　银行业监督管理机构应当通过非现场监管、现场检查以及与商业银行的董事、高级管理人员进行监督管理谈话等方式，运用流动性风险监管指标和监测工具，在法人和集团层面对商业银行的流动性风险水平及其管理状况实施监督管理，并尽早采取措施应对潜在流动性风险。

第五十四条　商业银行应当按照规定向银行业监督管理机构报送与流动性风险有关的财务会计、统计报表和其他报告。委托社会中介机构对其流动性风险水平及流动性风险管理体系进行审计的，还应当报送相关的外部审计报告。流动性风险监管指标应当按月报送，银行业监督管理机构另行规定的除外。

银行业监督管理机构可以根据商业银行的业务规模、性质、复杂程度、管理模式和流动性风险特点，确定商业银行报送流动性风险报表、报告的内容和频率。

第五十五条　商业银行应当于每年4月底前向银行业监督管理机构报送上一年度的流动性风险管理报告，主要内容包括流动性风险偏好、流动性风险管理策略、主要政策和程序、内部风险管理指标和限额、应急计划及其测试情况等。

商业银行对流动性风险偏好、流动性风险管理策略、政策和程序进行重大调整的，应当在1个月内向银行业监督管理机构书面报告调整情况。

第五十六条　商业银行应当按季向银行业监督管理机构报送流动性风险压力测试报告，内容包括压力测试的情景、方法、过程和结果。出现市场剧烈波动等情况时，应当提高压力测试报送频率。商业银行根据压力测试结果对流动性风险偏好、流动性风险管理策略、政策和程序进行重大调整的，应当及时向银行业监督管理机构报告相关情况。

第五十七条 商业银行应当及时向银行业监督管理机构报告下列可能对其流动性风险水平或管理状况产生不利影响的重大事项和拟采取的应对措施：

（一）本机构信用评级大幅下调；

（二）本机构大规模出售资产以补充流动性；

（三）本机构重要融资渠道即将受限或失效；

（四）本机构发生挤兑事件；

（五）母公司或集团内其他机构的经营状况、流动性状况、信用评级等发生重大不利变化；

（六）市场流动性状况发生重大不利变化；

（七）跨境或跨机构的流动性转移政策出现不利于流动性风险管理的重大调整；

（八）母公司、集团经营活动所在国家或地区的政治、经济状况发生重大不利变化；

（九）其他可能对其流动性风险水平或管理状况产生不利影响的重大事件。

如果商业银行的监管指标已经或即将降至最低监管标准以下，应当分析原因及其反映出的风险变化情况，并立即向银行业监督管理机构报告。

商业银行出现监测指标波动较大、快速或持续单向变化的，应当分析原因及其反映出的风险变化情况，并及时向银行业监督管理机构报告。

外商独资银行、中外合资银行境内本外币资产低于境内本外币负债，集团内跨境资金净流出比例超过25%，以及外国银行分行跨境资金净流出比例超过50%的，应当在2个工作日内向银行业监督管理机构报告。

第五十八条 银行业监督管理机构应当根据对商业银行流动性风险水平及其管理状况的评估结果，确定流动性风险现场检查的内容、范围和频率。

第五十九条 商业银行应当按照规定定期披露流动性风险水平及其管理状况的相关信息，包括但不限于：

（一）流动性风险管理治理结构，包括但不限于董事会及其专门委员会、高级管理层及相关部门的职责和作用；

（二）流动性风险管理策略和政策；

（三）识别、计量、监测、控制流动性风险的主要方法；

（四）主要流动性风险管理指标及简要分析；

（五）影响流动性风险的主要因素；

（六）压力测试情况。

第六十条　对于未遵守流动性风险监管指标最低监管标准的商业银行，银行业监督管理机构应当要求其限期整改，并视情形按照《中华人民共和国银行业监督管理法》第三十七条、第四十六条规定采取监管措施或者实施行政处罚。本条第二款规定的情形除外。

当商业银行在压力状况下流动性覆盖率、优质流动性资产充足率低于最低监管标准时，银行业监督管理机构应当考虑当前和未来国内外经济金融状况，分析影响单家银行和金融市场整体流动性的因素，根据商业银行流动性覆盖率、优质流动性资产充足率降至最低监管标准以下的原因、严重程度、持续时间和频率等采取相应措施。

第六十一条　对于流动性风险管理存在缺陷的商业银行，银行业监督管理机构应当要求其限期整改。对于逾期未整改或者流动性风险管理存在严重缺陷的商业银行，银行业监督管理机构有权采取下列措施：

（一）与商业银行董事会、高级管理层进行监督管理谈话；

（二）要求商业银行进行更严格的压力测试、提交更有效的应急计划；

（三）要求商业银行增加流动性风险管理报告的内容，提高报告频率；

（四）增加对商业银行流动性风险现场检查的内容，扩大检查范围，并提高检查频率；

（五）限制商业银行开展收购或其他大规模业务扩张活动；

（六）要求商业银行降低流动性风险水平；

（七）提高商业银行流动性风险监管指标的最低监管标准；

（八）提高商业银行的资本充足率要求；

（九）《中华人民共和国银行业监督管理法》以及其他法律、行政法规和部门规章规定的有关措施。

对于母公司或集团内其他机构出现流动性困难的商业银行，银行业监督管理机构可以对其与母公司或集团内其他机构之间的资金往来提出限制性要求。

银行业监督管理机构可根据外商独资银行、中外合资银行、外国银行分行的流动性风险状况，对其境内资产负债比例或跨境资金净流出比例提出限制性要求。

第六十二条　对于未按照规定提供流动性风险报表或报告、未按照规定进行信息披露或提供虚假报表、报告的商业银行，银行业监督管理机构可以视情形按照《中华人民共和国银行业监督管理法》第四十六条、第四十七条规定实施行政处罚。

第六十三条　银行业监督管理机构应当与境内外相关部门加强协调合作，共同建立信息沟通机制和流动性风险应急处置联动机制，并制定商业银行流动性风险监管应急预案。

发生影响单家机构或市场的重大流动性事件时,银行业监督管理机构应当与境内外相关部门加强协调合作,适时启动流动性风险监管应急预案,降低相关事件对金融体系及宏观经济的负面冲击。

第四章 附则

第六十四条 国家开发银行及政策性银行、农村合作银行、村镇银行、农村信用社和外国银行分行参照本办法执行。

第六十五条 本办法所称流动性转移限制是指由于法律、监管、税收、外汇管制以及货币不可自由兑换等原因,导致资金或融资抵(质)押品在跨境或跨机构转移时受到限制。

第六十六条 本办法所称无变现障碍资产是指未在任何交易中用作抵(质)押品、信用增级或者被指定用于支付运营费用,在清算、出售、转移、转让时不存在法律、监管、合同或操作障碍的资产。

第六十七条 本办法所称重要币种是指以该货币计价的负债占商业银行负债总额5%以上的货币。

第六十八条 本办法中"以上"包含本数。

第六十九条 商业银行的流动性覆盖率应当在2018年底前达到100%。在过渡期内,应当不低于90%。鼓励有条件的商业银行提前达标;对于流动性覆盖率已达到100%的银行,鼓励其流动性覆盖率继续保持在100%之上。

第七十条 商业银行应当自2020年1月1日起执行流动性匹配率监管要求。2020年前,流动性匹配率为监测指标。

第七十一条 商业银行的优质流动性资产充足率应当在2019年6月底前达到100%。在过渡期内,应当在2018年底前达到80%。

第七十二条 对于资产规模首次达到2000亿元人民币的商业银行,在首次达到的当月仍可适用原监管指标;自次月起,无论资产规模是否继续保持在2000亿元人民币以上,均应当适用针对资产规模不小于2000亿元的商业银行的监管指标。

第七十三条 经银行业监督管理机构批准,资产规模小于2000亿元人民币的商业银行可适用流动性覆盖率和净稳定资金比例监管要求,不再适用优质流动性资产充足率监管要求。

商业银行提交的申请调整适用监管指标的报告中,应当至少包括:管理信息系统对流动性覆盖率、净稳定资金比例指标计算、监测、分析、报告的支持情况,流动性覆盖率中稳定存款、业务关系存款的识别方法及数据情况,流动性覆盖率与优质流动性资产充足率的指标差异及原因分析，以及优质流动性资产管理情况等。

商业银行调整适用监管指标后，非特殊原因，不得申请恢复原监管指标。

第七十四条　本办法由国务院银行业监督管理机构负责解释。

第七十五条　本办法自2018年7月1日起施行。《商业银行流动性风险管理办法（试行）》（中国银监会令2015年第9号）同时废止。本办法实施前发布的有关规章及规范性文件如与本办法不一致的，按照本办法执行。

案例分析与创新思考

银监会松绑存贷比：释放近万亿流动性

在酝酿多年后，银监会于2014年6月30日终于颁布了商业银行存贷比计算的新口径，并于7月1日起正式执行。按照银监会通知，包括三农、小微金融债在内的6项贷款被从存贷比分子项下扣除，同时新增大额存单等2项存款计入存贷比分母项。

"如果全面放弃存贷比指标，在理论上有利于降低融资成本138个基点。本次调整，虽然达到不到138个基点，但也能在一定程度上对降低融资成本起到积极作用。"兴业银行首席经济学家鲁政委表示，"考虑到银行业18.5%的法定存款准备金率的存在，单纯的存贷比指标的调整，并不会让银行业因此就额外增加多少融资，但却能够鼓励融资走'贷款'的正路，从而在一定程度上有利于弱化影子银行的发展动力。"

一、存贷比监管已落后

2014年6月30日下午，银监会正式对外发布《关于调整商业银行存贷比计算口径的通知》（以下简称《通知》），要求从7月1日起实施。

银监会表示，存贷比是《中华人民共和国商业银行法》规定的法定监管指标。从国内外实践来看，存贷比在管控流动性风险、控制信贷过快增长和维护银行体系稳定方面发挥了一定的积极作用。但是，随着商业银行资产负债结构、经营模式和金融市场的发展变化，存贷比监管也出现了覆盖面不够，风险敏感性不足，未充分考虑银行各类资金来源和运用在期限和稳定性方面的差异，难以全面反映银行流动性风险等问题。

为改进存贷比监管，银监会近年来一方面积极推动立法机关修订商业银行法，另一方面不断完善存贷比监管考核办法，如将"三农"专项金融债、小微企业专项金融债、支农再贷款等对应贷款从存贷比分子中扣除,并从2011年开始推行月度日均存贷比指标等,在促进商业银行加大对实体经济支持力度、降低存款波动性等方面,取得了一定效果。截至2014年一季度末,商业银行存贷比为65.9%,较年初下降0.18个百分点,与75%的上限尚有距离。

银监会表示,为适应我国银行业资产负债结构多元化发展趋势,不断完善监管体系,银监会在此前相关改进存贷比监管措施的基础上,进一步完善存贷比监管。

二、最多释放8000亿流动性

《通知》要求,对存贷比计算口径进行调整,包括调整存贷比计算币种口径,调整存贷比分子(贷款)计算口径,以及调整存贷比分母(存款)计算口径。

对计算币种口径调整后,只对人民币业务实施存贷比监管考核,对本外币合计和外币业务存贷比取消监管考核,仅将其作为监测指标。调整存贷比分子(贷款)计算口径后,在近年已实施的扣减支农再贷款、小微企业贷款专项金融债、"三农"专项金融债对应贷款,以及村镇银行使用主发起行存放资金发放的农户和小微企业贷款基础上,再扣除"商业银行发行的剩余期限不少于一年,且债权人无权要求银行提前偿付的其他各类债券所对应的贷款"、"支小再贷款所对应的小微企业贷款",以及"商业银行利用国际金融组织或外国政府转贷资金发放的贷款"三项。

"截至2014年5月末,商业银行发行的期限在1年以上的债券总额12531亿元,其中普通债券3272亿元,次级债9028亿元,混合资本债231亿元,基本上均无提前偿付条款。2014年,人民银行下发的支小再贷款额度为500亿元。我国商业银行利用国际金融组织或外国政府转贷资金发放的贷款近年来稳定在30亿美元左右。"华夏银行总行研究员杨驰表示,据此估算,此次调整存贷比计算口径,理论上商业银行释放流动性最多可超过8000亿元。考虑到各行贷款规模和资本充足率的限制,实际释放资金将低于理论数值。

"此次调整存贷比计算口径,有利于释放更多的流动性,鼓励商业银行将更多的信贷资金投入实体经济特别是小微和'三农'领域,缓解小微企业、涉农企业融资难、融资贵的问题。"他表示,"同时也有利于商业银行提高资金使用效率、提升盈利水平,适当减缓当前受资金不断流出银行体系导致的负债端压力;有助于降低商业银行利用同业业务等逃避存贷比和信贷规模限制、进行监管套利的冲动,引导资金从表外逐步回流表内。"

三、新政着眼实体经济

"这体现了银监会实事求是、与时俱进的审慎监管精神。"兴业银行首席经济学家鲁政委就此点评,"在完成商业银行法修订之前,作为监管执行部门,还不便自行直接在操作中放弃存贷比，但目前中国金融市场的发展却是早已从早期的'负债方仅有存款、资产方仅有贷款'的状态，发展到了目前资产负债两边都高度多元化的状态，简单坚持过去意义上的存贷比，不仅无法控制住实质风险，反倒还会造成更多扭曲，酿成新的风险隐患。"他表示，从管住实质风险的角度，需要与时俱进地对存贷比的分子和分母进行调整。比如，分母中增加大额存单就体现了这一点。

鲁政委认为，此次调整也没有放得太松，而是着眼于管住实质风险。比如，对"三农"、小微企业发行的专项债券所发放的贷款，不仅由于此类贷款贷款期限通常短于债券存续期限，而且额度也不大，即使不纳入存贷比，流动性的实质风险也不大。"'巴塞尔协议Ⅲ'的流动性监管指标对存贷比有替代作用。"他表示，"在目前实施的'巴塞尔协议Ⅲ'中的两项流动性监管指标，比存贷比更细腻、更全面，其实施之后，能够相应减轻或替代存贷比指标所承担的流动性监管功能。即使现在全面废止存贷比，也并不会导致流动性风险失控。"

四、同业存款未纳入考核，防范监管套利

在调整存贷比分母（存款）计算口径中，《通知》在现有计算口径基础上增加了两项，包括"银行对企业、个人发行的大额可转让存单"，以及"外资法人银行吸收的境外母行一年期以上存放净额"。

银监会认为，企业和个人的大额可转让存单是银行的稳定资金来源；外资法人银行相当一部分资金来源于母行存放，将其中一年期以上存放净额计入，可以促进外资银行充分运用境外母行提供的稳定资金拓展业务，支持我国实体经济发展。

"此次调整方案未改变存贷比的基本计算规则，简单易行，从定量测算结果看，有助于商业银行将更多的信贷资源用于支持实体经济。"银监会表示，"将观察存贷比计算口径调整对银行经营行为和金融市场的影响，对于存贷比出现异动的银行，将视情形采取相应措施，防止监管套利。"

同时，银监会将根据《商业银行流动性风险管理办法（试行）》，综合运用存贷比、流动性比例、流动性覆盖率和多维度的流动性风险监测指标，密切跟踪分析银行业流动性风险状况，维护银行业安全稳健运行。在中长期，银监会还将继续积极推动并配合立法机关修订商业银行法。

"此次银监会并没有将同业存款纳入存贷比分母，这与金融机构之间可能通过资金来往、实现虚增同业存款规模、导致存款重复计算有一定关系。"杨驰认为，"在当前治理规范同业业务的大背景下，预计同业存款短期内很难纳入考虑范围。"[1]

---

[1] 李鹤鸣：《银监会松绑存贷比：理论上释放近万亿流动性》，《南方都市报》2014年7月1日。

思考：

1. 为什么要松绑存贷比指标？
2. 金融监管机构如何引导商业银行为实体经济服务？

本章小结

1. 现金资产指商业银行所持有的库存现金和等同现金的、随时可以用于支付的准现金资产。现金资产包括库存现金、在中央银行的存款、存放同业存款和托收中现金等。

2. 现金资产管理的原则包括适度存量控制原则、适时流量调节原则、安全性原则等。

3. 存款准备金指商业银行存放在中央银行准备金账户中的存款，包括法定存款准备金和超额准备金。

4. 法定存款准备金的计算方法有两种：滞后法定存款准备金计算法和同步法定存款准备金计算法。

5. 流动性需求是指商业银行自身或客户提款对资金支付的需要，包括存款客户的提现要求和贷款客户的贷款需要。商业银行的流动性需求分为短期流动性需求、长期流动性需求、周期流动性需求和临时流动性需求四种。

6. 商业银行在进行流动性需求管理过程中，可遵循进取型原则、保守型原则和成本最低原则。

7. 流动性需求预测的方法包括资金结构法、因素法、流动性指标法。

思考与练习

1. 商业银行现金资产的定义是什么？包括哪几类？
2. 商业银行现金资产管理原则有哪些？
3. 商业银行法定存款准备金的计算方法有哪些？
4. 流动性需求的定义是什么？分为哪几类？

第五章　商业银行贷款业务管理

【学习目标】
1. 掌握商业银行贷款的概念及组合。
2. 了解商业银行贷款的政策与程序。
3. 掌握商业银行贷款审查的原则和要点。
4. 了解商业银行贷款的类别。
5. 掌握商业银行贷款的质量评价指标和方法。

第一节　贷款的概念及组合

一、贷款的概念

贷款是银行或其他金融机构按一定利率和必须归还等条件出借货币资金的一种信用活动形式。广义的贷款指贷款、贴现、透支等出贷资金的总称。在贷款活动中，商业银行授予信用给借款人，借款人获得货币有偿使用权，有义务按期偿还本金和利息。就其本质而言，贷款是一种商业银行的信用活动。

商业银行贷款业务是指银行发放各种贷款所形成的资产业务。信贷资产是商业银行资产业务中最主要的项目，具有高风险、高收益的特征。

二、贷款的作用

发放贷款是商业银行最主要的经济功能之一，商业银行通过发放贷款影响地区和国家的经济运行。合理的贷款规模和结构能不断满足社会扩大再生产对补充资金的持续需要，从而促进经济发展和产业升级。

但商业银行贷款对经济增长和产业升级作用的发挥依赖于国家金融体系的特征。在资本市场高度发达的国家，融资需求可以通过资本市场得以满足，交易成本的高低是融资者选择融资方式的主要依据。而在大多数资本市场不发达的国家，资金融通活动高度依赖银行体系，间接金融在金融体系中占据主导地位，微观主体的经济活动对商业银行贷款高度依赖。在这种融资结构下，国内经济增长或衰退与银行贷款规模高度正相关，银行贷款规模的增速对经济增长速度有重要影响。同时，风险也主要集中在银行机构，影响一国经济增长。

通过发放贷款，商业银行也可以由此取得贷款利息收入，增加银行自身积累。

三、贷款的种类

随着经济的发展，客户的资金需求种类不断增加，商业银行不断拓宽服务范围，增加贷款种类，以满足多种多样的资金需求。

（一）按贷款期限分

1. 短期贷款

短期贷款是指借款期为1年及1年以内的贷款，包括季节性贷款、临时贷款等。

2. 中长期贷款

中长期贷款指贷款期限在1年以上的贷款。此类贷款风险相对更大，收益也更高。

（二）按贷款保障方式分

1. 信用贷款

信用贷款指商业银行完全凭借客户的信誉而无须提供抵押物或第三者保证而发放的贷款。

2. 保证贷款

保证贷款是指由借贷双方之外的第三人以书面保证形式向贷款人承诺，当借款人不能如期偿还贷款本息时，由其按约定承担一般保证责任或者连带保证责任而发放的贷款。

3. 抵押贷款

抵押贷款指以借款人或第三人的不动产、动产或土地使用权等作为抵押物抵押给银行而发放的贷款。

（三）按贷款目的分

1. 房地产贷款

房地产贷款指用不动产做抵押，为建筑和土地开发提供的短期贷款和为购买农田、住宅、公寓、商业建筑以及国外不动产提供的长期贷款。

2. 金融机构贷款

金融机构贷款指对银行、保险公司、财务公司和其他金融机构提供的贷款。

3. 农业贷款

农业贷款指面向农牧业，用于支持和帮助农作物的播种收获以及饲养照料牲畜的贷款。

4. 工商业贷款

工商业贷款指发放给企业，用于支付购买存货、付税和发放薪水等开支的贷款。

5. 个人贷款

个人贷款指为支付个人费用提供的贷款，如个人住房消费贷款、个人汽车消费贷款、个人耐用消费品贷款、个人助学贷款和个人旅游消费贷款等。

（四）按贷款质量分

1. 正常类贷款

正常类贷款指借款人能够履行合同，有充分的把握按时足额偿还本息的贷款。

2. 关注类贷款

关注类贷款指尽管借款人目前有能力偿还贷款本息，但是存在一些可能对偿还产生不利影响因素的贷款。

3. 次级类贷款

次级类贷款指借款人的还款能力出现了明显问题，依靠其正常收入已无法保证足额偿还本息的贷款。

4. 可疑类贷款

可疑类贷款指借款人不能足额偿还本息，即使执行抵押或担保也肯定要造成一部分损失的贷款。

5. 损失类贷款

损失类贷款指银行已采取所有可能的措施和一切必要的法律程序后，贷款本息仍然无法收回或只能收回极少部分的贷款。

（五）按偿还方式分

1. 一次还清贷款

一次还清贷款指借款人在贷款到期时一次性还清贷款本息的贷款。

2. 分期偿还贷款

分期偿还贷款指借款人按贷款协议的规定在还款期内分次偿还贷款，到还款期结束还清全部款项的贷款。

（六）按贷款数量分

1. 批发贷款

批发贷款指贷款数额较大，对工商企业、金融机构等发放的贷款，贷款者的贷款目的是经营获利。

2. 零售贷款

零售贷款指对个人发放的贷款，贷款者贷款的目的是个人消费。

除以上分类外，还可以按贷款经营方式分为经营贷款和委托贷款；按计算方式分为固定利率贷款和浮动利率贷款；按贷款人主体数量分为单一贷款和银团贷款；按贷款币种分为人民币贷款和外币贷款等。

四、贷款的组合

商业银行因其特殊的地理位置、经营规模和独特的经营理念等，彼此间存在着贷款组合结构的差异。商业银行贷款组合的目的是最大限度地提高贷款发放的收益，同时降低整体贷款风险。

决定商业银行贷款组合的首要因素是特定的市场环境。由于商业银行所处的地理位置的特点，并且其贷款对象主要是所在地区的企业和个人，因此这个地区的经济发展特点就会体现在商业银行的贷款结构中，造成商业银行贷款集中问题。

商业银行的经营规模也是其贷款组合的影响因素。规模较大的商业银行往往服务于大客户，中小商业银行往往服务于小客户，这一方面由资金实力决定，另一方面也受交易费用影响。

第二节 贷款的政策与程序

一、贷款的政策要求

贷款政策是指商业银行指导和规范贷款业务、管理和控制贷款风险的各项方针、措施和程序的总和。商业银行的贷款政策由于其经营品种、方式、规模和所处的市场环境不同而有所差别,但其基本内容主要有以下几个方面。

(一)贷款业务发展战略

商业银行贷款政策应当明确银行的发展战略,包括开展业务应当遵循的原则、银行希望开展业务的行业和区域、希望开展业务的品种和希望达到的规模和速度等。我国商业银行一般将安全性、流动性和效益性作为开展业务应当遵循的基本原则。在确定基本原则的基础上,要根据宏观经济政策、经济发展的客观需要及本行的实际能力,明确贷款发展的范围、规模和速度,为贷款业务发展提供明确指引。

(二)贷款工作规程及权限划分

为保证贷款业务操作过程的规范化,贷款政策必须明确规定工作规程,即贷款业务操作的规范化的程序。贷款程序包括贷前的推销、调查及信用分析阶段;银行接受贷款申请后的评估、审查及贷款发放阶段;贷款发放以后的监督检查、风险监测及贷款本息收回阶段。另外,贷款的审批制度还必须明确信贷管理人员的权限,将不同贷款阶段交由不同岗位人员负责,使贷款管理的各个环节和岗位相互制约,共同保证贷款质量。

(三)贷款的规模和比率控制

商业银行通常根据负债资金来源及其稳定性情况、存款准备金比率、资本金情况、流动性准备比率、银行经营环境情况、贷款需求情况和银行经营管理水平等因素确定贷款规模。这一规模既要符合商业银行稳健经营的原则,又要最大限度地满足客户的贷款需求。贷款规模是否适度、结构是否合理,可以用贷款/存款比率、贷款/资本比率、单个企业贷款比率、中长期贷款比率等指标来衡量。

（四）贷款种类及地区

贷款的种类及其构成形成了商业银行的贷款结构。贷款结构对商业银行信贷资产的安全性、流动性、营利性具有十分重要的影响，银行贷款政策必须对本行贷款种类及其结构做出明确规定。贷款地区即商业银行控制贷款业务的地域范围。贷款地域范围与商业银行的规模有关，大型商业银行分支机构众多，贷款政策中一般不对贷款地区做出限制；中小商业银行往往将贷款业务限制在银行所在城市和地区，或该银行的传统服务地区。

（五）贷款的担保

为完善贷款的还款保障、确保贷款的安全性，在贷款政策中应当明确担保政策。贷款担保政策一般包含以下内容：一是担保的方式，包括担保人担保、抵押担保、质押担保、留置及定金等；二是规定抵（质）押品的鉴定、评估方法和程序；三是确定贷款与抵（质）押品价值的比率；四是确定担保人的资格和还款能力的评估方法与程序。

（六）贷款定价

贷款价格一般包括贷款利率、贷款补偿性余额（回存余额）和对某些贷款收取的费用等。贷款定价过程中，银行必须考虑资金成本、贷款风险程度、贷款的期限、贷款管理费用、存款余额、还款方式、银行与借款人之间的关系、贷款收益率目标等多种因素。

（七）贷款档案管理政策

贷款档案是银行贷款管理过程的详细记录，体现银行经营管理水平和信贷人员的素质，可以直接反映贷款的质量。贷款档案管理政策是贷款政策的重要内容，银行应建立科学完善的档案管理制度。完整的档案管理制度应当包含：贷款方案的结构；贷款档案的保管责任人；贷款档案的保管地点；贷款档案存档、借阅和检查制度等。

（八）贷款的日常管理和催收制度

贷款发放出去后，贷款的日常管理对保证贷款的质量尤为重要。信贷员应与借款人保持密切的联系，定期或不定期走访借款人，了解借款人的业务经营情况和财务状况，定期进行信贷分析，形成信贷分析报告并存档。

同时，商业银行应当制定有效的贷款回收催收制度。在贷款还本付息到期日之前的特定时间内，提前书面通知借款人偿还到期的贷款本息。当贷款人未能按时还本付息时，应立即与借款人取得联系，积极予以催收。

（九）不良贷款的管理

贷款发放以后，若在贷后检查中发现不良贷款的预警信号，或在贷款质量评估中被列入关注级以下的贷款，应当引起充分重视。对各种不良贷款，贷款政策中应明确规定处理的程序和基本的处理方式，并根据各类不良贷款的不同性质及质量等级，将不良贷款和保全银行债权的各个环节的工作落到实处，积极有效地防范、管理贷款风险，最大限度地维护、保全银行债权。

二、贷款的决策程序

合理的贷款决策程序有利于商业银行控制风险，提高收益率。商业银行贷款的决策程序可以用图5-1表示。

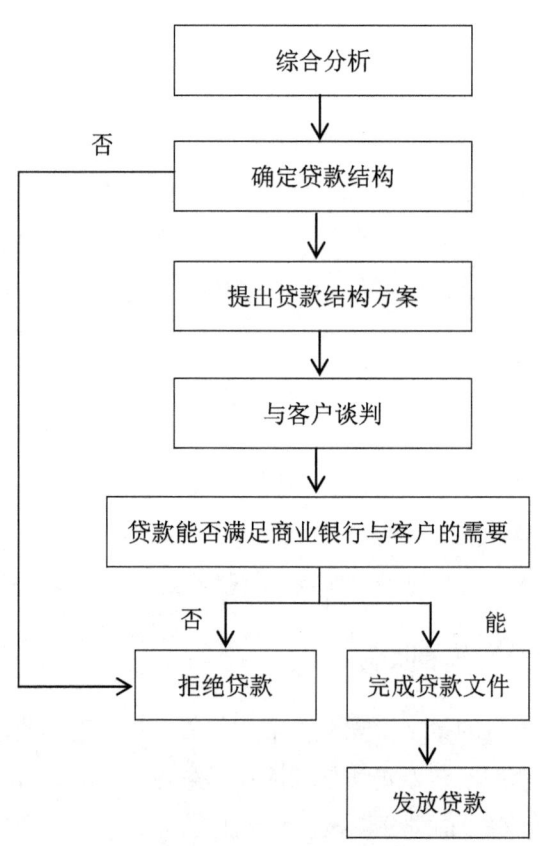

图 5-1 商业银行贷款决策程序

在综合分析阶段，商业银行要识别主要的风险，如借款人的风险控制能力、潜在风险对借款人还款能力的影响，能否建立预警机制、识别潜在风险，等等。若经过识别，以上问题能够得到较好解决，则商业银行可以考虑设计贷款结构，若贷款结构不合理，则拒绝贷款。确定贷款结构时，应当考虑采用何种期限和条件来保护商业银行的利益且满足客户要求。在贷款结构确定后，商业银行需要与客户进行谈判以确定贷款方案的各个组成部分，如贷款工具、条件、担保、定价、期限、还款方式和贷款费用等。若最终形成的贷款方案能够满足银行和客户双方要求，顺利达成贷款协议，在签订完成贷款文件后，商业银行可以发放贷款。

三、贷款协议的达成

贷款协议是借款人与商业银行签订的约定双方权利和义务关系的合同。签订贷款协议的目的是在借款人的偿债能力出现问题时保护商业银行的利益，因此，贷款协议是贷款过程中不可缺少的组成部分。不同类型的贷款，其贷款协议有差异，一般而言，贷款协议主要包括以下内容：

（一）贷款金额、期限和用途。

（二）利率与计息。

（三）提款条件、提款时间与手续。

（四）还款。

（五）担保。

（六）保险。

（七）声明与承诺。

（八）违约事件及处理。

（九）划扣。

（十）税费。

（十一）抵消、转让与权利保留。

（十二）变更与解除。

（十三）法律适用、争议解决及司法管辖。

（十四）附件。

第三节 贷款审查

一、贷款审查的原则

贷款发放后，因主客观原因的变化，可能会导致借款人还款能力改变，贷款质量发生变化。因而，需要对贷款进行审查，以迅速发现问题、提供预警，防止贷款质量恶化。

贷款审查的原则有：

（一）对所有类型贷款进行定期审查，大笔贷款的审查周期较短，小笔贷款可以随机抽样审查。

（二）审查借款人的财务状况与还款能力。

（三）审查贷款文件的完整性和贷款政策的一致性。

（四）审查商业银行对抵押和担保的控制程度。

（五）增大对问题贷款的审查力度。

二、贷款审查的要点

商业银行贷款审查的要点包括以下几个方面。

（一）借款人的审查

不同的借款人审查内容各不相同：对法人要审查其法人及借款人主体资格、证明文件、注册资金、章程和董事会及股东大会决议等；对自然人要审查其完全民事行为能力人条件、主体资格证明文件及有关借款主体的特殊规定；对个体工商户要审查其营业执照、生产经营许可证等文件，特种行业的行政部门审批证明及经营形式。

（二）担保人的审查

审查内容包括：担保人的资格；自然人、法人及其他组织机构作为保证主体的审查。对不同的担保人，在审查内容上有差异。

（三）抵（质）押物的审查

抵（质）押物的审查包括抵（质）押物的产权情况、抵（质）押物的范围审查、不同类型抵（质）押物的审查。

（四）是否存在不得对借款人发放贷款的情形

若存在以下情形，不得对借款人发放贷款：

1. 生产、经营和投资国家明文禁止的产品、项目的。
2. 违反国家外汇管理规定的。
3. 建设项目按国家规定应当报有关部门批准而未取得批准文件的。
4. 生产、经营和投资项目未取得环境保护部门许可的。
5. 在实行承包、租赁、联营、兼并、合作、分立、产权有偿转让、股份制改造体制变更过程中，未清偿原有贷款债务、落实原有贷款债务或提供相应担保的。
6. 借款人已在贷款人同一辖区内其他同级机构取得贷款的。
7. 用贷款进行股本权益性投资的（国家另有规定的除外）。
8. 用贷款在有价证券、期货等方面从事投机经营的。
9. 非依法取得经营房地产资格的借款人用贷款经营房地产业的。依法取得房地产业务资格的借款人，用贷款从事房地产投机的。
10. 用于财政性支出的。
11. 套取贷款用于借贷牟取非法收入的。
12. 虚假出资、抽逃出资以及股东未按法律规定或协议约定出资到位的。
13. 借款人存在"一套人马、多块牌子"，且产权不清、管理混乱的。
14. 借款人有其他严重违法经营行为的。
15. 借款人发生重大诉讼，可能严重影响生产经营活动及偿债能力的。
16. 依照法律法规和规章制度，不得发放贷款的其他情形。

第四节　贷款的类别

一、企业贷款

（一）企业贷款的定义

企业贷款又称工商业贷款，是指企业为了生产经营的需要，向银行或其他金融机构借款,并按照协议规定的利率和期限还款的一种借款方式。企业贷款主要用于固定资产购建、技术改造等大额长期投资。

(二)企业贷款的种类

企业贷款种类繁多,大体可以分为两类,即短期企业贷款和长期企业贷款。

1. 短期企业贷款

短期企业贷款是银行或其他金融机构向企业发放的期限在1年以下(含1年)的贷款。短期企业贷款又包括自动清偿存货贷款、营运资本贷款、临时建筑融资贷款等。

2. 长期企业贷款

长期企业贷款指银行或其他金融机构向企业发放的期限在1年以上的贷款。长期企业贷款又包括固定资金贷款、循环信贷融资、长期项目贷款等。

二、个人贷款

(一)个人贷款的定义

个人贷款又称零售贷款业务,指银行或其他金融机构向符合贷款条件的消费者个人或者居民家庭提供的,用于个人消费、生产经营等用途,并规定贷款利息,约定按期还本付息的本外币贷款。相对于企业贷款,个人贷款的特点是利率水平高、规模呈现周期性、借款人缺乏利率弹性。

(二)个人贷款的种类

1. 个人住房贷款

个人住房贷款包括个人住房商业性贷款和个人住房公积金贷款。个人住房商业性贷款,是银行信贷资金所发放的自营贷款,指具有完全民事行为能力的自然人购买本市城镇自住住房时,以其所购产权住房为抵押物,作为偿还贷款的保证而向银行申请的住房商业性贷款。

个人住房公积金贷款,是政策性的住房公积金所发放的委托贷款,指缴存住房公积金的职工在本市城镇购买、建造、翻建、大修自住住房时,以其所拥有的产权住房为抵押物,作为偿还贷款的保证而向银行申请的住房公积金贷款。

2. 个人汽车消费贷款

个人汽车消费贷款指贷款人向申请购买汽车的借款人发放的贷款,也叫汽车按揭贷款。

3. 个人耐用消费品贷款

个人耐用消费品贷款是指银行或其他金融机构向借款人发放的，用于支付其购买耐用消费品的贷款，并且明确规定贷款期限、贷款额度、贷款利率、担保方式和要求。

4. 个人经营贷款

个人经营贷款是指银行或其他金融机构向借款人发放的，用于借款人流动资金周转、购置或更新经营设备、支付租赁经营场所租金、商用房装修等合法生产经营活动的贷款。

5. 个人小额信用贷款

个人小额信用贷款是银行或其他金融机构向资信良好的借款人发放的，无须提供担保的信用贷款。

6. 个人非住宅抵押贷款

个人非住宅抵押贷款包括分期还款的贷款、一次性还款的贷款和信用卡贷款等。

第五节　贷款的质量评价

一、贷款质量评价指标

商业银行在长期实践中，总结出了较为通用的贷款五级分类法，即按贷款质量将贷款分为五类：正常类、关注类、次级类、可疑类和损失类。当商业银行对所有贷款都按照五级分类法进行分类后，可以采用以下若干指标进行量化。

（一）不良贷款余额/全部贷款余额

不良贷款包括次级类贷款、可疑类贷款和损失类贷款三种。不良贷款余额与全部贷款余额的比例可以说明贷款质量的恶化程度。也可以进行更细致的划分，如次级类贷款余额/全部贷款余额、可疑类贷款余额/全部贷款余额、损失类贷款余额/全部贷款余额。

（二）（正常类贷款余额+关注类贷款余额）/全部贷款余额

这一比率反映贷款的总体安全程度。也可以用正常类贷款余额/全部贷款余额和关注类贷款余额/全部贷款余额进行更细致反映。

（三）加权不良贷款余额/（核心资本+储备金）

不同种类贷款的风险权重不同，中国人民银行提供的参考权重指标是：正常类1%，关注类3%—5%，次级类15%—25%，可疑类50%—75%，损失类100%。以不良贷款余额乘以对应权重后进行加总，即可得到加权不良贷款余额。这一指标能够反映商业银行资本可能遭受侵蚀的程度及商业银行消化这些损失的能力。

（四）其他指标

其他指标包括逾期贷款余额/全部贷款余额，重组贷款余额/全部贷款余额，停止计息贷款余额/全部贷款余额。这些指标能够直接地反映贷款的质量，在实践中长期用于银行贷款质量的检测。

二、问题贷款的发现和处理

（一）问题贷款的发现

已经发放的贷款在变成真实损失之前会有一个过程，商业银行应当在这一过程中借助于一些早期信号尽早发现问题。一般而言，这些信号包括财务信号和非财务信号。

财务信号包括：

1. 负债权益比率

负债权益比率是最容易发现问题的指标，当这一指标超过行业平均值时，就应引起商业银行的注意。

2. 获利能力

企业获利能力的高低直接决定着其还款能力的高低，当企业获利能力下降时，商业银行就应当对其还款能力表示怀疑，尽早采取措施维护自身权益。获利能力的衡量指标很多，如总资产收益率、净资产收益率等。

3. 流动性

流动性是企业的生命线，只有保持良好的流动性，才能维持企业的健康运转。流动性的测算指标有流动比率、速动比率、应收账款周转率、存货周转率等。

非财务信号包括：

1. 企业管理风格的改变

企业管理风格的改变可能涉及企业管理能力的变化，可以从企业有无充分的计划、有无管理发展的能力、重要的人事变动等方面进行观察和评估。

2. 行业、市场或产品的变化

行业、市场或产品的变化会影响企业的生产经营，进而影响企业的还款能力，导致贷款质量的变化。商业银行应当了解企业管理层对行业、市场或产品变化的应变能力，及时关注企业应对措施的效果。

3. 信息获取的变化

商业银行应当及时、全面、充分地获取贷款企业的相关信息，当企业报送给商业银行的数据不及时、不全面或不充分时，就应当关注其原因。

（二）问题贷款的处理

当一笔贷款被确认为问题贷款时，商业银行和借款人就要采取有效措施防止问题贷款变成真实损失。对于问题贷款，商业银行首先会与借款人进行协商，探讨合作的可能性，在保证安全的前提下，商业银行可能继续向借款人注入新资金，以缓解借款人的困难。

当追加资金方案不可取时，商业银行和借款人还可以商定新协议，包括：

1. 减债程序和时间限制

此举的目的是确定还款金额和还款时间，给借款人一定压力，迫使其还款。

2. 增加抵押品、担保人或第二抵押

在发现问题贷款后，商业银行要检查所有文档并修正。若抵押品不足，则应当采取额外的安全措施。

3. 索取财务报告

在问题贷款发生后，商业银行应及时索取企业的详细财务报告，详细分析和掌握企业的财务状况。

4. 立即监控抵押品和借款人

在问题贷款发生后，商业银行要立即对抵押品和借款人进行检查，确保抵押品的安全，同时加强与借款人的联系。

5. 建立损失 - 安全点

这是商业银行对问题贷款处理的应急计划。一旦借款人不能完成还款计划，商业银行应当立即就借款人将损失多少资本金、如何清算等与企业达成一致，建立双方都同意的损失 - 安全点。如果出现贷款损失，借款人将自动清算，商业银行要掌控局面。

当商业银行与借款人无法实现上述目标时，只能对借款人进行清算处理。但是，即使进行清算处理，商业银行仍有遭受损失的可能性。对于可能收回的部分贷款，商业银行要定期进行审核；对于收回无望的部分贷款，应做冲销处理。但如果环境发生变化，已冲销的贷款也可能收回，一旦在定期检查中发现存在收回贷款的可能，则要立即制订计划并付诸实施。

案例分析与创新思考

银监会：农村合作金融机构贷款五级分类圆满完成

记者从银监会获悉，全国21300家法人机构的26268亿元贷款五级分类工作日前已圆满完成，历史上第一次较为全面、真实地反映了我国农村合作金融机构信用风险状况，达到了以分类摸风险、促管理、促监管、促服务的预期目的。

分类结果表明，农村合作金融机构信用风险状况比预期的要严重得多。

银监会于2006年初先后制定下发了《全面推行农村合作金融机构贷款五级分类组织实施方案》《农村合作金融机构信贷资产风险分类指引》等制度办法，建立健全农村合作金融机构风险分类实施办法、操作细则以及相关配套制度。

据了解，贷款五级分类，即对贷款按风险进行五级分类是国际通行的做法，把贷款分为正常、关注、次级、可疑和损失五个类别，后三类被归为不良贷款。

贷款初分结果主要呈现以下特点：一是从机构看，农村信用社、农村合作银行、农村商业银行的信用风险依次降低、差距较大；二是从地区看，中部地区贷款不良率高于东、西部地区；三是从贷款期限看，短期贷款风险高于中长期贷款；四是从贷款方式看，贷款风险与担保形式相关性很高，信用贷款风险远高于担保贷款；五是从贷款投向看，企事业单位贷款风险高于自然人贷款；六是从贷款行业看，农林牧副渔业贷款风险高于个人消费贷款和制造业。[1]

思考：

1. 为什么要对农村合作金融机构信用风险进行摸排？结果如何？
2. 未来我国农村金融机构信用风险管理改革的方向是什么？

---

[1] 转载于中央政府门户网站，原载于《人民日报》2007年5月11日。

本章小结

1. 贷款是银行或其他金融机构按一定利率和必须归还等条件出借货币资金的一种信用活动形式。

2. 贷款政策是指商业银行指导和规范贷款业务、管理和控制贷款风险的各项方针、措施和程序的总和。商业银行贷款政策的基本内容包括贷款业务发展战略、贷款工作规程及权限划分、贷款的规模和比率控制、贷款种类及地区、贷款的担保、贷款定价、贷款档案管理政策、贷款的日常管理和催收制度、不良贷款的管理等。

3. 企业贷款又称工商业贷款,是指企业为了生产经营的需要,向银行或其他金融机构借款,并按照协议规定的利率和期限还款的一种借款方式。

4. 个人贷款又称零售贷款业务,指银行或其他金融机构向符合贷款条件的消费者个人或者居民家庭提供的,用于个人消费、生产经营等用途,并规定贷款利息,约定按期还本付息的本外币贷款。

5. 贷款五级分类法按贷款质量将贷款分为五类:正常类、关注类、次级类、可疑类和损失类。

思考与练习

1. 贷款政策的定义是什么?商业银行贷款政策的基本内容包括哪几方面?
2. 贷款质量评价指标有哪些?
3. 商业银行可以借助哪些早期信号尽早发现问题贷款?
4. 商业银行问题贷款的处理程序是什么?

第六章　商业银行证券投资管理

> 【学习目标】
> 1. 掌握商业银行证券投资的功能、种类及管理。
> 2. 了解商业银行证券投资的收益与风险。
> 3. 了解商业银行证券投资的策略。
> 4. 了解银行业与证券业分离和融合历程、运行模式及其利弊。

第一节　商业银行证券投资概述

一、商业银行证券投资的功能

商业银行开展证券投资业务的目的是在控制风险的前提下，追求利润最大化，提高收益率。商业银行证券投资的功能如下。

（一）分散风险，获取稳定的收益

商业银行的贷款业务收益高，但风险也较高。在缺乏合适贷款机会时，商业银行将资金投向高信用等级的证券，可以在分散风险的同时，获取较高的稳定的收益。

（二）保持流动性

高流动性资产在商业银行流动性管理中具有重要作用，持有一定比例的高流动性资产是商业银行资产业务安全的重要保障。但是高流动性资产（如现金）的机会成本高，收益率低，持有过多的高流动性资产会降低商业银行的总体盈利水平。为兼顾流动性与营利性目标，商业银行需要补充二级储备，一般以可销性很强的短期证券为主。这些短期证券既可以随时变现以缓解流动性短缺，又能为商业银行带来一定的利息收入。

（三）逆经济周期的调节手段

不同于商业银行贷款资产的顺周期性，商业银行证券投资是逆周期资产，二者在许多方面是资产组合的良好互补对象。在经济繁荣时期，企业贷款需求旺盛，商业银行贷款风险较低，乐于发放贷款，减少对证券的投资；在经济衰退期，企业贷款需求下降，商业银行贷款风险较高，此时会加大对证券的投资。这样，商业银行在不同时期灵活调整投资组合，可以分散投资风险，实现收入多元化，熨平收益率的波动。

（四）合理避税

商业银行持有的证券多为国债和地方政府债券。一般而言，国债和地方政府债券享有减免税收的优惠政策，或用于抵补以前年度的亏损等，因而，商业银行可以利用证券投资组合缩小税收敞口，达到合理避税、提高收益的目的。

（五）降低资本金占用

商业银行的资本金与其资产的风险度密切相关，为提高资本充足率以满足监管要求，商业银行有降低资产风险的动机。商业银行持有的国债、地方政府债券及金融债券等流动性强、风险权重小，因而，商业银行将闲置资金进行证券投资，可以在扩大收益的同时，减少资本金的占用。

二、商业银行证券投资的种类

商业银行证券投资主要以各类债券为主，绝大部分是信用等级较高的债券和票据类金融工具，如政府债券、中央银行票据、公司债券等。我国商业银行的债券交易活动主要在银行间债券市场进行，按照发行主体的不同，证券投资的种类主要包括以下几种。

（一）政府债券

1. 中央政府债券

中央政府债券也称国债，是由财政部代表国家，以信用为基础向社会筹集资金所发行的借款凭证。国债由于其违约风险低、流动性强及抵押代用率高的特点,是商业银行证券投资的主要品种。国债按到期期限的不同又可以分为短期国债(即国库券)和中长期国债。

2. 政府机构债券

政府机构债券是指由政府所属机构、公共团体或与政府有直接关系的企业发行的债券。政府机构债券的发行主体包括两类:一是预算纳入政府预算范围的部门;二是最初由政府设立,后来由私人控制的部门,其预算虽然不在政府预算范围内,但由于其与政府有千丝万缕的联系,因而这些债券存在政府隐性担保问题。

3. 地方政府债券

地方政府债券是由各级地方政府发行的债务凭证,也称市政债券。地方政府债券又可以分为普通债券和收益债券。普通债券一般用于提供基本的政府公共服务,如医疗卫生和教育等,以地方政府税收为担保,安全性较高。收益债券是指由政府所属的企业或公益事业单位为特定公用事业项目进行融资而发行的债券,安全性不如普通债券。

地方政府债券的流动性和安全性低于国债,但由于地方政府债券一般免缴中央所得税和地方所得税,其税后收益率较高。西方国家的商业银行是地方政府债券的最大买主。

(二)中央银行票据

中央银行票据简称央行票据,是中央银行为调节商业银行超额准备金而向商业银行发行的债务凭证,实质是中央银行债券。中央银行票据是中央银行调节基础货币的一项重要的货币政策工具,其期限以短期为主,从已发行的央行票据来看,期限最短为3个月,最长为3年。

(三)金融债券

金融债券是指银行及其他金融机构所发行的债券,包括政策性银行金融债券、商业银行次级债券、商业银行混合资本债券、证券公司短期融资券和其他普通金融债等。金融债券期限一般为3—5年,利率略高于同期定期存款利率水平。由于其发行者为金融机构,因此金融债券资信等级相对较高,多为信用债券。

专栏6-1　商业银行金融债券

金融债券是指依法在中华人民共和国境内设立的金融机构法人在全国银行间债券市场发行的、按约定还本付息的有价证券。这些金融机构法人包括政策性银行、商业银行、企业集团财务公司及其他金融机构。商业银行次级债券是指商业银行发行的、本金和利息的清偿顺序列于商业银行其他负债之后、先于商业银行股权资本的债券，是金融债券的一种。相对于商业银行次级债券而言，金融债券的发行人不限于商业银行，而是包括所有金融机构，其所募资金用途也较为广泛，而不仅限于补充附属资本。

发行金融债券具有重要意义。

首先，发行金融债券有利于提高金融机构资产负债管理能力，化解金融风险。虽然发行次级债券为商业银行补充附属资本提供了一条途径，但难以作为经常性大规模融资渠道。从国际经验来看，发行金融债券可以作为长期稳定的资金来源，能有效解决资产负债期限结构错配问题，同时还可以成为主动负债工具，改变我国商业银行存款占绝对比重的被动负债局面，化解金融风险。

其次，发行金融债券有利于拓宽直接融资渠道，优化金融资产结构。通过企业集团财务公司发行金融债券是推动债券市场发展的有效措施。企业集团财务公司是服务企业集团的金融机构，财务公司发债可以在一定程度上满足企业集团的资金需求，起到增加直接融资比重、优化金融资产结构的作用。

最后，发行金融债券能丰富市场信用层次，增加投资产品种类。金融债券的发行引入更多不同类型的发行主体，从而大大丰富市场信用层次，增加投资产品种类，有利于投资者选择不同投资组合，完善债券市场投资功能，并进一步推动债券市场的发展。

（四）非金融企业债券

非金融企业债券是以非金融企业为主体发行的债务工具。

1. 公司债券

公司债券是公司为筹措资金而发行的债务凭证，包括抵押债券和信用债券。由于公司债券的违约风险较高、流动性相对较差，商业银行对公司债券的投资比较有限。

2. 其他非金融企业债券融资工具

非金融企业债券融资工具是具有法人资格的非金融机构在银行间债券市场发行的、约定在一定期限内还本付息的有价证券，主要包括短期融资券、中期票据、中小企业集合票据和超短期融资券等。

（五）资产支持证券

资产支持证券是资产证券化的产物。资产支持证券是由银行业金融机构作为发起机构，将信贷资产信托给受托机构，由受托机构以资产支持证券的形式向投资机构发行的受益证券。信贷资产产生的现金流用于支付资产支持证券的收益。

（六）创新金融工具

在金融创新的推动下，金融衍生工具不断推出，为商业银行证券投资提供了更多组合工具，如10年期国债期货合约、银行间标准债券远期。另外，信用类债券创新品种也在不断增加，如创新创业类债券、永续债等。

三、证券投资组合的管理

为适应不断变化的市场环境，商业银行要科学构建证券投资组合，并随客观条件的变化进行动态调整。证券投资组合的管理主要涉及以下程序。

（一）确定管理目标

证券投资组合的构建，必须在商业银行的总体经营目标下，考虑商业银行的资产负债状况、资产集中度、可承担风险及目标收益率等因素，确立一个合理的管理目标，进而以此目标为指引，构建最优的证券投资组合。不同管理目标下的证券投资组合的构成是千差万别的，因而，商业银行必须首先确定适合自身的管理目标。在目标变化时，也要及时修正投资组合结构。

（二）预测宏观经济变量的走势

证券投资组合的风险和收益无时无刻不受外部宏观经济变量，如经济增速、利率、通胀率、汇率等因素的影响，因而，在开始构建及构建完成后，都必须对外部宏观经济变量进行持续的研究和预测。

（三）列举证券投资组合需要考虑的因素

商业银行一般从以下几个方面考虑其证券管理政策。

1. 预期收益率

商业银行需要根据证券投资组合管理目标来确定预期收益率水平，在估算预期收益率时，要考虑证券的利息支付以及资本利得或损失。

2. 风险头寸

风险与收益不可分割。商业银行必须合理评估其资产负债的风险敏感度，测算和管理证券投资组合的风险头寸，采取多种手段合理控制商业银行的风险暴露，以期在实现预期收益率的目标下，最大限度地降低风险。

3. 担保要求

商业银行在日常经营过程中，可能面临突发的流动性需求，需要向同业、央行或政府机构借款。但有些借款需要合格的担保品，商业银行应当明确外部借款所需的担保品，进而合理安排证券投资组合的种类。

4. 税收情况

商业银行应当综合考虑证券投资的收入和其他业务收入，估算应税收入净额和免税收入增额，以确定证券投资组合的结构。

（四）确定证券投资组合

1. 证券投资组合的规模

商业银行用于证券投资组合的规模取决于其总资金用于法定存款准备金、日常经营和存款提取及贷款业务等需求之外剩余资金的数量。

2. 证券投资的种类及比例

在证券投资组合的规模确定之后，就可以根据证券投资管理的目标，综合考虑各种证券及其组合的收益率、风险及其相关性，应用证券投资组合理论、资本资产定价模型等，合理选择证券投资的种类及比例。

3. 证券投资的期限政策

证券投资到期期限的要求表现为证券投资所能允许的最长期限及证券投资组合中不同期限的配合。债券的风险收益水平会随着时间的推移发生变化，因而商业银行需要控制证券投资的最长期限，以控制风险。另外，还要对证券投资组合中的证券或证券组合的不同到期期限进行合理匹配。

（五）跟踪调整证券投资组合

证券投资组合的规模和结构不是一成不变的，需要根据内外部环境的变化进行动态调整，因而需要不断跟踪调整证券投资组合，以不断趋向最优证券组合。在经济繁荣期，商业银行应当适当减少证券投资的规模；反之，当经济衰退时，商业银行应当扩大证券投资规模。另外，商业银行还应当根据客观条件的变化及时调整证券投资组合的内部结构。

第二节 商业银行证券投资的收益与风险

一、商业银行证券投资的收益

商业银行证券投资的收益表现为利息收入和资本利得/损失。利息收入根据债券的面额和利率来确定，若在未到期前出售债券，售价高于购买价格的部分即为资本利得，售价低于购买价格的部分即为资本损失。债券收益率的表示方法有以下三种。

（一）票面收益率

票面收益率即债券票面上标明的收益率。

（二）当期收益率

当期收益率是票面利息与债券市场价格的比率。由于债券价格总是处于波动中，因而票面收益率无法反映真实收益情况，而当期收益率考虑到了证券市场的价格变化，比票面收益更接近实际。

（三）到期收益率

所谓到期收益，是指投资者从债券持有到偿还期所获得的收益，包括到期的全部利息。到期收益率是投资购买债券的内部收益率，即可以使投资购买债券获得的未来现金流量的现值等于债券当前市价的贴现率。它相当于投资者按照当前市场价格购买并且一直持有到满期时，可以获得的年平均收益率，其中隐含了每期的投资收入现金流均可以按照到期收益率进行再投资。

二、商业银行证券投资的风险

商业银行证券投资风险是指商业银行所投资证券未来收益的不确定性。商业银行证券投资中应寻求收益与风险的动态平衡，在可承受风险的条件下，尽可能使投资收益最大化。

（一）投资风险的测度

1. 标准差法

标准差法计算公式为：

$$\sigma_i = \sqrt{\sum_{i=1}^{n}(R_i - \overline{R})^2 \times P_i} \tag{6-1}$$

$$\overline{R} = \sum_{i=1}^{n} R_i \times P_i \tag{6-2}$$

其中，σ_i 为证券 i 的风险，R_i 为证券 i 各种可能的收益率，P_i 为与 R_i 相对应的发生概率，n 为证券 i 各种收益率可能值的数目，$\overline{R}$ 为证券 i 的期望收益率。

2. β 系数法

β 系数法的计算公式为：

$$\beta_i = \frac{\sigma_{im}}{\sigma_m^2} \tag{6-3}$$

其中，β_i 为证券 i 的 β 系数，σ_{im} 为证券 i 与市场投资组合收益率的协方差，σ_m^2 为市场投资组合收益率的方差。

（二）投资风险的类别

投资风险多种多样，可以从不同的角度进行不同的分类。

1. 系统性风险和非系统性风险

系统性风险是可以对整个证券市场上所有证券产生影响的风险，不能通过构建证券组合予以消除，又称不可分散风险。系统性风险包括政治风险、购买力风险、利率风险、经济周期性波动风险等。

非系统性风险指仅对某个证券或某一类证券产生影响的风险，可以通过构建证券组合予以消除，如经营风险、信用风险等。

2. 内部风险与外部风险

内部风险是由证券发行单位的经营状况、管理水平等内部因素引起的风险，包括个人风险、财产风险、经营风险等。

外部风险是由于企业外部环境的变化，导致证券持有人损失的可能性，包括信用风险、利率风险、购买力风险、流动性风险和提前赎回风险等。

（1）信用风险

信用风险也称违约风险，指债务人到期不能偿还本息的可能性。这种违约风险可能由于客观原因，也可能是债务人主观上有意不履行还本付息义务导致的。不同债券的信用风险不同，一般来说政府债券信用风险最低，央行票据和金融债券信用风险次之，公司债券信用风险相对最高。

（2）利率风险

利率风险是由于市场利率水平波动引起证券价格变动，进而给银行证券投资造成资本损失的可能性。一般而言，债券价格与利率呈反向变动关系，利率上升，固定收益债券价格就下跌，若商业银行在未到期前出售债券，则可能因市场价格下跌产生资本损失。同时，债券价格随市场利率的波动性依证券的期限和现金流状况而定，期限越长、息票支付水平越低，证券市场价格随利率波动的幅度越大、风险越高。

（3）购买力风险

购买力风险也称通货膨胀风险，指由于不可预期的物价波动使证券投资实际收益下降的可能性。商业银行证券投资主要购买固定收入债券，当物价上涨幅度超过证券投资税后收益率时，商业银行会发生投资损失。

（4）流动性风险

流动性风险指商业银行将资产变现时难以交易或交易成本过高带来的损失的可能性。对于一些发行人经济实力较弱、证券发行规模小的证券，违约风险较大，一旦发生信用风险，其债权将很难变现或只能以极低的价格变现，这样，商业银行就会遭受损失。

（5）提前赎回风险

对于某些附有提前赎回条款的债券，债券发行人在约定时间内有权以约定价格提前赎回债券。一般而言，在市场利率较低时，发行人会提前赎回债券，进而再以较低的利率发行新债券予以替代，以降低融资成本。若商业银行持有这些附有提前赎回条款的债券，一旦发行人行使提前赎回权利，则商业银行只能另寻其他投资工具，这一过程中存在不确定性，可能发生资本损失。

三、收益与风险的关系

商业银行的证券投资要符合安全性、流动性与收益性的经营原则。收益与风险是密切相连、不可分割的，高风险与高收益相匹配，低风险与低收益相匹配。商业银行应当根据自身经营状况和风险偏好，选择最优证券组合，在可承受风险范围内取得最大收益。风险与收益关系变动情况可以概括为以下六种。

（一）风险不变，收益变动

风险不变的情况下，收益可以增减，这时商业银行应当尽可能增加收益。

（二）收益不变，风险变动

由于收益不变，风险可以增减，这时商业银行应当尽可能地降低风险。

（三）风险上升，收益增加

风险与收益正相关的条件下，商业银行应当尽可能地使得收益上升幅度超过风险上升幅度，这样，单位风险的收益补偿就会上升。

（四）风险降低，收益减少

收益与风险同时下降的情况下，商业银行应当尽可能地使得收益下降的幅度小于风险下降的幅度。

（五）收益增加，风险降低

这是商业银行应当极力追求的状况。

（六）收益减少，风险上升

这种情况下，商业银行应当极力避免进行投资。

一般情况下，商业银行的投资行为应当遵循主宰法则，即在一定风险条件下，追求收益的最大化；或在收益一定的情况下，追求风险的最小化。

第三节 商业银行证券投资的策略

一、分散化投资法

分散化投资法是指商业银行在构建投资组合时，应根据证券的风险和收益特点，将投资分散在不同类型的证券上。这种多元化的投资组合方式可以有效降低非系统性风险，保证商业银行投资收益的稳定性。分散投资可以从期限分散、地域分散、对象分散、发行人分散和时机分散四个方面展开。

（一）期限分散法

期限分散法是指商业银行兼顾收益性和流动性目标，在短、中、长期证券之间进行合理搭配，避免投资组合集中在某一期限上。由于不同时期市场利率的变化方向和变动幅度不同，导致不同期限的证券市场价格的变动方向和变动幅度也大不一样。采用期限分散法，购买不同期限的证券，可以减少利率变动对商业银行所持有证券价格的影响，降低利率风险。

期限分散法可以采用梯形期限策略。该方法的基本思路：根据银行资产组合中分布在证券上的资金量，将其均匀投资在不同期限的同质证券上，在由到期证券提供流动性的同时，可由占比较高的长期证券带来较高的收益。因为该方法中的投资组合很像阶梯形状，故而得名。

（二）地域分散法

地域分散法指商业银行的投资组合应当包含不同地域、不同行业乃至不同国家的证券，避免由于某一地区、某一行业或某一国家的经济波动给商业银行带来资本损失。

（三）对象分散法

对象分散法就是商业银行在证券投资时，将其投资的资金广泛分布于各种不同种类的投资对象上。具体来说，在证券对象上，可用一部分资金购买政府债券，一部分资金购买公司债券，再用一部分资金购买股票。在行业对象上，应避免将资金集中投放在一个行业上，而应分散投资在各种行业上。即使是在同一个行业，也应分资金去购买不同的企业或公司的证券，而不应投资购买一个公司的证券。

（四）发行人分散法

发行人分散法指商业银行投资组合中的证券应当来源于多个发行人，如政府、企业或金融机构等，以避免单个发行人发生违约风险给商业银行带来的资本损失。

（五）时机分散法

时机分散法是指由于证券市场瞬息万变，人们很难准确把握证券行市的变化，有时甚至会出现失误，为此商业银行在投资时机上可以分散进行，即在购买证券时慢慢投入，经过几个月或更长时间完成投资。这样，可避免由于投资时机过于集中或者把握不准时机而带来的风险。

二、期限分离法

期限分离法是指商业银行根据流动性或营利性需要，在证券组合中加大短期证券或长期证券的比例，包括短期投资策略、长期投资策略和杠铃投资策略。

（一）短期投资策略

短期投资策略是指商业银行出于流动性考虑，将投资资金主要配置于短期债券和中期债券上，几乎不投资长期债券。由于主要投资于中短期债券，因而利用这种策略构建的投资组合的流动性和灵活性均较强，但同时收益率也较低。

（二）长期投资策略

长期投资策略是指商业银行将大部分资金用于购买收益更高的中长期债券。这种投资策略主要是基于营利性考虑，按这种策略构建的投资组合的灵活性和流动性较差。

（三）杠铃投资策略

杠铃投资策略是指商业银行将一部分资金投资于短期债券上，另一部分资金投资于长期债券上，几乎不投资中期债券。这种债券持有方式的图形与杠铃类似，故而得名。

这种投资策略中长、短期债券的投资比例和期限由商业银行根据自身经营状况和目标决定。外部条件不变的情况下，当长期债券的偿还期限达到中期时予以卖出，回流资金继续投资于长期债券，短期债券到期后重复投资于短期债券。在外部条件发生变化时，如商业银行预期短期利率将会上升，短期债券市场价格将会下跌，就会减少短期债券的投资比重，增加长期债券投资比重；反之，若预期短期利率将会下降，短期债券市场价格将会上升，就会增加短期债券的投资比重，减少长期债券投资比重。

短期债券保证了流动性和灵活性，长期债券保证了营利性，杠铃投资策略能够使商业银行证券投资达到流动性、灵活性和营利性的统一。同时，在利率波动时，由于短期债券和长期债券投资损益相互抵消，能够保证投资收益的稳定。但这一策略也对商业银行的证券转换能力、交易能力和投资经验要求较高。

三、灵活调整法

灵活调整法不再固守某个模式，而是根据金融市场的变化随时灵活调整。若商业银行预期长期利率下降,长期债券价格上升,就会将短期债券转换为长期债券,提高长期债券的投资比例;相反,若商业银行预期短期利率下降,短期债券价格上升,就会将长期债券转换为短期债券,提高短期债券的投资比例。

灵活调整法要求商业银行通过分析各类债券的收益曲线预测未来利率变动趋势,伺机调整投资组合,对商业银行的交易能力和分析能力要求较高,风险也更大。只有规模大、实力强的大型商业银行才有能力、有意愿采取此种投资方法。

四、证券调换法

证券调换法指由于市场波动导致不同证券投资吸引力存在差异,商业银行对投资组合进行结构调整,以相对优势证券替换相对劣势证券,以进行无风险套利。证券调换法包括以下几种方法。

(一)价格调换

价格调换是指当市场中某种证券与商业银行所持有的证券在票面利率、到期期限、风险等级等方面均一致,但价格更低,商业银行可以将持有的证券更换为该证券,以获取价差。

(二)收益率调换

收益率调换是指当市场中某种证券与商业银行所持有的证券在到期期限、风险等级、市场价格等方面均一致,但票面利率更高,商业银行可以将持有的证券替换为该证券,以提高投资收益率。

(三)市场内部差额调换

市场内部差额调换是指商业银行利用市场暂时的不均衡,在买入或卖出某证券的同时,卖出或买入同质证券,利用同质证券价格最终会趋于一致的原理,通过对冲交易以获取投资收益。

(四)利率预期调换

当市场利率发生变动时,不同证券受影响程度不同,商业银行可以根据对利率走势的预测,将利空证券调换成利好的证券,或将利空冲击大的证券调换成利空程度小的证券。

（五）减税调换

在累进税制下，不同的收益可能处于不同的税率等级。当商业银行放弃一部分收益，可以使得税率等级下降，并且税后收益大于放弃前的税后收益水平，那么，商业银行就会主动调换证券，通过出售价格下跌的证券，以承受一定资本损失的手段降低收益总量和所处税率等级，最终能够获得更高的税后收益。

第四节　银行业与证券业的分离与融合

一、银行业与证券业的分离与融合历程

从银行业与证券业的发展历程来看，二者经历了分离—融合—再分离—再融合的动态演进过程，这一过程可以分为以下五个阶段。

（一）第一阶段：早期的自然分离阶段

银行业和证券业在早期呈现自然分离状态，银行业是金融的核心。1694年英格兰银行的创办标志着现代商业银行的产生。19世纪前后英国的商人银行成立，以证券发行和票据承销为主要业务，将证券业与银行业分离。美国部分证券业务在早期由商业银行经营，但大部分仍以独立形态存在。日本的证券公司直到20世纪20年代才建立，在成立之初就与银行业分离。银行业和证券业在历史自发形成的自然分离阶段，不受法律的限制和规定。

（二）第二阶段：20世纪初的融合阶段

在工业革命的推动下，金融业得到迅速发展。商业银行开始兼营证券业务，并直接参与股权投资和证券承销，商业银行普遍下设附属的证券公司，证券业与银行业之间的业务界限日益模糊。

（三）第三阶段：大危机后的分离阶段

1929—1933年的大危机始于证券市场的大崩盘，由于商业银行混业经营证券业务，导致大量商业银行破产倒闭，对资本主义经济造成毁灭性打击。1933年《格拉斯-斯蒂格尔法案》出台，确定了金融业分业经营的格局。此后，其他国家也纷纷出台分业

经营的法律，使商业银行业务与证券公司业务相分离。

（四）20世纪70年代以来的现代融合阶段

20世纪70年代以来，新技术革命和金融创新风起云涌，全球经济金融一体化趋势日益显现。金融业竞争也日趋激烈，商业银行和证券公司为了在激烈的竞争中求得生存和发展，纷纷开展金融创新，绕开金融监管，将业务触角延伸到对方的业务领域。各国金融监管也面临越来越大的压力，即金融监管一方面束缚了金融创新，不利于经济发展，另一方面，金融监管无法跟上日新月异的金融创新潮流，金融监管在事实上被突破，不利于金融风险管控。

20世纪70年代中后期，美联储开始放松对商业银行从事证券业务的限制。1999年，美国国会通过《金融服务现代化法案》，允许美国银行业、证券业、保险业之间的混业经营，实行全能银行模式，这标志着美国金融业从分业经营到混业经营的转变。同时，其他国家也纷纷转向混业经营。

（五）2008年次贷危机后加强宏观审慎监管阶段

次贷危机的爆发暴露了美国综合经营、分业监管体制的监管缺失和效率低下。美国相继颁布了《金融监管改革方案》和《多德-弗兰克华尔街改革和消费者保护法案》，实施"沃尔克法则"，加强宏观审慎和微观审慎，调整监管体系，强调消费者权益保护等。法则赋予美联储更大的监管职能，建立金融稳定监督委员会，识别和防范系统性风险；授权美联储将银行控股公司之外的对冲基金、保险公司等纳入监管范围，限制高风险投资、维持较高资本充足率；限制高风险的衍生品交易；加强对参与衍生品交易的影子银行的监管，将其纳入金融稳定委员会的重点监管范围；银行对私募和对冲基金的投资不能超过基金总资本的3%，且同时不能超过银行一级资本金的3%；加强对消费者权益的保护，成立消费者金融保护局。"沃克尔规则"的核心是禁止银行从事自营性质的投资业务，禁止银行拥有、投资或发起对冲基金和私募基金。"沃尔克法则"被认为能够有效限制银行的业务规模和范围，减少银行系统性风险，防止"大而不倒"的道德风险再度发生，在实质上强调了银行应当分业经营。

二、银行业与证券业的运行模式及其利弊分析

金融业在长期的运行发展过程中，呈现出分业经营和混业经营两种运行模式。

（一）分业经营模式

分业经营模式指金融机构的业务范围相互独立、各司其职，商业银行主要经营存贷款、汇兑、储蓄等业务，证券公司则从事证券的发行与承销、证券经纪等业务。

分业经营模式具有以下优点：

1. 分业经营有利于培养专业技术人员和提高专业管理水平。一般证券业务要根据客户的不同要求，不断提高其专业技能和服务，而商业银行业务则更注重与客户保持长期稳定的关系。

2. 分业经营为不同业务发展创造了一个稳定而封闭的环境，避免了竞争摩擦和合业经营可能出现的综合性银行集团内的竞争和内部协调困难问题。

3. 分业经营有利于保证商业银行自身及客户的安全，阻止商业银行将过多的资金用在高风险的活动上。

4. 分业经营有利于防范金融危机的产生，为国家和世界经济的稳定发展创造了条件。

分业经营的缺点在于：

1. 以法律形式所构造的两种业务相分离的运行系统，使得两种业务难以开展必要的业务竞争，具有明显的竞争抑制性。

2. 分业经营使商业银行和证券公司无法实现优势互补。证券业难以利用、依托商业银行的资金优势和网络优势，商业银行也不能借助证券公司的业务来推动其本源业务的发展。

3. 分业经营也不利于银行进行公平的国际竞争，尤其是面对规模宏大、业务齐全的欧洲大型全能银行时，单一型商业银行很难在国际竞争中占据有利地位。

（二）混业经营模式

混业经营模式是指商业银行、证券公司等金融机构的业务相互交叉、相互渗透，并不局限于某个特定行业。在混业经营模式下，商业银行可以根据自身优势，自由发展银行业务或证券业务。德国、瑞士等欧洲国家的全能银行是混业经营的典型代表，这些全能银行业务范围覆盖银行、证券、保险、信托等多个方面。20世纪70年代以后，美国、英国、日本也逐渐推进金融改革，由分业经营向混业经营转变，以提高本国金融机构的竞争力，适应金融发展的新形势。

混业经营模式具有以下优点：

1. 混业经营模式下的商业银行同时从事银行业务和证券业务，可以使两种业务相互促进，相互支持，做到优势互补。

2. 混业经营有利于商业银行通过多元化的业务结构优化资产负债结构，降低商业银行经营风险。

3. 混业经营有利于商业银行充分掌握企业经营状况，降低贷款和证券承销业务风险；促使商业银行根据市场行情调整业务结构，设计个性化的金融产品，建立稳定的银企关系，提高商业银行的效益。

4. 混业经营加强了金融业的竞争，有利于促进金融业优胜劣汰，促进经济社会发展。

混业经营的缺点在于：

1. 容易形成金融市场的垄断，产生不公平竞争。

2. 大型综合性商业银行的规模过大，内部协调困难，竞争激烈，降低了经营效率。

3. 混业经营使得银行业与证券业之间缺乏防火墙，无法切断风险传递的链条。局部市场风险可能迅速波及其他市场，使得金融体系的系统性风险增大。

案例分析与创新思考

新中国成立 70 余年，中国银行业发展历史和经验总结

1948年12月1日，在平津战役刚拉开序幕之时，党中央决定在华北银行、北海银行、西北农民银行合并的基础上组建中国人民银行，标志着新中国银行体系的构建迈出了"万里长征第一步"。与证券业、保险业、信托业、资管业、租赁业等相比，银行业是唯一贯穿70余年发展历史的金融产业，70年的历程，中国银行业的发展大致经历了三个时期，即构建符合中国国情的银行体系探索时期、建设中国特色社会主义银行体系时期、构建中国现代银行体系时期。这三个时期既有共同点又各有特点。

70年间，尽管历经磨难曲折，但中国银行业不忘初心、风雨兼程，筚路蓝缕、砥砺前进、勇于创新，既以服务实体经济为己任，有效支持了实体经济的快速发展、人民生活水平提高和国民经济的健康可持续发展，又积极推进了金融体制改革开放的深化、符合中国国情且具有国际竞争力的金融体系建设，抵御了多次国际金融危机的冲击，取得了举世瞩目的伟大成就，给发展中国家的金融发展提供了可供借鉴的宝贵经验。

（一）艰难探索符合中国国情的银行体系

1948—1978年，是艰难探索构建符合中国国情的银行体系的时期。这一时期的中国

银行业发展与中国经济的发展走势和体制机制的变动基本一致，大致可分为三个阶段：

1949—1952年为第一阶段，是中国银行业初建阶段。

1953—1960年为第二阶段，是新中国银行体系建设中的第一次起伏波动阶段。

1961—1978年为第三阶段，是新中国银行体系建设中的第二次起伏波动阶段。其中，1961—1966年为纠错重建时段，1967—1978年为陷入混乱和拨乱反正时段。

（二）中国特色社会主义银行体系的建设

1979—2017年中国银行业发展历史大致可分为三个阶段：

第一阶段为1979—1992年，是中国银行业探寻市场化发展的阶段。其中，1979—1984年为银行业恢复时段，1985—1992年为银行业展开市场化探索的时段。

第二阶段为1992—2001年，是中国银行体系的市场化改革阶段。

第三阶段为2002—2017年，是中国银行体系国际化改革阶段。

（三）新时代条件下中国现代银行体系的构建

2018年以后，在构建现代金融体系方面，中国推出一系列新的改革开放措施，其中包括：有效防范金融风险、调整完善金融监管框架、规范资产管理业务机制、进一步加大银行业对外开放范围、深化金融供给侧结构性改革。

（四）中国银行业发展的历史经验

在一个遭受长期战乱、近乎一穷二白的发展中大国探索建立市场经济新体制，是人类历史上前所未有的伟大创举，与此对应，以不忘初心、百折不挠的精神建立起与社会主义市场经济新体制相适应的银行体系，也是国际金融历史中前无古人的伟大创举。70年来，中国银行业紧密结合中国国情，在实践中不断探索、在发展中持续创新，既有效支持了中国经济的快速发展，又闯出了一条中国特色银行业发展之路，留下了许多可圈可点的历史经验：第一，坚持以服务实体经济为第一要务；第二，坚持符合国情的银行业发展模式；第三，坚持发挥国有银行的功能；第四，坚持稳步推进金融创新；第五，坚持依法严格监管。[1]

思考：

1. 回顾中国银行业发展历程，有哪些经验与教训？

2. 结合国内外金融业发展趋势，谈谈我国金融业应当如何走出一条中国特色金融发展道路？

---

[1] 王国刚：《中国银行业70年：风雨兼程砥砺奋进》，《金融时报》2019年9月2日第9版。

本章小结

1. 商业银行证券投资的功能有：分散风险，获取稳定的收益；保持流动性；逆经济周期的调节手段；合理避税；降低资本金占用。

2. 商业银行证券投资的种类包括：政府债券、中央银行票据、金融债券、非金融企业债券、资产支持证券、创新金融工具。

3. 证券投资组合管理的基本程序包括：确定管理目标；预测宏观经济变量的走势；列举证券投资组合需要考虑的因素；确定证券投资组合；跟踪调整证券投资组合。

4. 商业银行证券投资的收益率的表示方法有票面收益率、当期收益率和到期收益率。商业银行证券投资的风险可分为系统性风险和非系统性风险、内部风险与外部风险。外部风险又包括信用风险、利率风险、购买力风险、流动性风险、提前赎回风险等。

5. 商业银行证券投资策略包括分散投资法、期限分离法、灵活调整法和证券调换法等。

6. 从银行业与证券业的发展历程来看，二者经历了分离—融合—再分离—再融合的动态演进过程。

7. 金融业在长期的运行发展过程中，呈现出分业经营和混业经营两种运行模式，二者各有利弊。

思考与练习

1. 商业银行开展证券投资业务的原因是什么？
2. 商业银行证券投资的种类包括哪些？
3. 商业银行证券投资组合管理的基本程序是什么？
4. 商业银行证券投资面临哪些风险？
5. 金融业的运行模式有哪些？各有何利弊？

第七章　商业银行中间业务管理

> 【学习目标】
> 1. 掌握商业银行中间业务的概念、特点与种类。
> 2. 掌握商业银行低风险类中间业务种类。
> 3. 了解商业银行其他中间业务种类。

第一节　商业银行中间业务概述

一、中间业务的含义

对中间业务的概念，不同学者有不同的见解。中间业务的概念有狭义与广义之分。狭义的中间业务是指商业银行在资产业务和负债业务的基础上，利用技术、信息、资金、机构网络和信誉等方面的优势，不运用或者间接运用自己的资金，以中间人或代理人的身份替客户办理收付、咨询、代理和其他委托事项，提供各类金融服务并收取一定费用的业务。

广义的中间业务指不构成商业银行表内资产和表内负债，形成银行非利息收入的业务，即能为商业银行带来货币收入，却不直接计入商业银行资产负债表的业务。本章所指的中间业务是广义上的中间业务，包含通常所说的表外业务。

二、中间业务的特点

（一）资金提供与服务相分离，充分利用非资金资源

商业银行的中间业务并不运用资金，而是以自身信誉、经营场地设备、人员和金融工具等非资金资源为客户提供多种类型的金融服务，在这一过程中收取相应费用，提高自身收入。

（二）成本低，收益高

商业银行在从事中间业务时并不运用自身资金，因而资金成本较低。其中间业务收入不受存贷款规模的制约，被归为非利息收入。中间业务是商业银行未来拓展收入来源的重要渠道。

（三）以接受客户委托的方式开展业务

商业银行办理中间业务，尤其是承兑、承诺、有价证券买卖等信用性中间业务时，是以接受客户委托的方式开展的。

（四）透明度低，不易监管

商业银行的中间业务尤其是表外业务，一般不在资产负债表中直接反映，仅在表外以脚注形式列出，因而通过财务报表无法准确判断其业务规模和质量。因而，无论是股东、债权人还是监管人员、税务人员都很难充分了解银行的整体经营水平，难以评价经营成果，降低了银行经营的透明度，带来较大风险隐患。因此，中间业务的发展，对银行业的监管水平提出了更高的要求。

专栏7-1　发展中间业务是现代商业银行的必然选择

一、中间业务是持续满足客户金融需求的选择

近年来，商业银行中间业务快速成长，并渗透到金融服务的各个角落，这是各家银行深入研究市场和客户需求变化，不断推陈出新、与时俱进的结果。客户的生活行为习惯发生巨大变化，伴随着金融需求的变化，也推动着金融服务提供商的变化。商业银行的服务跨出网点、柜台等物理渠道，由传统的存贷款、支付结算等业务领域，逐步延伸为跨地域、跨行业、跨币种，涵盖线上线下，覆盖生活、消费、投资、旅行、

教育、养老、保障等各种场景的金融服务模式，构建出与个人客户日益增长的美好生活紧密相连，与对公客户交易全流程无缝衔接的，由多种产品和服务构成的综合金融服务体系。而这个体系的构成要素除了存贷款之外，绝大多数是中间业务产品。

银行在金融市场的参与度和竞争力，离不开客户的认可与支持，而这些认可，源自服务能力的增强，源自产品功能的丰富，源自为客户实现综合金融需求的方案实施和效率提升。发展中间业务既是商业银行适应客户的被动选择，更是主动了解客户、服务客户的重要载体，客户需求因时因势而变，银行的金融服务应随客户、市场而变，挖掘更广阔的空间。

二、中间业务是积极应对金融市场变化的选择

国内利率市场化改革仍在推进，虽然还未完全画上句号，但近几年对银行的冲击确实是显而易见的。从A股上市银行（上市银行的数据来源于各行年报，本文主要统计了5家大型银行，即工商银行、农业银行、中国银行、建设银行、交通银行，和8家股份制上市银行，即招商银行、浦发银行、平安银行、华夏银行、民生银行、兴业银行、光大银行、中信银行的数据）的披露数据看，2015年以来净息差（NIM）水平明显下降，2018年以来逐步企稳、略有反弹，但较高峰时期整体下降了50个基点左右。净息差收窄直接影响净利息收入的增速，仍通过上市银行的数据进行分析：2015年以来净利息收入增速整体下降，其中股份制银行2017年甚至呈现同比负增长的情况。以往的对策是以"量"的快速增长弥补"价"的下降，但由于资本、流动性、存贷比等多重因素制约，资产规模快速增长的模式难以为继。其一，存款增长放缓，存贷比逐步升高，流动性压力增大。存款增速放缓将是未来较长时间内的常态，负债端新增供给趋缓，直接影响贷款、同业、投资等传统资金依赖型业务的增速。其二，银行内外部资本工具的补充难度和发行成本提升，资本充足率压力增大，资本占用高的贷款等传统业务规模扩张受限。

在内外部均受到掣肘的情况下，商业银行必须探索新的发展模式：轻资本、轻资产、低资金占用、带动作用强、协同效果好、符合集约化经营目标的产品和服务，将成为重点推动领域。而上述业务的特征正与中间业务相契合。也就是说，商业银行须通过发展中间业务，以对应的非利息收入作为后续收入增长点，从而保证营业收入的稳定或小幅增长。

三、中间业务是借鉴国际银行先进经验的选择

国际先进银行所处的区域，已完成了利率市场化改革，在经历过多轮经济周期、多次金融危机，面临金融监管、市场走势、客户需求、业务布局等变化后，仍然矗立不倒，且坚持自身的经营特色并具有较强的市场竞争力。其经营模式的变迁以及经营

重点的更迭，从一定程度上反映了现代银行业的发展趋势，很多指标对国内银行具有很好的参考意义和学习价值。富国、摩根、美国、汇丰、花旗银行等国际银行的非利息收入在经营收入中占比大都在50%左右。从2017年年报披露数据看，摩根大通处于领先水平，达到49.7%，美国银行（48.9%）次之，富国银行和花旗集团的非息收入占比也在40%左右。这些银行的经营特色差异明显，但大都在银行卡、投资银行、资产管理、私人银行、资产证券化等真正反映银行服务能力的业务领域具备较强实力，且全球布局已取得较好业绩回报，产品和地域的多元化经营成果可见一斑。

近几年，国内商业银行的收入来源渠道也逐步趋向多元化，2017年，统计样本中的上市银行非息收入在主营收入中占比约32%，其中，手续费及佣金净收入占比约25%。不论是从非息收入的总量、在营业收入中的占比数据看，还是从产品和服务内涵看，应该说，我们与国际先进银行还存在一定差距，但差距也说明了进步的空间，坚定了我们发展的信心，在一定程度上，还给了我们一些发展方向和启示。

四、中间业务是拥抱金融科技、应对跨界竞争的选择

说起中国现代商业银行的起源，大都会想到"日升昌"等票号，它的源起和快速发展，是为了解决资金的跨区域转移，解决资金需求者和提供者信息不对称、不信任的问题，本质上带有信息中介的特性。但在新一轮的互联网科技发展进程中，互联网金融机构快速崛起，商业银行一些传统的优势阵地则在逐步丢失。以支付结算领域为例，银行曾具备绝对话语权，但目前第三方支付机构则获得碾压性优势。支付宝崛起之前，支付结算领域的竞争长期停留在银行之间的"内斗"，但新理念、方式和场景的涌入，使部分客户迅速"倒戈"至方便快捷的第三方支付。银行曾经的渠道、客户、资金优势，在不划分时间、空间，且费率优惠的互联网金融面前也难以固守，代理代销、资管业务、信用卡等多个银行传统优势领域开始被逐步击破。天弘基金在余额宝的带动下快速成为公募基金业的翘楚，规模超过1.5万亿元，客户数超过5亿人。

这些结果仅是大数据经营、金融科技浪潮下的缩影，在社会发展日新月异的今天，没有谁能在市场上做到一家独大。"逆水行舟，不进则退"，商业银行要继续站稳脚跟，在互联网金融机构以及其他金融机构的夹击下从容应对，就要将原有的信息优势与金融科技相结合，针对客户资金流向、资产配置及其他行为偏好的变化，通过新的服务理念和服务方式，积极运用金融科技在一些有前瞻性的金融服务领域下功夫，用产品和服务重新赢得话语权。否则，失去的就不仅仅是中间业务领域，连传统的存贷款等资产业务也会受到威胁。[1]

---

[1] 宋海林：《关于推动商业银行中间业务发展的思考（上）》，《中国金融家》2019年第4期。

三、中间业务的种类

中间业务主要有以下几种分类标准。

（一）以收入来源为分类标准

以收入来源为分类标准是最常见的分类方法。按收入来源，中间业务可以分为：

1. 信托业务。信托业务收入是信托部门产生的交易和服务收入。
2. 投资银行和交易业务。业务收入是证券承销、从事金融交易活动所产生的收入。
3. 存款账户服务业务。收入来源是账户维护费、最低金额罚款、无效支票罚款等。
4. 手续费收入类业务。收入来源是信用卡收费、贷款证券化、抵押贷款再融资服务收费、共同基金和年金的销售、自动提款机提款收费等。
5. 其他非手续费收入类业务。收入来源包括数据处理服务费、各种资产出售收益等。

（二）以是否构成商业银行或有资产和或有负债为分类标准

巴塞尔银行监管委员会按照是否构成商业银行或有资产和或有负债的标准，制定了国际银行业通用的分类方法，将中间业务分为两类：

1. 或有债权/债务类中间业务。即在一定条件下会转化为现实资产和负债的业务，主要包括贷款承诺、担保类和各种金融衍生类中间业务等。
2. 金融服务类中间业务。即商业银行通过对客户提供金融服务，以收取手续费为目的、不承担任何风险、不构成商业银行或有债权/债务的业务。这种业务只能为商业银行带来各种服务性收入，不会影响银行表内业务质量，包括支付结算、代理、基金托管和咨询顾问等。

（三）以是否含有期限性质为分类标准

1. 含有期权的中间业务。商业银行保证在一定的期限内，应承诺购买方的要求，按照事先约定的条件履行承诺。客户拥有期权，可以决定是否要求银行履行承诺，银行在售出承诺时通常获得一定的收入，相当于期权费。这类业务包括贷款承诺、金融期权和备用信用证。
2. 不含期权的中间业务。银行和客户承担对等的义务，客户没有决定是否履行合同的权利。这类业务包括互换、期货、远期、无追索权的证券化和贷款出售等。

（四）以业务功能和形式为标准

1. 支付结算类中间业务。支付结算类业务是指由商业银行为客户办理因债权债务关系引起的，与货币支付、资金划拨有关的收费业务。主要的结算工具包括银行汇票、商业汇票、银行本票和支票。结算方式主要包括汇款业务、托收业务和信用证业务等。

2. 银行卡业务。银行卡是由经授权的金融机构向社会发行的具有消费信用、转账结算、存取现金等全部或部分功能的信用支付工具。

3. 代理类中间业务。代理类中间业务指商业银行接受客户委托，代为办理客户指定的经济事务、提供金融服务并收取一定费用的业务，包括代理政策性银行业务、代理中国人民银行业务、代理商业银行业务、代收代付业务、代理证券业务、代理保险业务、代理其他银行的银行卡收单业务等。

4. 担保类中间业务。担保类中间业务指商业银行为客户债务清偿能力提供担保，承担客户违约风险的业务，主要包括银行承兑汇票、备用信用证、各类保函等。

5. 承诺类中间业务。承诺类中间业务是指商业银行在未来某一日期，按照事前约定的条件向客户提供约定信用的业务，主要指贷款承诺，包括可撤销承诺和不可撤销承诺。

6. 交易类中间业务。交易类中间业务指商业银行为满足客户保值或自身风险管理等方面的需要，利用各种金融工具进行的资金交易活动，主要包括金融衍生业务。

7. 基金托管业务。基金托管业务是指有托管资格的商业银行接受资金管理公司委托，安全保管所托管的基金的全部资产，为所托管的资金办理基金资金清算款项划拨、会计核算、基金估值、监督管理人投资运作的业务，包括封闭式证券投资基金托管业务、开放式证券投资基金托管业务和其他基金托管业务。

8. 咨询顾问类业务。咨询顾问类业务指商业银行依靠自身在信息、人才、信誉等方面的优势，收集和整理有关信息，并通过对这些信息及银行和客户资金运动的记录和分析，形成系统的资料和方案，提供给客户，以满足其业务经营管理或发展需要的服务活动。包括企业信息咨询业务、资产管理顾问业务、财务顾问业务、现金管理业务等。

9. 其他类中间业务。包括保管箱业务等。

第二节 低风险类中间业务

一、咨询顾问类中间业务

咨询顾问类中间业务指商业银行依靠自身在信息、人才、信誉等方面的优势，收集和整理有关信息，并通过对这些信息和银行及客户资金运动的记录和分析，形成系统的资料和方案，提供给客户，以满足其业务经营管理或发展需要的服务活动。

商业银行咨询顾问类中间业务根据业务性质的不同，可以分为评估型咨询业务、中介型咨询业务、综合型咨询顾问业务。评估型咨询业务主要包括投资项目评估、企业信用等级评估和验证企业注册资金等。中介型咨询业务主要包括资信调查、专项调查等咨询业务。综合型咨询顾问业务主要包括企业管理咨询、企业并购顾问、资产证券化、财务顾问等。

下面主要介绍综合型咨询顾问业务。

（一）企业管理咨询

企业管理咨询是指商业银行根据企业要求，在调查研究的基础上，运用科学的方法，对企业经营管理中存在的问题进行分析，提出切实可行的、改进企业经营管理水平的措施的业务。

（二）企业并购顾问

企业并购顾问是指商业银行为企业并购提供服务，包括帮助并购方分析被并购企业的财务状况、成长记录、经营业绩、会计和管理信息系统兼容性、所有权和收益的稀释等问题，确定并购条件，包括兼并重组的价格、付款方式、计量单位、期限等，提供融资安排，为并购企业提供并购资金支持，获得相应的佣金收入。

（三）资产证券化

资产证券化是指商业银行将具有共同特征、流动性较差、但能产生可预见现金流的资产进行打包重组，在金融市场上以发行资产支持证券的方式出售。商业银行通过资产证券化筹集资金，有助于商业银行分散信用风险，提高资产流动性，并将其转换为商业银行吸收新资金的渠道；也有助于商业银行调整资产组合，更好地匹配资产与负债的久期关系，进行利率风险管理并降低利率风险。

（四）财务顾问

财务顾问是指商业银行为客户提供财务咨询、办理财务会计事项并收取一定费用的业务，包括为企业在国内外金融市场上低成本筹集资金和运用资金提供建议；帮助客户建账，审核清理过去的会计和财务账表，制定财务会计的有关规章制度；编制预决算报告，对资金利用率、利润率、费用开支等财务内容进行分析，提出改善会计和财务管理方面的建议；受聘担任委托单位的常年财务顾问，辅导、培训财会人员等。

二、代理类中间业务

代理类中间业务指商业银行接受客户委托、代为办理客户指定的经济事务、提供金融服务并收取一定费用的业务，包括代理政策性银行业务、代理中国人民银行业务、代理商业银行业务、代理收付业务、代理证券业务、代理保险业务、代理其他银行的银行卡收单业务等。

商业银行代理业务是典型的中间业务，在代理过程中，客户的财产所有权不发生转移，商业银行一般不动用自己的资产，不为客户垫款，不参与收益分配，只是运用自身的信誉、知识、技能、网络、信息等资源代客户行使监督权、向客户提供各项金融服务并收取代理手续费，因而是一项风险较低的中间业务。

（一）代理收付业务

代理收付业务是商业银行利用自身的结算与营业网点便利，接受客户的委托，代为办理指定款项的收付事宜，如代理公共事业收费、代理行政事业性收费、代理财政性收费、代扣个人款项、代发工资、代收物业费等。

（二）代理承销与兑付债券业务

代理承销与兑付债券业务是指商业银行利用自身资金、网点与技术的专长，接受委托，代理发行国家债券、企业债券、金融债券、股票等；代发股票红利；代理证券资金的转账清算业务；在债券到期或应付利息时代为兑付的业务。

（三）代理政策性银行业务

代理政策性银行业务是指商业银行接受政策性银行的委托，代为办理政策性银行因受服务功能和网点设置等方面的限制而无法办理的业务，如代理贷款项目管理。

（四）代理保险业务

代理保险业务是指商业银行接受保险公司的委托，代其办理保险业务，如受托代个人或法人投保各险种的保险事宜；也可作为保险公司的代表，与保险公司签订代理协议，代理保险公司承接有关的保险业务，包括代售保单、代收保费和代付保险金业务，并从中收取一定的服务手续费。

（五）代理商业银行业务

代理商业银行业务是指商业银行之间签订委托代理协议，代为办理指定的经济事务、提供金融服务，并收取一定费用的业务。主要是代理资金清算，代理城市商业银行人民币结算、国际业务结算，代理签发银行汇票等业务。

（六）代理其他业务

代理其他业务包括代理委托贷款、财政委托等业务。委托贷款是指委托人提供资金，由商业银行根据委托人确定的贷款对象、用途、额度、期限、利率等，代为发放、监督使用并协助收回的贷款。代理财政委托主要形式是代理中央财政性资金集中支付业务，商业银行根据财政部直接下达的支付指令，或根据预算单位在财政部授权额度内下达的支付指令，将财政资金划给收款单位。

三、基金类中间业务

基金类中间业务包括基金管理业务、基金托管业务和基金代销业务。

（一）基金管理业务

基金管理业务是商业银行设立基金管理公司，作为基金管理人负责具体投资操作和日常管理并获得管理费收入的业务。目前，我国只允许商业银行设立货币市场投资基金和债券投资基金。

（二）基金托管业务

基金托管业务是指有托管资格的商业银行接受基金管理公司的委托，安全保管其所托管基金的全部资产，为托管的基金办理资金清算、款项划拨、会计核算、基金估值、监督管理人投资运作等的业务。商业银行作为基金托管人，为基金开设独立的存款账户，负责账户的管理，收取托管费。

(三)基金代销业务

基金代销业务是指商业银行利用资金、网络、技术和客户等便利条件,代基金管理人销售基金并收取一定的销售佣金和服务费的业务。

第三节 其他中间业务

一、交易类中间业务

交易类中间业务指商业银行为满足客户保值或自身风险管理等方面的需要,利用各种金融工具进行的资金交易活动,主要包括金融衍生品业务。商业银行开展此项业务不仅可以获得差价或手续费,还可以吸收到保证金存款。

(一)远期合约

远期合约是指交易双方约定在未来某个特定时间以约定价格买卖约定数量的资产,包括远期利率合约和远期外汇合约。

(二)金融期货

金融期货是指交易双方在金融市场上,以约定的时间和价格买卖某种金融工具的,具有约束力的标准化合约。金融期货按照交易品种分为外汇期货、利率期货和股票指数期货三种类型。

(三)互换业务

互换是两个或两个以上当事人按照商定条件,在约定的时间内,交换不同金融资产或负债的合约。其他金融衍生工具往往是一次性交易,而互换是一系列现金流的交换,会持续一段时期。典型的互换业务有货币互换和利率互换。

(四)期权

期权是指合约双方按约定价格,在约定日期内就是否买卖某种金融工具所达成的契约,包括现货期权和期货期权两大类。在期权交易中,期权买方支付给卖方一笔期权费,获得在未来以执行价格向期权卖方买入或卖出特定数量标的物的权利。按交易标的分,期权可以分为股票指数期权、外汇期权、利率期权、期货期权和债券期权等。

二、支付结算类中间业务

支付结算类中间业务是指由商业银行为客户办理因债权债务关系引起的,与货币收付、资金划拨有关的收费业务。

支付结算类业务能充分体现商业银行的中介作用,具有风险低、收益高的特点。支付结算类业务在办理商业交易及资金清算过程中,可能派生融资行为,能带动商业银行其他业务的发展。

支付结算类业务的作用具体表现在:(1)加速资金周转,促进商品流通,提高资金效益;(2)节约现金,调节货币流通,降低社会流通费用;(3)强化资金管理,增强票据意识,加强信用观念;(4)巩固经济合同制和经济核算制;(5)集聚闲散资金,扩大银行信贷资金的来源;(6)反映结算信用,监督国民经济活动。

(一)银行汇票

银行汇票是出票银行签发的,由其在见票时按照实际结算金额无条件支付给收款人或持票人的票据。

客户如需使用银行汇票,应填写出票银行的银行汇票申请书,出票银行受理业务并向申请人收取款项后,签发银行汇票。申请人应将银行汇票和解讫通知一并交付汇票上记明的收款人,收款人应在出票金额以内,将结算金额准确、清晰地填入银行汇票和解讫通知的有关栏内。收款人也可以将银行汇票背书转让给被背书人。持票人向银行提示付款时,必须同时提交银行汇票和解讫通知,银行审核无误后,将款项收入持票人账户。若银行汇票的实际结算金额低于出票金额,多余金额由出票银行退交申请人。

(二)商业汇票

商业汇票是出票人签发的、委托付款人在指定日期无条件支付确定的金额给收款人或持票人的票据。商业汇票的付款人为承兑人。商业汇票分为商业承兑汇票和银行承兑汇票,商业承兑汇票由银行以外的付款人承兑,银行承兑汇票由银行承兑。

(三)银行本票

本票是出票人签发的,承诺自己在见票时无条件支付确定的金额给收款人或者持票人的票据。本票按出票人分为商业本票和银行本票。申请人使用银行本票,应填写银行本票申请书，出票银行受理银行本票申请书，收妥款项后签发银行本票，交给申请人。申请人应将银行本票交付本票上记明的收款人。收款人可以将银行本票背书转让给被背书人。持票人将银行本票和进账单送交开户银行，银行审查无误后办理转账。若持票人凭票取现，银行审查后办理付现手续。

（四）支票

支票是出票人签发的，委托办理支票存款业务的银行在见票时，无条件支付确定的金额给收款人或持票人的票据。支票的出票人可以是在银行开立支票存款账户的单位和个人，付款人为支票上记载的出票人开户银行。现金支票只能用于支取现金，转账支票只能用于转账，普通支票既可以用于支取现金，也可以用于转账。

发生交易时，付款方可以开出转账支票，委托开户行从自己的账户中将款项划转到指定的收款人账户。支票持票人通常将支票连同进账单送交开户行，委托开户行收款。持票人也可以直接向付款银行提示付款。出票人在付款行处的存款足以支付支票金额时，付款行应当在见票当日足额付款。

（五）汇兑

汇兑是汇款人委托银行将其款项支付给收款人的结算方式。单位和个人的各种款项的结算，均可使用汇兑结算方式。汇兑按凭证传递方式的不同分为信汇和电汇两种。

汇款人应签发汇兑凭证，并表明委托银行从自己账户中支付一笔款项汇给收款人。汇出银行受理汇款人签发的汇兑凭证，经审查无误后，应及时将信汇凭证连同联行报单邮寄给汇入银行，或依据电汇凭证向汇入行拍发电报，并向汇款人签发汇款回单。对于开立存款账户的收款人，汇入银行应将汇给收款人的款项直接转入其账户，并向其发出收账通知。未在银行开立存款账户的收款人，凭信汇、电汇的取款通知向汇入银行支取款项。

（六）托收承付

托收承付是根据购销合同由收款人发货后，委托银行向异地付款人收取款项，由付款人向银行承认付款的结算方式。

收款人办理托收时应将托收凭证和所附发运证件或其他符合托收承付结算的有关证明和交易单证送交银行。收款人开户银行审查无误后，将托收凭证及交易单证寄付款人开户银行。对方银行收到托收凭证及其附件后，通知付款人承付。付款人在承付期内未向银行表示拒绝付款，银行即视为承付，并在承付期满的次日将款项按照收款人指定的划款方式，划给收款人。

（七）委托收款

委托收款是收款人委托银行向付款人收取款项的结算方式。单位和个人凭已承兑商业汇票、债券、存单等付款人债务证明办理款项的结算，均可以使用委托收款结算方式。委托收款在同城、异地均可以办理。收款人首先应签发委托收款凭证，载明委托收款金额、付款人和收款人名称、委托收款凭据名称及附寄单证张数等事项，并将凭证及有关收款依据提交开户行。开户行审查后，将凭证及有关收款依据寄交付款人开户行，后者审查无误后办理付款。

三、银行卡业务

（一）银行卡业务的分类

1. 按照清偿方式，银行卡业务可以分为贷记卡业务、准贷记卡业务和借记卡业务。
2. 依据结算的币种不同，银行卡业务可以分为人民币卡业务和外币卡业务。
3. 按使用对象不同，银行卡可以分为单位卡和个人卡。
4. 按载体材料的不同，银行卡可以分为磁性卡和智能卡。
5. 按使用对象的信誉等级不同，银行卡可以分为金卡和普通卡。
6. 按流通范围，银行卡可分为国际卡和地区卡。
7. 其他分类方式，包括商业银行与营利性机构／非营利性机构合作发行联名卡／认同卡等。

（二）银行卡业务运作的主要环节

1. 新卡推销。推销新卡，争取更多的人使用，是商业银行开展银行卡业务的重要基础。
2. 商户推广。商户推广是商业银行发展银行卡业务的重要环节。商户推广包括宣传与公关、商户营业市场调查、吸引持卡人在会员商场用卡、商户签约及商户服务等。
3. 指定和委托代办分行。首先，发卡行要有选择地指定本行具备条件的营业机构和网点为银行卡的代办机构；其次，要委托非发卡行或其他商业银行代办银行卡业务，实行各银行之间的银行卡业务联营；最后，发卡行委托一个本行的营业机构作为开户行，办理银行卡的资金清算。
4. 办理发卡。办理发卡包括寄发申请书、审查申请书并建立档案资料、办理发卡手续等步骤。

5. 客户服务与商户服务。客户服务就是对持卡人服务，发卡行对客户提供有效的查询服务、正确的财务调整等。

6. 授权。授权是商户与发卡行的一种特殊约定，是为了控制超限额购物、消费或取现，防止欺诈，向商户提供的一种有效的审批手续。

7. 资金清算。根据信用卡范围不同，分为国内清算和国际清算两种清算方式，分别通过国内银行相互清算和国际组织清算中心完成。

8. 信用控制。信用控制是发卡行对持卡人和特约用户的资金、信用、交易等情况进行监督和控制，以保证银行卡信誉和进行防伪反假而采取的一系列措施。

专栏7-2　互联网金融时代下中国商业银行发展策略研究

互联网金融是电子商务和互联网发展的必然产物，其从出现到快速发展及扩张，在一定程度上改变了金融行业的交易方式和市场秩序。我国的互联网金融相较于一些发达国家兴起较晚，但其发展速度很快，尤其是近年来随着"支付宝"等交易平台的出现和普及，互联网金融的市场规模迅速扩张，甚至开始动摇中国银行业长期以来的主导地位。国际金融组织认为，互联网金融的发展不仅可以促进传统金融体系的高效发展，还可以形成一种新的金融监管机制，促进交易结算体系、金融结构和支付体系的发展。2019年底，面对突如其来的疫情，在世界经济几乎停摆的形势下，我国依托互联网金融的优势，扶持各门类直播带货产业，实现了2.3%的经济正增长，是2020年全球唯一实现经济正增长的主要经济体。时下，互联网金融带着经济的红利正在扮演着越来越重要的角色，给传统金融行业带来了极大的挑战，以银行业为首的传统金融行业需要客观分析互联网金融带来的消极影响，及时调整发展策略，防止陷入竭泽而渔的发展困境。中国银行业作为金融体系的支柱产业，正确面对互联网金融的挑战，构建行之有效的新商业模式，对未来金融市场的发展有着至关重要的意义。

一、中国互联网金融行业发展概况

随着信息和网络科技的进步，互联网金融行业得到空前发展。我国互联网金融行业的发展大致可分为四个时期：第一是发展萌芽期。早在2005年以前，互联网技术只是简单地开始被引入传统金融行业，发展模式仍较为单一。第二是发展平稳期。从2005年到2012年底，第三方网络支付平台的出现使得互联网金融逐渐被公众所熟知，并开始在经济社会中发挥一定的作用。第三是发展迅猛期。从2013年到2016年底，余额宝、零钱通、P2P等互联网理财方式的普及，以及形色各异的互联网金融产品的迅速推广，使得互联网金融市场在金融行业中的占有份额不断攀升。第四是发展调整期。从2016年至今，互联网金融不断创新运营模式，得到了全方位的发展，但随之而来的也有相应的风险，遂政府开始出台一系列监管机制来监督、规范和完善互联网金融市场。2020年底，银保监会清理了所有P2P网贷机构，降低了互联网借贷的风险，在一定程度上保障了互联网金融行业的持续平稳发展。《中国互联网络发展状况统计报告》的数据显示，截至2020年6月，中国互联网的普及率为67%，网络支付和互联网理财逐渐被广大公众所接受。由此可见，互联网金融在当前经济生活中正扮演着不可忽视的角色。

二、互联网金融对商业银行的影响分析

中国商业银行的主营业务主要包括存款业务、贷款业务和中间业务。当下，互联网金融市场逐步完善，以"支付宝"为代表的第三方支付平台已经不再满足于仅仅充当交易中介的角色，开始涉足理财、小额贷款、网上转账、线下支付等领域，导致商业银行的存款业务、贷款业务和理财业务都受到了一定程度的影响。

1. 活期存款业务的影响

传统的中国商业银行遵循帕累托原则，将目标市场瞄准拥有80%社会财富的前20%的客户，却往往忽略了剩下的80%的小微企业或者个人客户。而以"支付宝"为代表的第三方支付平台，则选择把小微企业和个人作为目标用户群体，且门槛低、操作方便、简单易学、几乎不受时间和地点的限制，同时，还能够提供闲置资金增值服务而又不影响资金的流动性。例如，"余额宝"于2013年6月推出，当年11月资产规模就突破了1000亿元大关，成为中国基金史上首只规模突破千亿的基金。虽然"余额宝"的利率大幅度下降，但它仍然远高于银行0.3%的活期存款利率，对于个人和小微企业来说，将闲置或备用资金存在这样的第三方支付平台是一个很好的选择。虽然商业银行的主要客户群体不是这些散户，但不可否认，在"余额宝"推出之前，他们的资金主要存放在银行。可见，第三方支付平台的普及在一定程度上分散了商业银行的活期存款，减少了商业银行的流动资金。

此外，用户在网上购物时，交易资金在交易完成之前会存入第三方支付平台的银行账户。据统计，截至2020年6月，支付宝拥有超过10亿的年度活跃用户以及8000万的月度活跃商家，日均交易规模超过3200亿元。这些交易资金会被存放在与第三方平台有合作协议的银行，而其他银行将会面临大量的资金外流。同时，央行为了保证消费者的资金安全，规定第三方平台必须在指定银行存放足够的准备金。准备金以协议存款的形式存在，而协议利率远高于活期存款利率，导致了储备银行利息支出的增加。这不仅会造成部分非合作银行的个人存款流失，还会导致储备银行的运营成本增加。

2. 贷款业务的影响

随着互联网金融的深入普及，2007年，P2P网贷作为一种新的金融模式逐渐走进人们的生活，它主要基于大数据技术来获取客户的银行流水和信用指标，从而高效便捷地实现网络贷款。贷款业务是商业银行的主营业务之一，也是商业银行最重要的收入来源。商业银行之所以能够获得较高的利息收入，是因为它们拥有充裕的资金，能够向需要资金的企业和个人提供贷款。为了保护商业银行自身利益，需降低不良贷款率，银行在放贷前会针对贷款人进行严格的评估，只有符合条件的企业和个人才能获得贷款。相比之下，P2P借贷具有门槛低、操作简单、利率低的特点。它不仅可以通过大数据技术评估用户的还款能力，还能按照需求为用户"量身定制"贷款方案，其申请周期短，能够及时满足用户的需求，这在一定程度上冲击了商业银行的小额贷款业务。由于P2P网贷市场发展迅猛，却缺乏严格的监管政策，监管机构在风险评估中对信用评级的认定也存在一定的漏洞，导致互联网金融的风险激增，银保监会在2020年11月底将所有P2P网贷机构清零，P2P时代宣告结束。但是P2P网贷对于商业银行造成的负面影响并非一时之间就可以消除的。

另外，"蚂蚁花呗""京东白条"等消费信贷产品对商业银行的信用卡业务产生了极大的影响。在商业银行申请银行信用卡需要进行严格的资格审查，大学生、老人等没有正式工作的人很难申请信用卡，即使可以申请，信用卡的额度也很低，而且很多信用卡需要收取手续费和年费。但是"蚂蚁花呗""京东白条"等消费信贷产品的门槛相对较低、申请便捷，低收入人群和小微企业可以通过大数据技术的信用评估获得相应的借贷额度，且在规定时间内还款可以免除利息。这使得各商业银行不得不加大信用卡的活动力度，降低甚至取消年费、手续费来增加竞争力，导致信用卡业务收入也大幅降低。短期内，互联网金融通过影响商业银行的小额贷款业务和信用卡业务，在一定程度上降低了商业银行的收入。而从长期来看，P2P网贷机构已经清零，其对商业银行产生的负面影响是否会消失还无法确定。

3. 中间业务的影响

商业银行的中间业务包括支付结算业务、票据担保业务、代理金融服务等。其中，理财业务可以在不占用银行资金的情况下获得稳定的收入，是银行增加利润的重要渠道。然而，目前中国银行理财产品同质化程度很高，真正适合理财的品种很少。同时，银行的金融理财服务购买流程相对复杂，产品信息不对称，会给投资者带来一些麻烦。而互联网理财能够让投资者和第三方理财机构在没有银行参与的情况下直接进行交易，"腾讯理财通"等第三方线上理财平台的出现，更是给商业银行的理财服务带来了极大的挑战。互联网理财具有智能、高效、便捷、起购门槛低等优势，对于无法科学预测投资风险和收益，缺乏投资经验和专业知识的投资者来说，互联网理财平台可以根据线上风险评估报告来为他们推荐可承受风险范围内的理财产品，帮助投资者规避一定的投资风险。此外，相比于商业银行5万元起购的理财产品，大多数互联网理财平台的产品1元起购，给更多想要参与理财的投资者提供了体验的机会。面对相似的理财产品，投资者自然更倾向于通过风险低、门槛低、操作简便的第三方理财平台进行购买。商业银行在开展中间业务时收取的手续费用是一笔相当可观的收入，能够直接影响银行的利润。然而，互联网理财业务的兴起，导致商业银行线下的投资客户大幅减少，中介服务收入也大大降低。

三、商业银行发展战略研究

面对互联网金融的挑战，我国商业银行必须充分了解自身的劣势与优势，合理利用互联网和大数据创新经营架构，增强市场竞争力。

1. 注重客户需求，创新产品服务

商业银行要以客户需求为导向创新产品服务。在互联网金融时代到来之前，中国银行业在金融市场上一直处于主导地位，设计产品时更多是从盈利的角度出发，往往忽略了用户的实际需求，而且商业银行将目标用户群体定位在了高端用户群体，使得个人和小微企业在享受服务时存在诸多问题。而互联网金融却是以用户为中心，能够提供高效快捷且人性化的产品，路线更加亲民，造成了商业银行大量散户的流失。为此，商业银行业应着眼长远利益，在维持现有客户群体的基础上，向个人以及中小企业提供精准服务，降低业务门槛，扩大目标市场，增强市场竞争力。此外，还需要了解个人用户和小微企业的需求，建立普惠金融体系，更好地实现资源配置，并利用大数据技术有针对性地为客户"量身定制"差异化服务，紧跟时代的步伐，对产品服务进行创新，简化烦琐的服务流程，取消不合理收费，在满足客户需求的同时提升客户体验，提高客户满意度，巩固客户群体。

2. 依托互联网技术，建立一站式平台

互联网金融虽然抑制了商业银行的发展，但也在一定程度上促进了商业银行的发展。近年来，商业银行为了减轻互联网金融的冲击，也在尝试变革，很多银行都推出了"手机银行"，方便线上办理业务。然而与预测相反的是，手机银行虽然也让很多业务变得更加便捷，但缺乏产品竞争力，并没有对以"支付宝"为代表的第三方支付平台产生很大的影响。事实上，商业银行推出的网上银行忽略了一个很重要的因素：用户对于以"支付宝"为代表的第三方支付平台的依赖，很大程度上是因为它不仅仅是一个付款软件，而更像是一个"生活枢纽"：这个平台不仅连接着中国各大手机购物软件，还拥有众多线下商户；不仅能够进行生活缴费，还能进行理财投资；不仅能够乘

坐公共交通工具，还能验证身份信息……可以说，这个一站式服务平台几乎能够涵盖生活的方方面面。而手机银行虽然也在尝试推出各种各样的服务，但在便捷程度上还是无法和"支付宝"这种功能强大的平台匹敌。因此，商业银行要走出舒适区，勇于尝试，不能一味地跟在后面效仿，要建立属于自己的优势。当今时代对商业银行的要求已经不仅仅是简单的支付结算业务，还应该跟上"互联网＋"的潮流，积极主动寻求与互联网企业的合作，依靠其强大的数据库和信息处理能力，积累信息资源，研发出走在时代前列的网上服务平台；同时，还可以尝试和有实力的电商平台进行合作，建立种类齐全、有品质保证的一站式销售平台，使被"支付宝"等第三方支付平台分散的流动资金回流，降低运营成本。

3. 注重人才培养，储备科技人才

人才是企业发展的不竭动力。互联网金融企业每年都会花重金聘请对企业未来发展有极大帮助的科技人才，这体现了其对于科技人才的重视。商业银行应改变传统的招聘观念，在聘用具有金融、经济等专业人才的同时，加大对于科技人才的引进。未来银行业的发展离不开互联网，而互联网技术也有着很大的发展空间，只有储备足够的高端科技人才，充分发挥科技人才的带动作用，才能实现未来的可持续发展。同时，还要完善员工的培训体制，定期进行专业知识和互联网知识培训，及时更新员工的知识体系，提升员工的综合素质；制定合理的奖惩机制，激发员工的主观能动性，真正培养出愿意为银行做出贡献的员工，使其成为银行转型发展的不竭动力。

四、结论

短期内，互联网金融的出现虽然在一定程度上对我国商业银行业产生了负面影响，但如果商业银行能用长远的眼光积极应对，以需求为导向创新产品服务，充分利用好互联网技术和大数据技术，完善人才培养机制，不但能够促进自身的可持续发展，而且能够为转型发展提供重要保障。从长远的角度来看，互联网金融所带来的机遇与挑战，也会在一定程度上促进国内整个金融行业的发展。[1]

---

[1]宫月晨、赖迪辉、陈淑鑫：《互联网金融时代下中国商业银行发展策略研究》，《中国市场》2022年第23期。

案例分析与创新思考

2020年,面对严峻复杂的国内外形势特别是新冠肺炎疫情的严重冲击,银行业金融机构坚决落实党中央、国务院决策部署及监管要求,统筹做好疫情防控和金融服务,有力支持国民经济稳步复苏,持续深化金融供给侧结构性改革,有效防范化解金融风险,各项工作迈出坚实步伐,总体保持稳健运行态势。2021年是"十四五"开局之年,银行业金融机构坚持以习近平新时代中国特色社会主义思想为指导,贯彻落实党的十九届五中全会和中央经济工作会议精神,立足新发展阶段,全面、准确、完整贯彻新发展理念,积极服务构建新发展格局,开启高质量发展新阶段。

一、经济金融运行环境稳步改善,银行业金融机构稳健发展

2020年,新冠肺炎疫情席卷全球,各经济体都遭受了不同程度的严重冲击,全球经济整体出现负增长,中国在全球主要经济体中唯一实现经济正增长,彰显中国经济强大的活力和韧性,为"十四五"时期高质量发展奠定了良好基础。得益于政策支持和经济稳定增长,中国银行业总体稳定向好,各类金融机构实现稳健发展。2020年末,银行业金融机构总资产和总负债分别达319.7万亿元和293.1万亿元,分别增长10.1%和10.2%;商业银行净息差基本稳定,不良率稳中有降,净利润小幅下降,资本充足率稳步提高。

2021年,全球经济开启复苏进程。中国由于疫情控制最为得力,经济率先复苏回升,中国银行业主要指标表现持续改善。2021年6月末,银行业金融机构总资产336万亿元,同比增长8.6%;商业银行不良贷款率1.76%,较上季末下降0.05个百分点;上半年,商业银行实现净利润1.1万亿元,同比增长11.1%。预计全年银行业资产负债规模将稳步增长,结构进一步优化,净息差有望进一步企稳,盈利水平和资产质量继续改善,行业景气度将稳步提升。"十四五"时期,中国将开启社会主义现代化建设新征程,在新发展格局下,银行业将迈入高质量发展新阶段,逐步构建起多层次银行机构体系,加快专业化经营和特色化发展,进一步提高经营效率和综合实力。

二、资产业务进一步回归本源,金融服务实体经济质效持续提升

2020年,银行业认真贯彻党中央、国务院决策部署及监管要求,不断加大对实体经济的支持力度,落实减费让利政策,有效满足融资需求,信贷规模增速实现较快增长。全年人民币贷款新增19.6万亿元,信贷结构持续优化,重点加大对制造业、绿色

金融、普惠小微等重点领域和薄弱环节的支持，为实体经济转型发展提供有力支撑；民营企业、制造业贷款分别增加5.7万亿元、2.2万亿元；科学研究和技术服务业贷款、信息技术服务业贷款同比分别增长20.1%、14.9%，高于各项贷款增速；本外币绿色贷款余额达11.95万亿元，比年初增长20.3%。投资及其他金融资产业务规模总体保持增长势头，但在总资产中的占比逐季小幅走低，不同类型的银行业务发展存在明显差异。

2021年，伴随中国经济稳定增长，企业信贷需求旺盛。上半年各项贷款新增13.5万亿元，其中，制造业贷款增加1.7万亿元，涉农贷款增加3.03万亿元；科研技术贷款同比增长23.7%，主要银行绿色信贷增加超过1万亿元；普惠型小微企业、民营企业贷款较年初分别增长16.4%、8.6%。新发放普惠型小微企业贷款平均利率同比下降0.23个百分点。预计下半年银行业信贷投放仍将保持合理适度增长。

三、负债业务发展总体稳健，非存款负债业务有序发展

2020年，为积极应对疫情冲击，监管政策加大逆周期调节力度，稳健货币政策灵活适度、精准导向，流动性合理充裕，银行业负债规模稳步增长，负债结构持续优化，同业负债及其他负债有序发展。2020年末，银行业金融机构对公存款余额121.76万亿元，同比增长7.41%，其中：企业存款68.82万亿元，同比增长10.81%，增速显著回升；住户存款余额93.44万亿元，同比增长13.77%。商业银行大力压降结构性存款，负债成本趋于改善；个人存款持续增长，零售转型不断深化；同业负债及其他负债业务进一步规范。

2021年6月末，银行业金融机构存款余额为233.2万亿元，同比增长9.5%，增速较2020年同期下降0.98个百分点。展望下半年，随着宏观政策进一步做好跨周期调节，中国银行业负债业务将保持稳健发展。虽然存款成本依然面临上升压力、存款增长结构上更依赖于住户存款的扩张，但存款利率的监管优化和自律管理的调整以及负债质量管理办法等政策的实施，为商业银行负债业务高质量发展奠定了基础。随着利率市场化深入推进和市场竞争加剧，商业银行将在新发展理念指引下，主动拓展存款来源，同时灵活运用多种同业及其他负债工具，推动同业负债及其他负债业务在规范中有序发展。

四、中间业务收入稳中有升，业务发展差异化趋势明显

2020年，主要商业银行的中间业务收入保持稳步增长，全年实现手续费及佣金净收入7903.35亿元，同比增加519.41亿元；手续费及佣金净收入占营业收入的比重为11.33%，同比增加0.34个百分点。传统中间业务依然占据主导地位，其中由于信用卡分期手续费收入的重分类，银行卡类业务占比有所下降。各类型银行机构传统中间业务的重点和结构继续分化，大型商业银行的结算及清算类业务优势依旧显著，股份制

商业银行银行卡类业务占比优势明显，城商行及农商行代理委托类收入占比较高。非传统中间业务收入有所增加，机构间差异化发展的趋势更加明显，大型商业银行发挥优势加强产品创新，为托管业务增收打下良好基础；股份制商业银行发挥债券承销业务优势，推动投行业务收入创新发展；城商行及农商行积极加强与各类资管机构合作，持续厚植理财产品业务收入基础。

中间业务作为提升金融服务的重要手段和整合资源优势的重要纽带，商业银行持续加大投入力度，预计下半年传统中间业务总体仍将保持平稳增长，非传统中间业务也将步入新发展阶段。其中，伴随中国居民财富的持续增长，理财业务需求将不断增加；伴随金融市场逐渐对外开放，托管业务将实现多元化发展；随着产业结构转型升级，投行业务将向科技创新、高端制造等领域拓展发力。

五、信用风险小幅上升，市场与流动性风险总体稳定

2020年，受新冠肺炎疫情和国内外复杂严峻形势影响，中国银行业面临的风险和挑战加大。2020年末，商业银行不良贷款余额2.7万亿元，不良贷款率1.84%，较年初下降0.02个百分点。商业银行持续加大风险化解和不良贷款处置力度，银行业全年共处置不良资产3.02万亿元，明显高于以往。商业银行持续完善和优化风险管理体系，多渠道补充资本，坚决遏制脱实向虚现象，金融杠杆率明显下降，风险抵补能力持续改善，信用风险整体可控。在疫情冲击背景下，全球金融市场波动加大，国内商业银行在做好风险防控的前提下，积极应对市场风险。此外，在货币政策的支持下，市场整体流动性水平保持平稳，流动性风险总体可控。

2021年，全球经济尚未全面恢复，疫情演化尚存在不确定性，且受疫情冲击的风险暴露具有一定的滞后性，银行业潜在风险依然较大。2021年6月末，商业银行不良贷款余额2.8万亿元，不良贷款率1.76%，关注类贷款占比2.36%，不良贷款率和关注类贷款占比呈现持续下降趋势，但资产质量依然存在较大压力。预计下半年行业内部分化加剧，地区差异将更加明显。这些对商业银行风险识别能力、管理水平、管控技术等提出了更高的要求，未来商业银行更需加大不良资产处置力度，严控增量风险，审慎开展资产分类，提前足额计提拨备，增强风险抵补能力。随着疫苗接种的加速推广，全球将开启复苏进程，中国经济稳步向好，稳健货币政策将灵活精准、合理适度，流动性预计维持合理充裕状态，商业银行市场与流动性风险整体可控。但疫情变化仍有不确定性，加之利率市场化改革深入推进、人民币汇率双向波动和短期跨境资本流动频繁等背景下，商业银行的市场风险与流动性风险管理能力仍面临考验。总体来看，商业银行将持续完善顶层设计，强化科技赋能，完善风险预防预判、监测预警、管控处置机制，提高风险管理数字化、智能化、集约化水平，加快构建全面风险管理体系，

进一步提升防范和化解金融风险的能力。

六、持续深化改革转型，推动银行业高质量发展

"十三五"时期，面对复杂多变的内外部环境，银行业坚守服务实体经济本源，持续深化改革转型，牢牢守住不发生系统性金融风险的底线，总体保持稳健发展，为"十四五"时期高质量发展奠定了坚实基础。当前及未来一个时期，中国发展环境面临深刻复杂变化，银行业将立足新发展阶段，全面、准确、完整贯彻新发展理念，持续深化改革转型，充分发挥金融在服务构建新发展格局中的重要作用。

一是加快经营模式转型。商业银行将通过"轻资本、轻资产、轻运营"的轻型化运作模式转型，促进提质增效，实现盈利模式转型；通过打造敏捷组织、深化客群经营、搭建综合场景等方式，加快数字化转型，有效整合资源，加快完成服务模式转型；通过确立绿色金融发展理念、完善ESG信息披露机制、控制高碳资产配置、加强绿色金融产品创新等多种手段，构建新阶段商业银行低碳金融的发展模式，促进绿色模式转型。

二是加强渠道创新与开放银行建设。伴随着网络强国、数字中国建设、数字产业化和产业数字化加快发展，银行业将积极拥抱开放、共享的互联网思维，不断推动渠道创新。商业银行将主动拥抱金融科技，积极挖掘渠道创新潜力，加快开放银行建设，优化开放银行发展模式，强化"客户、场景、渠道、数据、生态、合作"等多维度的开放与发展，最终实现线上线下渠道共同发力，打造场景金融新生态，创新客户服务新体验。

三是持续推进理财业务转型发展。随着行业制度规范的不断完善以及居民财富的稳步增长、客户需求的深刻变化，银行理财业务净值化转型加速推进，银行业理财登记托管中心数据显示，截至2021年6月末，银行理财存续规模为25.8万亿元，净值型理财产品存续规模20.39万亿元，占比近八成，同比提高23.9%。银行理财行业格局加快重塑，理财子公司成为商业银行参与资产管理和财富管理转型的核心抓手，外资机构多维度布局银行理财市场。当前及未来一段时期，商业银行将持续强化投资能力、渠道构建、风险文化等建设，加快推进理财业务转型。

七、聚焦"十四五"时期重点领域，提升服务实体经济效能

2020年以来，银行业聚焦国家战略，主动优化信贷结构，持续加大对国家重大战略、重点项目、科技创新、绿色金融、普惠金融、乡村振兴等领域支持力度，精准发力、持续发力，持续提升金融服务实体经济质效。

一是聚焦服务国家重大区域发展战略和重点领域建设。十九届五中全会提出，要实施区域重大战略、区域协调发展战略、主体功能区战略，健全区域协调发展战略体

制机制。银行业全面贯彻党中央、国务院决策部署,抢抓国家重大区域发展战略机遇,持续加大对长三角一体化、粤港澳大湾区、京津冀协同发展等国家重大区域发展战略的金融支持力度,助力高水平城市群建设及区域协调发展。2020年,银行业金融机构支持战略性新兴产业的贷款3304亿元,制造业中长期贷款2659亿元,制造业中长期贷款同比增长了37%,创历史新高。未来银行业金融机构将继续加大信贷资源倾斜,支持科技创新战略新兴产业、先进制造业等重点领域的高质量发展。

二是全力服务乡村振兴,加速布局绿色金融。十九届五中全会明确提出,优先发展农业农村,全面推进乡村振兴。在向第二个百年奋斗目标迈进的历史关口,要举全党全社会之力巩固和拓展脱贫攻坚成果、全面推进乡村振兴、加快农业农村现代化。银行业将进一步对接全面推进乡村振兴,创新金融产品及服务模式,将广大农村打造成为培育强大国内市场、构建新发展格局、推动我国经济持续高质量发展的新增长极,全面推动乡村振兴。随着我国2030年前实现碳达峰、2060年前实现碳中和战略目标的提出,我国绿色发展进入了新阶段,银行业加速布局绿色金融领域。截至2021年6月末,本外币绿色贷款余额13.92万亿元,同比增长26.5%,高于各项贷款增速14.6个百分点,其中,投向具有直接和间接碳减排效益项目的贷款分别为6.79万亿元和2.58万亿元,合计占绿色贷款的67.3%,成为绿金信贷最重要领域。与此同时,银行业也积极推动绿色债券品种创新,碳中和债券成为市场最大亮点。展望未来,银行业绿色金融服务"30·60"目标将呈现三大发展趋势:银行金融业务发展的重点领域面临调整、银行业气候与环境风险管理将不断加强、银行业将不断提升自身气候表现以树立形象。

三是银行业迎来数字货币重要机遇。党中央、国务院高点定位、统筹规划,将数字人民币发展纳入国家战略,全力促进新技术与经济社会的融合发展。截至2021年6月末,数字人民币试点场景已经超过132万个,覆盖生活缴费、餐饮服务、交通出行、购物消费、政务服务等领域。开立个人钱包2087万余个、对公钱包351万余个,累计交易笔数7075万余笔、金额345亿元。未来,银行业将进一步紧抓历史机遇,高度重视,从战略布局、组织建设、技术储备等多层面做好应对准备,提升数字人民币支付能力,优化完善系统,加大试点推广力度,持续提高支付体系效率和普惠金融水平。

四是加强资本补充与管理,高度重视市值管理。2020年以来,商业银行利润增速有所放缓,内源资本补充能力下降,更多依靠股权或债权等外源融资实现资本补充。在监管政策的支持下,永续债成为商业银行其他一级资本补充的首选工具,二级资本工具债发行规模也继续保持高位。中小银行资本补充工具也日渐丰富且成效显著,自2020年7月政策层面明确可以通过地方政府专项债注资中小银行后,银保监会已累计批复16个省份1807亿元地方政府专项债补充资本方案。展望下半年,商业银行将持续优化资本管理与补充方式，根据监管导向优化资本计量，加大资本精细化管理，同时，通过新模式支持原股东配股，吸引机构投资者加大投资力度，拓宽外生资本补充渠道。与此同时，为进一步畅通股权融资，合理反映公司内在价值，促使公司股票价格处于合理水平，未来上市银行将通过改善经营能力、提升管理水平、加强沟通和宣传引导等多种方式，加强市值管理。

展望今后一个时期，银行业金融机构将始终坚持以习近平新时代中国特色社会主义思想为指导，全面贯彻党的十九大和十九届二中、三中、四中、五中全会以及中央经济工作会议精神，坚持党中央对金融工作的集中统一领导，立足新发展阶段，贯彻新发展理念，服务构建新发展格局，坚持稳中求进工作总基调，持续深化金融供给侧结构性改革，深入推进改革开放，切实防范化解金融风险，不断提升服务实体经济质效，加快实现高质量发展。[1]

思考：
1. 商业银行应如何调整中间业务发展策略积极响应国家减费让利政策？
2. 在当前内外部环境下，商业银行中间业务如何提质增效，服务实体经济发展？

本章小结

1. 广义的商业银行中间业务指不构成商业银行表内资产和表内负债，形成银行非利息收入的业务，即能为商业银行带来货币收入，却不直接计入商业银行资产负债表的业务。

2. 商业银行中间业务的特点：资金提供与服务相分离，充分利用非资金资源；成本低，收益高；以接受客户委托的方式开展业务；透明度低，不易监管。

3. 以是否构成商业银行或有资产和或有负债为分类标准，中间业务分为或有债权/债务类中间业务和金融服务类中间业务两类。

4. 综合型咨询顾问业务包括企业管理咨询、企业并购顾问、资产证券化和财务顾

---

[1] 中国银协：《报告发布｜中国银行业协会发布〈2021年度中国银行业发展报告〉》，https://baijiahao.baidu.com/s?id=1709695516658552663&wfr=spider&for=p，访问日期：2022年3月10日。

问等。

5. 交易类中间业务指商业银行为满足客户保值或自身风险管理等方面的需要，利用各种金融工具进行的资金交易活动，主要包括金融衍生品业务。商业银行开展此项业务不仅可以获得差价或手续费，还可以吸收到保证金存款。交易类中间业务包括远期合约、金融期货、互换业务和期权。

6. 支付结算类中间业务是指由商业银行为客户办理因债权债务关系引起的，与货币收付、资金划拨有关的收费业务，包括银行汇票、商业汇票、银行本票、支票、汇兑、托收承付和委托收款。

思考与练习

1. 广义上的商业银行中间业务的概念是什么？
2. 商业银行中间业务的特点有哪些？
3. 商业银行中间业务的种类有哪些？
4. 交易类中间业务的定义是什么？包括哪些内容？
5. 支付结算类中间业务的定义是什么？包括哪些内容？

第八章　商业银行表外业务管理

【学习目标】
1. 掌握商业银行表外业务的概念与种类。
2. 掌握商业银行担保业务种类。
3. 了解商业银行票据发行便利业务概念、种类及程序。
4. 了解商业银行互换业务概念及种类。

第一节　商业银行表外业务概述

一、表外业务的含义

表外业务是指商业银行从事的，按同行的会计准则不列入资产负债表内，不影响其资产负债总额，但能影响银行当期损益，改变银行资产报酬率的经营活动。

表外业务有狭义和广义之分。狭义的表外业务指那些未列入资产负债表，但同表内资产业务和负债业务关系密切，并在一定条件下会转为表内资产业务和负债业务的经营活动。通常把这些经营活动称为或有资产和或有负债，它们是有风险的经营活动，应当在会计报表附注中予以揭示。广义的表外业务除了包括狭义的表外业务，还包括结算、代理、咨询等无风险的经营活动。因而，广义的表外业务是指商业银行从事的所有不在资产负债表内反映的业务。

二、表外业务的管理

表外业务类型多种多样,按照不同的分类标准可以分为不同的种类。

1. 按照是否构成银行或有资产和或有负债,可以将表外业务分为或有债权/债务类表外业务和金融服务类表外业务。

(1) 或有债权/债务类表外业务

此类业务也即狭义的表外业务。它在一定条件下可以转化为表内资产或负债业务。此类业务主要包括贷款承诺、担保和金融衍生工具类业务。

(2) 金融服务类表外业务

商业银行的这类业务活动是无风险的服务活动。银行只提供金融服务而不承担任何资金损失的风险,目的是收取手续费,不构成商业银行的或有债务。

2. 按照业务性质,可以将表外业务分为以下几类:

(1) 担保和类似的或有负债

此类业务是指商业银行以保证人的身份接受客户的信托,对国内外的企业提供信用担保服务的业务。

(2) 承诺类表外业务

承诺是指商业银行承诺并按约定在特定时间完成某项或某些业务的一类新型表外业务,一般分为不可撤销的承诺和可撤销的承诺。前一类主要有商业票据、备用信用证额度、循环信用证额度、回购协议、票据发行便利等,后一类包括透支信用额度等。

(3) 与利率和汇率有关的或有项目

主要指金融衍生工具,金融衍生工具是以股票、债券或货币等原生资产为基础派生出来的,本身并不能独立存在。其共同特征是减少金融市场成本和收益的不确定性,客户在现货市场和金融衍生品市场上反向操作,在一个市场上的损失能够由另外一个市场的收益弥补,实现套期保值。

(4) 资产证券化

资产证券化是指银行将具有共同特征的、流动性较差的营利性资产集中起来,进行组合和打包,以此为基础发行资产支持证券的行为。

第二节 担保业务

一、备用信用证

备用信用证是开证行应借款人要求，以放款人为信用证的受益人而开具的一种特殊信用证，以保证借款人在破产或不能及时履行义务的情况下，由开证行向受益人及时支付本利。

备用信用证在性质上与银行保函类似，在形式上与商业信用证相似。它可以用于保证贸易支付或工程招标，但更多是为债务人的融资提供担保。企业发行商业票据或债券时，若自身资信状况不为大众了解，可以请求信誉好的大型商业银行开立备用信用证作为还款保证。虽然开证银行会收取一定的手续费，但分担了受益人承受的风险，企业因而能够在市场上以较低的价格筹资。虽然绝大部分信用证不会被要求偿还欠款，但开证行客观上仍面临较大的风险暴露，一旦借款人丧失偿债能力而所欠本息金额巨大，开证行可能会陷入流动性危机。因此，银行对备用信用证十分谨慎。

备用信用证业务的简要操作流程如下。

（一）订立合同

借贷双方先就交易条件进行磋商，订立合同，明确以备用信用证方式提供担保，规定备用信用证的开证行、种类、金额、到期日和开证日等要素。

（二）申请开证

借款人向开证行递交开证申请书，开证申请书明确开立备用信用证的要求，以及受益人的详细情况、备用信用证种类、到期日等要素。开证人申请开立备用信用证时，开证行有时会要求缴纳一定比例的押金，押金的有无或多少取决于开证行对开证申请人资历和信誉的判断。

（三）开证与通知

开证行经过信用评估，接受开证申请后，必须按申请书规定的内容向指定的受益人开立备用信用证，并将备用信用证直接或间接传递给受益人。

（四）审核与修改

受益人在收到备用信用证后，要审核备用信用证中所列条款与信贷合同中有关条款是否一致，如有差错，应立即通知开证行进行修改。

（五）执行合同

受益人收到备用信用证并经审核无误后，根据借款合同的规定向借款人提供贷款。受益人履行合同后，如果未在合同规定的时间内得到借款人的偿还，则要编制并取得备用信用证规定的全部单据，开立汇票，连同备用信用证正本提交开证行，请求履约付款。

（六）支付和求偿

开证行收到受益人寄来的汇票和借款人未履约证明后，经审核认为符合备用信用证规定，则要按票款对受益人进行支付。此时开证行随即取代受益人，成为借款人的债权人，获得要求赔偿所垫付资金的权利。

专栏8-1 中国银行提供备用信用证担保，中船集团成功发行欧元债券

2015年2月18日凌晨，中国船舶工业集团公司圆满、高效完成5亿欧元3年期债券全部发行工作，不仅开创了欧元历史上采用银行备用信用证（SBLC）增信方式发行债券的先河，也成为亚洲首家成功发行欧元债券的船舶企业集团。同时，中船集团所发债券的认购规模、定价收窄幅度等还刷新了我国企业发行欧元债券的多项纪录。这是中船集团继2013年12月发行8亿美元债券之后，再次成功完成海外债券发行。

据介绍，此次债券发行被命名为"远航"项目，于2015年1月正式启动，到2月18日资金全部募集到位，历时仅1个月。该项目由中国银行、巴克莱银行和法国兴业银行担任联席全球协调人，建银国际、中国农业银行、中国工商银行、交通银行、澳新银行担任联合簿记管理人，以掉期利率中间价（MS）+155点的价格发行了5亿欧元票面利率为1.7%的3年期债券。

中船集团财务金融部相关人士表示，目前欧洲经济复苏乏力，欧元区已进入负利率时代；而随着欧洲量化宽松政策的推出，欧元汇率还存在进一步下行的可能。在利率、汇率双重利好的窗口期持有"软货币"负债，对中船集团进行低成本融资非常有利，也为中船集团进一步拓展欧洲地区业务、加快实施"走出去"战略创造了更为便利的条件。

二、商业信用证

商业信用证是国际贸易结算中的一种重要方式，是指进口商请求当地银行开出的一种证书，授权出口商所在地的另一家银行通知出口商，在符合信用证规定的条件下，愿意承兑或付款承购出口商交来的汇票单据。信用证结算业务实际上就是进出口双方签订合同以后，进口商主动请求进口地银行为自己的付款责任作出的保证。

从银行的角度看，商业信用证业务是一种重要的表外业务。在这项业务中，银行以自身的信誉为进出口商之间的交货、付款作担保，一般不会占用其自有资金，因此是银行获取收益的一条重要途径。

商业信用证的作用如下：

对进口商来说，商业信用证的使用提高了其资信度，使对方按约发货得到了保障，而且可以保证货物上船前的数量和质量。由于申请开证时，进口商只需交纳部分货款作为押金即可，实际上是银行为进口商提供了一笔短期融通资金。

对出口商来说，最大的好处就是出口收款有较大的保障，银行作为第一付款人，使付款违约的可能性大为降低；另一方面，可以避免进口国家禁止进口或限制外汇转移产生的风险问题。

对开证行来说，其开立商业信用证所提供的是信用保证，不是资金。开立信用证既不必占用自有资金，也可以得到开证手续费收入，同时进口商所交纳的押金，也可以为银行提供一定量的流动资金来源。

第三节 票据发行便利

一、票据发行便利的概念

票据发行便利是一种中期的（一般期限为5—7年）、具有法律约束力的循环融资承诺，根据这种承诺，客户（借款人）可以在协议期限内用自己的名义，以不高于预定利率的水平发行短期票据筹集资金，银行承诺购买客户未能在市场上出售的票据或向客户提供等额银行贷款。

票据发行便利实质上是一种直接融资，是借款人（银行客户）与投资者（票据购买人）之间的直接信用关系，银行充当的是包销商的角色。票据发行便利的票据属于短期信用形式，多为3个月或6个月。

银行提供票据发行便利，实际上是运用自己发达的票据发行网络及丰富的客户资源，帮助特定的客户出售短期票据以实现筹集资金的目的。

票据发行便利在发展变化的过程中，出现了许多形式，如循环包销便利、购买票据便利、可转让循环包销便利、非包销票据发行便利等。

二、票据发行便利市场的构成

票据发行便利主要由四个交易主体构成：借款人、发行银行、包销银行和投资者。

（一）借款人

票据发行便利业务的产生就是为了适应一些资信较高的借款人通过直接融资渠道筹资的需要。因此，票据发行便利市场上的借款人一般都是资信比较高的企业，它们都认为资信高在融资中是一种有利条件，应充分利用。它们大都开始从原来的间接融资转向直接融资方式。从银行角度看，它把票据发行便利，特别是其中的承诺包销看作一种表外业务，银行只希望在不占用自有资金的情况下取得承诺费收入。借款人的信誉越高，银行需要实际履行包销业务的可能性就越小，因此，银行在选择票据发行便利业务的对象时，为了自己的利益，会认真把关，只让一些信誉真正好的借款人进入这一市场。

（二）发行银行

票据发行便利中的发行银行的票据发行功能类似于银团贷款中的贷款安排。发行银行先后经历了两种形式。最初，发行银行是由牵头行来承担，牵头行作为独家出售代理人发挥作用，并负责出售所发行的任何票据。从1983年开始，出现了由银行投标小组负责的票据发行便利，投标小组成员对所发行的任何一种票据，在预先确定的最大幅度内都可以投标。这一技术允许借款人从市场条件的改善中获利，同时让借款人预计到按最高成本所能获得的资金。由于是以竞价投标所得出的票据发行方案，其发行条件包括价格等会更合理。这种做法和以前由牵头行独家垄断发行相比，有较大进步，后来得到进一步推广。

（三）包销银行

包销银行承担了相当于承担风险的票据包销职能。其最主要的职责就是按照协议约定，提供期限转变便利，以保证借款人在中期内不断获得短期资金。一旦借款人的票据未能如期售完，包销银行就有责任购买所有未出售的票据，或提供同等金额的短期贷款。但是由于采用竞价投标方式进行票据发行，使包销银行履约包销的可能性大大降低，从而使其能真正发挥保证的职能。当然，鉴于借款人信誉较高，所发行的票据具有较大吸引力，包销银行也愿意并有权在票据销售期限内的任何时间里，按票据的市场销售价格，向牵头行购买它们所能买到的、不超过其分配额度的票据，从而能够获得可以出售给其他客户的票据，使票据发行不再完全被牵头行或投标小组垄断。

（四）投资者

投资者即资金提供者或票据持有者，它们只承担期限风险。当借款人在票据到期前遭受破产而不能还款时，票据持有人就会受到损失。进入票据发行便利市场的借款人，特别是一些采用无包销票据发行便利的借款人，资信都较高，因此这种票据的期限风险比较小，投资这种票据比较安全，且流动性较高。

三、票据发行便利的业务程序

票据发行便利的业务程序包括：
（1）借款人选定组织银行。
（2）借款人委托包销银团及投标小组成员。
（3）借款人与包销银团和投标小组之间签订一系列协议。
（4）投标及付款。

第四节　互换业务

一、互换业务及其产生的原因

（一）互换

互换是两个或两个以上的交易对手方根据预先制定的规则，在一个时期内交换一系列款项的支付活动。这些款项有本金、利息、收益和价格支付流等，可以是一项，也可以是多项，以达到多方互利的目的。通常，互换的最低交易单位是1000万美元；互换中使用较多的货币是美元、欧元、瑞士法郎、英镑、日元和新加坡元；期限较多的是5—7年；一般都是以市场利率、汇率或其他价格为基础，由双方协商决定价格条件；有多种多样的资金流向安排可供选择。

（二）互换业务产生的原因

20世纪70年代初期布雷顿森林体系瓦解，汇率波动使得一些新的金融工具产生，其中之一是对放贷款。对放贷款是交易双方彼此向对方提供的，各自所需的币种的货币贷款，两份贷款的放款日期和到期日完全相同，同时贷款的一切支付流动和现货、期货交易的支付流完全相同。对放贷款是使非居民金融账户有可能绕过外汇管制，获得所需货币的贷款。但在商业银行等金融机构看来，对放贷款有两个缺陷：首先，在大多数情况下，对放贷款在双方的资产负债表上都是一份新债务；其次，两份贷款是在两份协议上分别成交的，如果一方不能如约偿还债款，另一方仍有义务继续履行债务的支付。货币互换作为新的金融交易技术，克服了对放贷款以上两个缺陷，获得了普遍认可。货币互换在通常情况下既不增加交易双方资产负债表的资产额，也不增加负债额，一般以表外业务的形式出现。此外，互换交易是通过一份合同成交的，当一方不如约偿还债款时，另一方也可以中断债务支付的义务，因此互换交易在一定程度上限制了单个协议的信贷风险。既然互换可以用来把一种货币的债务转化为另一种货币的债务，作为货币互换思想的自然延伸，利率互换应运而生。

互换业务因使参与交易的各方都能不同程度地获取利益而备受青睐。通常，筹资者的规模、收益能力、信用级别各不相同，不同筹资场所上的信息不对称性也不同，结果不仅使不同的筹资者在同一筹资场所的筹资成本存在差异，而且同一筹资者在不同筹资场所的筹资成本也有很大差异。一般来说，从银行借款时，银行有能力审查企业资信，而且贷款期限短，优良企业的筹资优势并不明显。但是购买公司债券的一般投资者，作为债权人审查企业的信用状况的能力是有限的，优良企业对债权人支付的风险费比一般企业要少得多。同样，国际金融市场较国内金融市场，对筹资者之间的信用能力差别的反应要敏感得多。如果市场是完善的，那么不同的市场对两个筹资者资信的相对平价——利差应该是一致的。但现实经济中不同的市场对两个筹资者资信的相对平价总是存在不一致，互换业务旨在借助各个筹资者的比较优势，来对市场之间的这种差异进行套利，并将这部分好处分配至有关各方，这正是互换业务具有吸引力的原因。

对于商业银行来说，首先，互换拓宽了经营收益范围。借助于互换，商业银行充分发挥其巨大的信息优势和交易能力，既分享了在不同金融市场之间的套利，又获得了撮合交易的手续费。由于互换交易的起始金额巨大，因此互换交易收入相当可观。

其次，互换丰富了商业银行风险管理手段。互换有利于商业银行规避不利的市场条件和管制，它是比较利益原理在国际金融领域的运用，既可降低商业银行的筹资成本，又可以扭转其浮动利率负债和固定利率资产造成的结构上的劣势，从而有助于银行的稳定经营。最后，互换促进商业银行提供更为全面的金融服务。目前欧洲债券市场上债券发行的70%—80%均与互换业务有不同程度的联系。通过提供优越的互换交易方案，商业银行可以获得企业债券发行的业务，进而设计出适合互换目的的债券。商业银行以互换作为有力的依托，正跻身各种直接融资服务领域。

二、互换业务的特点

互换是一种场外交易活动，灵活性较强，能很好地满足交易双方保密的要求。除此之外，互换业务还有如下两个特点。

（一）可保持债权债务关系不变

一般而言，互换以企业的债务作为交易对象更受到法律制约。作为债务交换的互换交易，真正处理的只是债务的经济方面，对原债权债务人之间的法律关系并没有任何影响，即可以保持债权债务关系不变。这是互换交易的主要特点。

（二）能较好地限制信用风险

由于互换交易是对手方之间通过一份合同成交并交换资金，所以一旦一方当事人停止了支付，另一方的当事人也可以不履行义务，因此在一定程度上限制了单个协议的信用风险。

三、互换业务的类型

互换的类型有利率互换、货币互换、商品互换和股权互换等。商业银行经常进行的互换交易主要是利率互换和货币互换。

（一）利率互换

利率互换是指两笔债务以利率方式相互交换，一般是在一笔象征性本金数额的基础上，互相交换具有不同特点的一系列利息款项支付。在利率互换中，本金只是象征性地起计息作用，双方之间只有定期的利息支付流，并且这种利息支付流表现为净差额支付。利率互换是交易量最大的一类互换，其类型主要有三种：

1. 息票利率互换，即从固定利率到浮动利率的互换。

2. 基础利率互换，即从以一种参考利率为基础的浮动利率到以另一种参考利率为基础的浮动利率的互换。

3. 交叉货币利率互换，即从一种货币的固定利率到另一种货币浮动利率的互换。

（二）货币互换

货币互换是指双方按照约定汇率在期初交换不同货币的本金，然后根据预先规定的日期，按即期汇率分期交换利息，到期再按原来的汇率交换回原来货币的本金，其中利息的互换可以按即期汇率折算为一种货币而只作差额支付。货币互换实际上是利率互换，即不同货币的利率互换。

案例分析与创新思考

中国正在稳步推进人民币的国际化，同其他国家开展货币互换合作是其中的一种做法，最新的合作对象是英国，这是中国首次同G7（七国集团）成员国签署货币互换协议。

经国务院批准，2013年6月22日，中国人民银行与英格兰银行签署了规模为2000亿元人民币/200亿英镑的中英双边本币互换协议，旨在为双边经贸往来提供支持，并有利于维护金融稳定。互换协议有效期3年，经双方同意可以展期。

中国人民银行表示，近年来，伦敦市场人民币业务取得了一定的发展。与英格兰银行建立双边本币互换安排，可为伦敦人民币市场的进一步发展提供流动性支持，促进人民币在境外市场的使用，也有利于贸易和投资的便利化。中英双边本币互换协议的签署，标志着中国人民银行与英格兰银行在货币金融领域的合作取得了新的进展。

中英签署货币互换协议的动议由来已久。2013年2月份英格兰银行行长默文·金访华期间曾透露，将与中国央行签署3年期的货币互换协议，他说这一协议的签署，将会支持英国国内的金融稳定，一旦发生离岸人民币流动性短缺的情况，英格兰银行将有能力为英国合格机构提供人民币流动性。

英国伦敦离岸人民币市场的蓬勃发展的确增加了签署这类协议的必要性，有统计数据显示，2012年伦敦的人民币信用证开证总额增长了13倍，人民币进出口融资增长了100%。2012年人民币的现货外汇交易同比增长了240%，日均交易量达25亿元。其他的可交割人民币外汇工具也有较大增长，外汇掉期产品的日均交易量达到33.6亿元。

货币互换协议是指互换双方可在必要之时，在一定规模内，以本国货币为抵押换取等额对方货币，向两地商业银行设于另一方的分支机构提供短期流动性支持。通过货币互换，将得到的对方货币注入本国金融体系，使得本国商业机构可以借到对方货币，用于支付来自对方的进口商品。这样，在双边贸易中，出口企业可以收到本币计值的货款，可以有效规避汇率风险、降低汇兑费用。

从2008年开始，中国同周边国家、主要的贸易伙伴等大约20个国家和地区签署了货币互换协议。[1]

思考：
1. 中国银行业的利率互换业务目前的发展情况及未来前景如何？
2. 中国发展货币互换业务对推动人民币国际化有何意义？

本章小结

1. 表外业务是指商业银行从事的，按同行的会计准则不列入资产负债表内，不影响其资产负债总额，但能影响银行当期损益，改变银行资产报酬率的经营活动。

2. 按照是否构成银行或有资产和或有负债，可以将表外业务分为或有债权/债务类表外业务和金融服务类表外业务。

3. 备用信用证是开证行应借款人要求，以放款人为信用证的受益人而开具的一种特殊信用证，以保证借款人在破产或不能及时履行义务的情况下，由开证行向受益人及时支付本利。

4. 票据发行便利是一种中期的（一般期限为5—7年）、具有法律约束力的循环融资承诺，根据这种承诺，客户（借款人）可以在协议期限内用自己的名义，以不高于预定利率的水平发行短期票据筹集资金，银行承诺购买客户未能在市场上出售的票据或向客户提供等额银行贷款。票据发行便利实质上是一种直接融资。

5. 互换是两个或两个以上的交易对手方根据预先制定的规则，在一个时期内交换

---

[1] 贾壮：《中国首次同G7成员国签货币互换协议》，《证券时报》2013年6月24日第A2版。

一系列款项的支付活动。互换是一种场外交易活动,灵活性较强,能很好地满足交易双方保密的要求。除此之外,互换业务还有两个特点,即可保持债权债务关系不变,能较好地限制信用风险。

思考与练习

1. 什么是商业银行表外业务?
2. 备用信用证的定义是什么?其操作流程是怎样的?
3. 商业银行中间业务类型有哪些?
4. 票据发行便利的定义是什么?其交易主体包括哪些?

第九章 商业银行资产负债综合管理

【学习目标】

1. 了解商业银行资产负债管理理论及其发展。
2. 熟悉利率风险及利率敏感性缺口的衡量。
3. 熟悉持续期的概念，了解持续期的衡量即持续期缺口管理。
4. 了解如何运用远期利率协议、利率期货、利率互换与期权等工具管理利率风险。

第一节 商业银行资产负债管理理论及其发展

资产负债管理理论是围绕营利性、安全性和流动性三个方针的要求，随着商业银行发展在各个历史时期经营条件的变化，逐步形成的比较系统、科学的银行经营理论。在商业银行业漫长的历史发展过程中，商业银行自身业务不断拓展，业务种类不断创新，资产负债管理理论也先后经历了资产管理理论—负债管理理论—资产负债综合管理理论的演变过程。

一、资产管理理论

资产管理理论产生于商业银行经营的初级阶段，是以银行资产的安全性和流动性为重点的经营管理理论。资产管理理论认为，商业银行资金来源的规模和结构是商业银行自身无法控制的外生变量，完全取决于客户存款的意愿和能力；商业银行不能主动地扩大资金来源，而资产业务的规模与结构则是其能够控制的变量。商业银行主要通过对资产规模、结构和层次的管理保持适当的流动性，实现其经营管理目标。因此，资产管理理论强调商业银行经营管理的重点是资产业务，同时秉持以流动性为先的管理理念。在资产管理理论发展的过程中，先后出现了商业贷款理论、资产转移理论、预期收入理论与超货币供给理论四种代表性理论。

（一）商业贷款理论

商业贷款理论产生于商业银行的发展初期，当时的社会商业经济不够发达，信用关系不够广泛，社会化大生产尚未普遍形成，企业规模较小，而且中央银行体制尚未产生，没有作为最后贷款人角色的中央银行在商业银行发生流动性危机时给予救助。因此，商业银行的经营管理更强调自身的流动性，借给企业的资金多属于商业周转性流动资金，企业融资渠道主要依赖内源融资。

商业贷款理论首次由著名经济学家亚当·斯密在1776年出版的《国富论》一书提出。该理论认为，商业银行的资金来源主要是流动性很强的活期存款，因此，其资产业务应主要集中于短期自偿性贷款，即基于商业行为而能自动清偿的贷款，以保持与资金来源高度流动性相适应的资产高度流动性。由于该理论强调贷款的自动清偿，因此也被称为自动清偿理论；又由于该理论强调商业银行放款以商业行为为基础，并以真实的商业票据为抵押，因此也被称为真实票据论。

然而，随着商业经济和资本主义的发展，商业贷款理论的局限性逐渐显露出来。第一，该理论认为商业银行的资产主要集中于短期自偿性贷款上，从而牺牲了部分营利性作为代价。事实上，虽然活期存款流动性很强，但根据"续短为长"的原理，活期存款的存取之间也会存在一个相对稳定的余额，这部分资金可用于发放长期贷款而不会影响商业银行的流动性。第二，该理论忽视了企业贷款需求的多样性。商业贷款理论不主张发放不动产贷款、消费贷款、长期性设备贷款和农业贷款，这样会限制商业银行产品的创新及业务的发展。第三，该理论忽视了企业贷款清偿的外部条件。贷款的清偿除了受制于贷款性质，同时也受制于外部的市场状况。在经济萧条时期，贷款难以自动清偿，因此，短期自偿性贷款的自偿能力是相对的，而不是绝对的。

（二）资产转移理论

金融市场的不断发展，尤其是短期证券市场的发展，为商业银行保持流动性提供了新的途径。在这种背景下，资产转移理论产生了。该理论由美国经济学家莫尔顿于1918年在《政治经济学杂志》发表的《商业银行及资本形成》一文中提出，该理论认为，商业银行流动性的强弱取决于其资产的迅速变现能力，因此保持资产流动性最好的方法是持有可转换资产。最典型的可转换资产当属政府发行的短期债券。

资产转移理论继承了商业贷款理论中商业银行应保持高度流动性的观点,同时又扩大了商业银行资产运用的范围,丰富了商业银行的资产结构,突破了商业贷款理论拘泥于短期自偿性贷款的资金运用限制,是商业银行经营理论的一大进步。资产转移理论的不足之处在于:一是过于强调通过运用可转换资产来保持流动性,限制了商业银行高营利性资产的运用;二是可转换资产的变现能力在经济危机时期或证券市场需求不旺盛时会受到损害,从而影响商业银行的流动性。

(三)预期收入理论

预期收入理论产生于20世纪40年代,当时正值第二次世界大战刚结束,西方各国经济处于恢复和发展中。此时,凯恩斯主张的国家干预经济的理论在西方国家非常盛行,该理论主张政府应该扩大公共项目开支,进行大型基础建设项目;鼓励消费信用的发展,扩大有效需求,从而刺激经济的发展。因此,中长期贷款及消费贷款的需求得以扩大。与此同时,随着金融机构多元化的发展,商业银行与非银行金融机构的竞争日益激烈,这也迫使商业银行不得不拓展业务种类,增加了中长期贷款和消费贷款的发放。

在这种背景下,预期收入理论由美国经济学家普鲁克诺于1949年在《定期存款及银行流动性理论》一书中提出。该理论认为,商业银行资产的流动性取决于借款人的预期收入,而不是贷款的期限长短。因此,预期收入理论强调的是贷款偿还与借款人未来预期收入之间的关系,而不是贷款的期限与贷款流动性的关系。

预期收入理论突破了传统的资产管理理论依据资产的期限和可转换性来决定资金运用的做法,丰富了商业银行的经营管理理论。但其同样存在不足:预期收入理论是商业银行对借款人的未来收入进行预测,而预测是具有主观性的,随着客观经济条件及企业经营状况的变化,借款人未来实际收入与商业银行主观预测之间会存在偏差,从而使商业银行经营面临更大的风险。

(四)超货币供给理论

20世纪六七十年代以来,超货币供给理论作为一种新的银行资产管理理论悄然兴起。随着货币形式的多样化,能够提供货币的非银行金融机构越来越多,银行的信贷市场承受的竞争也越来越大,超货币供给理论认为,银行信贷提供货币只是达到经营目标的手段之一,除此之外,不仅有多种可供选择的手段,而且有广泛的同时兼达的目标,因此,银行资产管理应超越货币的狭隘眼界,提供更多的服务。

根据这一理论,商业银行在购买证券和发行贷款以提供融资的同时,应积极开展投资咨询、项目评估、市场调查、信息分析、管理顾问、网络服务、委托代理等多方面的配套业务,使银行资产管理达到前所未有的广度和深度。在非银行金融市场机构侵入金融竞争领域的时候,超货币供给理论使商业银行获得了相互抗衡的武器,从而改善了商业银行的竞争地位。但这一理论同样也存在不足,容易产生两种偏向:一是诱使商业银行介入过于宽泛的业务范围,导致集中和垄断失衡;二是加大了商业银行经营的风险,商业银行很可能在自己不熟悉的领域遭受挫折。

以上四种资产管理理论,反映了商业银行在不同发展阶段经营管理的特点,在协调银行经营管理的安全性和流动性方面各有侧重。但无论商业银行的业务形式发展如何,短期放贷一直都是商业银行的重要资产业务,因此,资产管理的各种理论之间不是互相排斥的,而是一种互为补充关系,反映了资产管理理论发展和完善的演进过程。各种理论的产生为银行的资产管理提供了新的思路,推动商业银行资产经营业务不断发展。

二、负债管理理论

负债管理理论兴起于20世纪五六十年代,该理论主张商业银行可以主动通过借入资金的方式维持流动性,支持资产规模的扩张,获取更高的盈利水平。负债管理理论开辟了满足商业银行流动性需求的新途径,改变了长期以来资产管理理论仅从资产运用角度来维持流动性的传统做法。

负债管理理论兴起是与20世纪五六十年代经济、金融环境的变化相适应的。第一,追求高额盈利的内在动力和竞争的外在压力,是负债管理理论形成的主要原因。随着金融市场的迅速发展,非银行金融机构与银行业在资金来源渠道和数量上展开了激烈的争夺,商业银行为了在竞争中谋求生存与发展,必须开辟新的资金来源渠道,以扩大资产规模、提高盈利水平。第二,银行管理制度的限制和社会经济中严重的通货膨胀,使存款利息率在吸收资金方面的吸引力越来越小,竞争力下降,单靠传统的吸收存款方式,无法满足商业银行资产业务对资金的需求,客观上要求商业银行展开多种负债形式。第三,金融产品的创新为商业银行扩大资金来源提供了可能性。可转让定期存单、回购协议等多种创新融资工具的出现,为商业银行扩充融资渠道创造了条件。第四,西方国家存款保险制度的建立和发展,进一步增强了商业银行家的冒险精神,刺激了负债经营的发展。

银行负债管理理论对促进商业银行经营管理具有积极意义。第一,为银行的经营和流动性保证等方面提供了新的方法和理论，能够更好地协调流动性和营利性。第二，扩大商业银行信贷规模，为扩大放贷业务创造了条件。在负债管理理论指导下，商业银行可以根据资产的需求来运营和组织负债，让负债主动适应或支持资产。第三，增强了商业银行的竞争能力。由于商业银行能够通过主动负债扩大融资来源，增强了商业银行的资金实力，更有利于提升商业银行的竞争力。

虽然负债管理理论相对资产管理理论是一大发展，但这一理论本身也存在很大局限性。第一，负债经营与流动性、安全性及营利性三者的均衡是矛盾的。一方面由于主动负债的利息都比较高，负债经营提高了商业银行负债的成本，提高了资金成本，虽然保证了流动性的要求，但成本的提升与营利性产生了矛盾；另一方面，由于负债经营提升了商业银行资金成本，为了保证盈利，银行放贷业务往往伴随着更高的信用风险和流动性风险，增加了商业银行经营的风险。此外，负债经营使商业银行营利性与流动性之间均衡的实现，更多依赖于外部条件。第二，商业银行负债经营可能引起债务危机，引发经济的全面波动，尤其是主张信用膨胀。扩大负债经营为扩大信贷规模提供了可能，而信贷规模的不适当扩大既是信用膨胀的主要原因，也是进一步信用膨胀的诱因。

专栏9-1 商业银行为什么要控制资产负债总量规模？

规模经济是商业银行竞争力的基础，通常银行资产负债总量越大，在市场中的地位越高、市场竞争力也越强，因此，长期以来，商业银行一直具有过度追求存款规模或者资产规模的"规模冲动"和"速度情结"。但是，理论与实践都证明，商业银行资产负债规模并非越大越好，超过了一定规模不仅表现为规模无效率，而且容易产生风险。因此，科学合理地控制资产负债规模是银行稳健发展的基础，具体来看，商业银行控制资产负债总量的原因包括：

第一，满足资本充足率达标要求。资本充足率是保证银行经营安全性和稳健性的一项制度安排，它是制约商业银行资产负债规模扩张的界限。理论上，没有资本充足率的约束，商业银行几乎可以无限制地扩张。鉴于银行风险的隐蔽性、滞后性和长期性，如果任由商业银行无限制地扩张，那么就会给商业银行带来巨大的风险，甚至导致银行破产，诱发多米诺骨牌效应，引发金融体系不稳定，爆发金融危机。基于该原因，各国监管部门均对商业银行实施严格的资本充足率管理，以限制其资产负债增长速度，降低风险资产规模等。

第二，满足杠杆率达标要求。杠杆率是指商业银行一级资本与调整后的表内外资产余额的比率。杠杆率水平越高，表明商业银行资本越充足，抵御风险的能力越强。2015年2月，银监会正式颁布《商业银行杠杆率管理办法（修订）》，确立了我国银行业杠杆率监管政策的总体框架，并提出商业银行杠杆率均不得低于4%。杠杆率监管要求能够有效防止商业银行资产负债表过度扩张和承担风险，控制金融体系的杠杆化程度，也是银行资产负债规模扩张的主要约束力量。

第三，落实国家宏观调控的要求。在目前利率市场化尚未完全实现、投融资体制不够完善、间接融资仍然占主导地位的情况下，银行特别是大型银行的资产负债总量和结构一直是国家调控经济的重要工具。资产负债总量管理要贯彻国家宏观调控政策要求，合理运用各种调控手段，有效协调宏观调控要求与商业银行股东的回报要求，这不但是确保实现国家赋予大型银行参与调节经济的责任，同时也是对经济增长与银行发展之间关系的最好诠释。[1]

三、资产负债综合管理理论

20世纪70年代以后，世界经济处于"滞胀"阶段，一方面经济发展停滞，另一方面通货膨胀日益严重。在这种经济形势下，抑制通货膨胀、促进经济发展成为各国政府追求的主要目标。从银行视角来看，必须严格控制货币供应量和信贷规模，并通过信贷结构的调整提高资金使用效率，才可能促进经济的协调发展。这就要求必须对商业银行的资产和负债进行全面管理，资产负债综合管理理论在这种环境下应运而生。该理论认为，商业银行单靠资产管理或负债管理难以形成安全性、流动性和营利性的均衡，商业银行应对资产、负债两方面进行全方位、多层次的管理，保证资产负债结构调整的及时性、灵活性，从而保证流动性供给能力。

资产负债综合管理理论既克服了资产管理理论和负债管理理论的不足之处，又吸收了资产管理理论和负债管理理论的精华，从资产、负债平衡的角度去协调商业银行的安全性、流动性及营利性之间的矛盾，使商业银行的经营管理更为科学。

---

[1] 宋清华主编《商业银行经营管理》，中国金融出版社，2021，第172-173页。

第二节　利率敏感性缺口管理

利息收入一直是商业银行的主要利润来源，在商业银行的总收入中占有重要份额。自20世纪70年代以来，在金融自由化浪潮下，各国先后取消和放松了利率管理，导致了市场利率大幅度波动并难以预测，严重影响了商业银行的利息收入。目前，利率风险已经成为商业银行的基本金融风险之一，利率风险管理也成为商业银行日常管理的重要部分。

专栏9-2　中国利率市场化的进程

1996年6月，银行间同业拆借市场利率先行放开，债券市场利率以及部分存贷款利率也随后相继放开。

1999年10月，银行间市场利率、国债和政策性金融债券发行利率市场化，进行存款利率改革的初步尝试。至此，货币市场和债券利率已经基本放开，贴现率也在逐渐放开中。

2000年9月，放开外币贷款利率，放开大额外币存款利率下限。

2003年11月，小额外币存款利率下限放开（先外币后本币，先贷款后存款，先大额后小额）。

2004年1月，不断扩大贷款利率的浮动范围，存款利率的改革也在进行中。

2004年10月，不再设置贷款利率上限和存款利率下限，至此，我国金融机构的贷款利率基本过渡到"上限放开、下限管理"的阶段，人民币存款利率则实现了"放开下限、管住上限"的既定目标。

2012年6月—7月，存款利率浮动区间调整为基准利率的1.1倍，贷款利率调整为基准的0.8倍；7月5日，将贷款利率浮动下限调整为基准利率的0.7倍，两次浮动区间的调整拉开了利率市场化最后攻坚战的序幕。

2013年7月，放开贷款利率下限，至此，对贷款利率的管制全面放开，接下来就剩存款上限了。

2015年3月—10月，扩大金融机构存款利率浮动区间。3月，存款利率浮动区间上限由1.2倍调整为1.3倍；5月，又由1.3倍调整为1.5倍，并放开金融机构小额外币存款利率浮动区间上限；10月，不再设置存款利率浮动上限，中国利率市场化进程在形式上基本完成。

2015年5月，正式开始实施《存款保险条例》，银行一旦破产，储蓄额小于50万的储户由保险公司赔偿。

2019年10月，允许金融机构人民币存款利率下浮。

一、利率风险

（一）利率风险的概念

利率风险是指由于市场利率变动的不确定性而给商业银行带来的风险。利率波动会导致商业银行资产与负债的收益、成本以及市场价值发生不利变化，从而为商业银行的利润增长带来不确定性。商业银行资产负债的非对称性通常会使商业银行遭受资金缺口风险：一是总量上，资产和负债的总量之间没有保持合理的比例关系，存差或借差缺口过大，导致大量资金沉淀在商业银行，并使商业银行承受了利率变动的风险；二是在期限结构上，商业银行的资产负债结构比例失衡，比如用短期负债支持长期贷款，当市场利率上升时，商业银行的负债成本加重、资产收益下降。

（二）影响市场利率的因素

中央银行的货币政策。自20世纪70年代以来，西方各国中央银行的货币政策偏重货币供给量的控制，即通过公开市场买卖政府债券和调整再贴现率等政策来控制货币供给量。一般来说，当中央银行扩大货币供给、公开买进政府债券及降低再贴现率时，市场上的可贷资金供给总量增加，市场利率下降；反之，当中央银行减少货币供给、公开卖出政府债券及提高再贴现率，市场上的可贷资金供给总量减少，市场利率则上升。

宏观经济环境。当宏观经济处于低迷时期，私人投资意愿下降，市场上贷款需求下滑，市场利率下降；当宏观经济处于快速发展时期，投资机会增加，私人投资意愿更为积极，市场上贷款需求增加，市场利率就会上升。

价格水平。名义市场利率为实际利率与通货膨胀之和。当宏观经济面临通货膨胀时，名义市场利率也相应提升。同时，由于通货膨胀造成物价上涨，公众的存款意愿下降，而工商企业的贷款需求上升，即供给下降、需求提升，造成市场利率进一步上升。反之亦然。

资本市场。当资本市场的投资收益率上升，譬如股票或债券投资收入大幅增加，公众会将更多的存款投入资本市场中去，从而导致商业银行吸收存款的能力下降，即商业银行的贷款供给减少，市场利率上升。反之，当资本市场投资处于低迷时期，投资股票或者债券收益率下降，银行便能够以较低的市场利率吸收存款，从而使得贷款利率下降。

国际汇率。汇率贬值，如果预期较强，则会引发外汇的流出；外汇的跨境流出则会导致市场出现流动性紧张，市场的实际利率就会上行。

二、利率敏感性缺口

在市场利率波动条件下，并非所有的资产和负债都受到影响。首先，利率变动不影响那些不生息资产和不计息负债，这类资产和负债既不产生利息收入，也没有利息支出。另外，在一定考察期内利率固定的资产和负债虽然计息，但其利息收入或支出在考察期内却不受利率变动的影响。这些资产和负债成为利率不相关资产和利率不相关负债。因此，在分析利率风险时，我们只考虑那些直接受利率变化影响的资产与负债。

银行新增贷款或证券资产收益率会随市场利率同向波动，虽然从表面看，银行负债利息成本率与资产收益率都与市场利率同方向波动，银行利差似乎变化不大，但是，应注意到这种可能性：可重新定价的资产与负债并不对称。因此，在一定条件下，市场利率的升降会对银行净利差收入产生影响。这也是利率敏感性缺口管理研究的核心问题。

（一）资产与负债利差与净利差

利差又称净利息收入，是银行的收入来源。利差的计算方法是用资产平均利息收入减去负债平均利息成本。比如某一年，我国1年期存贷利率水平是贷款7.29%，存款3.87%，则利差收入为3.42%。

净利差的计算方法是用资产平均利息收入减去负债平均利息成本和资产负债平均营业成本与资产风险成本。净利差再扣除税收则为资产净收益率（ROA）。银行的资产净收益率一般为0.4%—1.4%。

（二）市场利率变动对利差的影响

市场利率是不断变化的，尤其在我国实现市场利率化改革后，利率变动更为迅速。如果在存贷利率变动不一致的情况下，利差的变动显而易见会受其影响。但当存贷利率同步变动时，对商业银行利差收入仍然有影响：第一，如果银行浮动利率资产大于浮动利率负债，存贷款利率同步上浮后，银行的利差收入增加。第二，如果银行新增的营利性资产大于新增负债，银行的利差收入也会增加。第三，如果在计息期间银行到期资产（如贷款偿还）多于到期负债（如到期支付的存款），这些分别按升息后的利息放出或存入，银行的净利差收入也就上升。反之，银行的利差收入就会下降。

（三）利率敏感性缺口的概念与衡量

1. 利率敏感性缺口概念

利率敏感性缺口（GAP）也叫资金缺口，是指一定时期内利率敏感性资产（IRSA）与利率敏感性负债（IRSL）的差额。因此，在学习利率敏感性缺口之前，先来了解下利率敏感性资产和利率敏感性负债。

2. 利率敏感性资产和利率敏感性负债概念

所谓利率敏感性资产是指银行浮动利率资产和计算期到期可按新的利率水平重新定价的资产。利率敏感性负债是指银行浮动利率负债和计算期到期可按新的利率水平重新定价的负债。用公式表示为：

利率敏感性资产（IRSA）＝浮动利率资产＋到期可重新定价资产

利率敏感性负债（IRSL）＝浮动利率负债＋到期可重新定价的负债

利率敏感性资产主要包括浮动利率贷款、浮动利率债券以及在计算期即将到期的固定利率资产。比如说，2015年发放的3年期固定利率资产到2018年到期可收回本息，那么这笔资产在2018年就要列为浮动利率资产。利率敏感性负债主要包括浮动利率存款和银行发行的浮动利率金融债券，不过，大量的利率敏感性负债则是指即将到期的短、中、长期负债。比如，2017年存入的期限为1年的固定利率存款到2018年就要列为利率敏感性负债，因为存户到期提取存款以后，大多数情况下必然会用最近的存款利率重新存入银行。

3. 利率敏感性缺口衡量

利率敏感性缺口用公式可表示为：

利率敏感性缺口（GAP）＝利率敏感性资产－利率敏感性负债

利率敏感性缺口用于衡量银行净利息收入对市场利率的敏感程度。利率敏感性缺口可以为正值（利率敏感性资产大于利率敏感性负债）、负值（利率敏感性资产小于利率敏感性负债）或零值（利率敏感性资产等于利率敏感性负债）。当利率变动时，利率敏感性缺口的数值将直接影响银行的净利息收入。

专栏9-3　净利息收入计算的案例

假设A银行在未来3个月内的利率敏感性资产是200万元，而利率敏感性负债是100万元，那么它的利率敏感性缺口为100万元。如果在未来3个月内，市场利率上升，银行的净利息收入就会增加。反之，如果市场利率下降，该银行的净利息收入就会下降。假定存贷款的利率变化一致（上升或下降同样的利率百分点），那么净利息收入的变动就可以由下面的公式计算出：

净利息收入变动＝利率变动 × 资金缺口

如果市场利率上涨100个基点，即1%，A银行的净利息收入将增加1万元：

$1\% \times 100 = 1$（万元）。

如果A银行的资金缺口为-100万元，利率上升1个百分点将导致该银行的净利息收入下降1万元。

从以上例子可以看出，如果资金缺口为零，利率的变动对净利息收入无影响。不过这个结论只有当存贷款利率的变化完全一致时才正确。然而，在现实中，银行存款和贷款的利率变化不会是完全一致的，因此，即使利率敏感性缺口为零，市场利率的变动也会影响净利息收入。

4. 利率敏感性相对指标

利率敏感性系数是衡量银行利率风险的另一种手段，它表示利率敏感性资产与利率敏感性负债的比值：

利率敏感性系数＝利率敏感性资产 ÷ 利率敏感性负债

该系数大于1时，说明利率敏感性资产大于资产敏感性负债，表示银行处于正缺口状态；该系数小于1时，说明利率敏感性资产大于资产敏感性负债，表示银行处于负缺口状态；该系数等于1时，说明利率敏感性资产等于资产敏感性负债，表示银行处于零缺口状态。

此外，利率敏感性缺口与总资产比率和利率敏感性缺口与股东权益的比率这二者也是衡量利率风险的重要指标。值得注意的是，利率敏感性缺口表示了利率敏感性资产和利率敏感性负债之间绝对量的差额，而利率敏感性系数反映了它们之间相对量的大小。当利率敏感性系数接近1时，我们只知道利率敏感性资产接近利率敏感性负债，但它们之间的差额是多少并不知道。然而，当利率变动时，利率敏感性资产和利率敏感性负债之差的大小显然决定了净利息收入变动的大小。利率敏感性缺口直接影响银行净利息收入的水平，利率敏感性缺口越大，净利息收入受利率变化影响的程度就越高，商业银行承担的利率风险就越大，具体如表9-1所示。

表 9-1　利率变动与商业银行净利息收入变动之间的关系（假设存贷款利率变动一致）

资金缺口	利率敏感性系数	利率变动	利息收入变动	变动幅度	利息支出变动	净利息收入变动
正值	>1	上升	增加	>	增加	增加
正值	>1	下降	减少	>	减少	减少
负值	<1	上升	增加	<	增加	减少
负值	<1	下降	减少	<	减少	增加
零值	=1	上升	增加	=	增加	不变
零值	=1	下降	减少	=	减少	不变

三、资金缺口管理

资金缺口管理是指商业银行在对利率进行预测的基础上，调整计划期利率敏感性资产与负债的对比关系，用以规避利率风险或从利率风险中提高利润水平的方法。对资金进行缺口管理，首先要进行商业银行资产负债结构的利率敏感性分析，然后结合利率波动周期进行利率敏感性资金的配置。

（一）利率敏感性分析

商业银行在监测利率敏感性资金配置状况和利率波动风险时，常运用利率敏感性分析表来进行分析。利率敏感性分析报告也称利率敏性资产负债报表，是一种按时间跨度分段统计资金价格受市场利率影响的期限架构表。该分析表一般将1年时间的总跨度划分为相对短的若干时间段，分别统计每个时间段内的利率敏感性资产和利率敏感性负债数量，这二者的差值即为该时段的利率敏感性缺口。将各个时段的利率敏感性缺口累加起来即为累计缺口。

表9-2以一家商业银行为例，说明如何运用利率敏感性资金报告来分析银行利率敏感性缺口和风险。该表将该银行利率敏感性资产和利率敏感性负债按选择的时间间隔进行分类，分析的时间总跨度为1年。

表 9-2　××商业银行利率敏感性分析表（2020年1月1日）　　单位：千美元

	1个月内	3个月内	6个月内	12个月内	利率不相关项目	合计
资产						
现金与存放同业	0	0	0	0	13205	13205
短期金融工具	1504	1504	1504	1504	0	1504

续表

	1个月内	3个月内	6个月内	12个月内	利率不相关项目	合计
证券投资	300	3120	4081	5731	26370	32101
个人贷款	2307	5783	11680	20731	11410	32141
商业贷款	27281	29930	35421	38153	664	38817
不动产贷款	298	879	1703	3673	18045	21718
其他	0	0	0	560	6112	6672
资产总额	31690	41216	54389	70352	75806	146158
负债和股东权益						
活期存款	0	0	0	0	31632	31632
计息支票账户	9107	9107	9107	9107	0	9107
存折存款	0	0	0	0	6843	6843
货币市场账户	20012	20012	20012	20012	0	20012
小额存单	1341	3426	6204	10493	8845	19338
大额可转让存单	2794	11412	19897	30630	1448	32078
其他存款	380	1607	3014	7781	3883	11664
短期借款	3379	3559	3559	3559	0	3559
其他负债	0	0	32	167	924	1091
股东权益	0	0	0	0	10834	10834
负债和股东权益总额	37013	49123	61825	81749	64409	146158
期间缺口	-5323	-7907	-7436	-11397		
利率敏感性系数	0.86	0.84	0.88	0.86		

利率敏感性衡量

1个月内：

利率敏感性缺口 ＝ IRSA － IRSL ＝ 31690 － 37013 ＝ -5323

利率敏感性系数 ＝ IRSA ÷ IRSL ＝ 31690 ÷ 37013 ≈ 0.86

3个月内：

利率敏感性缺口 ＝ IRSA － IRSL ＝ 41216 － 49123 ＝ -7907

利率敏感性系数 ＝ IRSA ÷ IRSL ＝ 41216 ÷ 49123 ≈ 0.84

6个月内：

利率敏感性缺口 ＝ IRSA － IRSL ＝ 54389 － 61825 ＝ -7436

利率敏感性系数 ＝ IRSA ÷ IRSL ＝ 54389 ÷ 61825 ≈ 0.88

12个月内：

利率敏感性缺口 = IRSA － IRSL = 70352 － 81749 = -11397

利率敏感性系数 = IRSA ÷ IRSL = 70352 ÷ 81749 ≈ 0.86

从该银行的利率敏感性分析报告可知，如果短期利率下降，银行的净利息差额会提高，收益增加；如果短期市场利率上升，银行净利息差额则下降，收益减少。市场利率无论是短期还是中期发生变化，均会对商业银行绩效产生极大影响。对于实施利率敏感性缺口管理模型的商业银行来讲，利率敏感性分析报告的作用极为重要，它描述了不同时间段市场利率变动对商业银行净利息差额的潜在影响和影响程度。

（二）利率波动周期与资金缺口管理

商业银行面临的利率波动是由市场因素决定的外生变量，其变动独立于商业银行经营管理的决策之外。所以，对于商业银行的管理者来讲，进行利率敏感性缺口管理就要力争准确地预测利率的变动方向，及时调整资金缺口的方向与大小。然而，一些资金实力不够雄厚的中小商业银行缺乏足够的外部信息资料和专业技术分析人员，很难准确地预测利率变动的方向，它们往往采取防御性策略（或称免疫策略，即零缺口资金配置策略）来规避利率风险。在免疫策略下，商业银行固然有效地避免了由于利率变动给商业银行带来的利息损失，但同时也失去了获取利率变动可能给商业银行带来收益的机会。资金实力雄厚的大型商业银行有专门的技术人员对影响利率波动的因素（如产业周期、国内外资本流动、中央银行货币政策走势等）进行分析和判断，有能力较准确地预测利率变动的趋势，因此，大型商业银行往往采取进取型策略，在利率波动的不同阶段，主动调整资金缺口的大小与方向，利用利率变动获取收益。

（三）利率敏感性缺口分析方法的局限性

第一，预测利率在计划期内的走势并非易事。利率敏感性缺口管理建立在银行对利率走势准确预测的基础之上，但现实中市场利率的变动是单个银行所无法控制的，如果对市场利率走势判断错误，那么，由此产生的错误缺口管理策略会给银行带来亏损；即使银行对利率变化预测准确，银行对利率敏感性缺口的控制也只有有限的灵活性。

第二，利率敏感性缺口分析是一种静态分析方法。利率敏感性缺口分析只考虑了对银行利差收入的影响，并且假定未到期的固定利率资产和固定利率负债与市场利率变动毫无关系。实际上，市场利率变动对银行中长期资产价格估值有很大影响，比如，商业银行持有的固定利率的中长期国债价格会随着市场利率的上升而大幅度下跌，从而导致商业银行发生资本亏损。显然，利率敏感性缺口分析完全忽略了这一类问题。

第三节 持续期缺口的衡量与管理

在利率敏感性缺口分析管理中，固定利率的资产和负债是不考虑的，因为它们不受市场利率变动的影响，但是它们并非没有风险，其市场价值同样会受市场利率波动的影响。比如，商业银行持有的固定利率的中长期国债的市场价格，一般是与市场利率反方向变动：市场利率上升，债券资产价格下降；市场利率下降，债券资产价格上升。这些国债价格的变动会使得商业银行权益净值发生变化，从而可能导致股东权益受损。持续期缺口管理就是通过商业银行的综合资产和负债持续期缺口调整的方式，来控制和管理在利率波动中由总体资产负债配置不当给商业银行带来的风险。

一、持续期的概念和衡量

（一）持续期的含义

持续期又称久期，是指固定收入金融工具的所有预期现金流入量的加权平均时间，是由美国经济学家弗雷德里克·麦考利在1938年提出的。持续期最初是用来衡量固定收益债券的实际偿还期，可以用来计算市场利率变化时债券价格的变化程度。在相当长一段时期内，经济理论学者们和银行家们并未重视和运用这个概念，直到20世纪70年代以后，随着西方国家的商业银行面临较大的利率波动风险，人们才开始在理论和实践中探讨持续期的应用。

（二）持续期衡量

持续期是指固定收入金融工具的所有预期现金流入量的加权平均时间，或是固定收入金融工具未来的现金流量在其价格变动基础上计算的平均时间。其计算公式为：

$$D = \frac{\sum_{t=1}^{n} \frac{t \times C_t}{(1+i)^t} + \frac{n \times F}{(1+i)^n}}{P} \tag{9-1}$$

式中，D 为持续期，t 为各现金流发生的时间，C_t 为金融工具第 t 期的现金流或利息，F 为金融工具面值（到期日的价值），n 为该金融工具的期限，i 为市场利率，P 为金融工具的现值。

由于现值的公式为：

$$P = \sum_{t=1}^{n} \frac{C_t}{(1+i)^t} + \frac{F}{(1+i)^n} \tag{9-2}$$

将现值公式（9-2）代入持续期公式（9-1）可以得到：

$$D = \frac{\sum_{t=1}^{n} \frac{t \times C_t}{(1+i)^t} + \frac{n \times F}{(1+i)^n}}{\sum_{t=1}^{n} \frac{C_t}{(1+i)^t} + \frac{F}{(1+i)^n}} \tag{9-3}$$

式（9-3）的分子分母可以表明，持续期实际上是加权现金流现值与未加权现金流现值之比。为了更好理解持续期，接下来以具体案例形式来计算。

【例9-1】一张债券面值为100单位，期限为5年，年利息率为10%，每年付息一次，到期还本，则其持续期为：

$$D = \frac{\sum_{t=1}^{n} \frac{t \times C_t}{(1+i)^t} + \frac{n \times F}{(1+i)^n}}{\sum_{t=1}^{n} \frac{C_t}{(1+i)^t} + \frac{F}{(1+i)^n}}$$

$$= \frac{\frac{10}{1+0.1} \times 1 + \frac{10}{(1+0.1)^2} \times 2 + \frac{10}{(1+0.1)^3} \times 3 + \frac{10}{(1+0.1)^4} \times 4 + \frac{110}{(1+0.1)^5} \times 5}{\frac{10}{1+0.1} + \frac{10}{(1+0.1)^2} + \frac{10}{(1+0.1)^3} + \frac{10}{(1+0.1)^4} + \frac{110}{(1+0.1)^5}}$$

$$= 4.17 (年)$$

【例9-2】一张10年期、面值为1000元、年利率为10%的带息票债券，其现金支付等价于如下一组零息债券：

一张1年期、面值为100元的零息债券（第1年支付）。

一张2年期、面值为100元的零息债券（第2年支付）。

一张3年期、面值为100元的零息债券（第3年支付）。

……

一张10年期、面值为100元的零息债券（第10年支付）。

一张10年期、面值为1000元的零息债券（第10年支付）。

这张带息票债券的持续期等于这一组零息债券的持续期。这组零息债券的持续期是各单一零息债券持续期（实际期限）的加权平均值，权重为各单一零息债券价值占整个一组零息债券价值的比例。持续期的计算见表9-3。

表 9-3　持续期计算表

年数	现金支付的现值（PV）（零息债券）/元	现金支付的现值（i = 10%）/元	权重（PV/1000）	加权的期限（年份数 × 权重）/年
1	100	90.91	9.091%	0.09091
2	100	82.64	8.264%	0.16528
3	100	75.13	7.513%	0.22539
4	100	68.30	6.830%	0.27320
5	100	62.09	6.209%	0.31045
6	100	56.44	5.644%	0.33864
7	100	51.32	5.132%	0.35924
8	100	46.65	4.665%	0.37320
9	100	42.41	4.241%	0.38169
10	100	38.55	3.855%	0.38550
10	1000	385.54	38.554%	3.85540
总计		1000	100%	6.75890

由表9-3计算的结果可知，这组零息债券的持续期为6.7589年。因此，上述面值为1000元，票面利率10%的带息债券持续期为6.7589年。

从例9-2可知，债券的到期期限为10年，而有持续期为6.7589年，持续期小于偿还期。这意味着若某金融工具在持有期间不支付任何现金流或利息，则其持续期就等于偿还期；若该金融工具在持有期间有现金流支付行为，则其持续期总是短于偿还期。持续期衡量了一系列固定的现金流量的平均期限。在例9-2中，6.7589年的持续期为回收该笔现金投资（债券投资）的平均时间。从式（9-3）可知：持续期与偿还期呈正相关关系，偿还期越长，持续期越长；持续期与现金流量呈负相关关系，持有期间，现金流越大，持续期则越短，即持续期是证券偿还期（N）和现金流量（C）的函数。

用公式表示为：

$$D = D(\overset{+}{N}, \overset{-}{C}) \tag{9-4}$$

公式中的正负号表示持续期是证券偿还期的增函数，是证券现金流量的减函数。

从商业银行长期利率风险管理视角看，持续期是一个非常重要的概念，因为商业银行某一资产或负债的市场价值的变化率近似地等于该资产或负债的持续期与对应的利率变化量的乘积，其公式为：

$$\frac{\triangle PV}{PV} = -D \times \frac{\triangle i}{1+i} \tag{9-5}$$

式（9-5）中，PV 为某一项资产或负债的市场价值，因此，等式左边为资产或负债市场价值的变化率，Δi 为对应资产或负债利率的变化率。式（9-5）指出商业银行资产或负债的市场价值与预期利率变动呈反向关系；银行金融工具的利率风险与其持续期呈线性关系，持续期越长，利率变动引起的资产或负债价值变动率越大，银行资本市场价值震动幅度也就越大。

二、持续期缺口管理

持续期缺口管理是指商业银行通过调整资产与负债的期限和结构，采取对商业银行净值有利的持续期缺口策略，规避商业银行资产与负债的总体利率风险。

当市场利率变动时，不仅各种利率敏感性资产与负债的收益与支出会发生变化，对利率不敏感的资产与负债的市场价值也会不断变化。

持续期缺口是商业银行资产持续期与负债持续期和负债资产系数乘积的差额，用公式表示为：

$$D_{gap} = D_A - \alpha D_L \tag{9-6}$$

其中 D_{gap} 是持续期缺口，D_A 为总资产持续期，D_L 为总负债持续期，α 为资产负债率，即总负债/总资产。由于商业银行负债 L 总是小于资产 A，所以 $\alpha<1$。

对于固定收入金融工具而言，市场利率引起金融工具价格反方向变动。因此，当持续期缺口为正值时，商业银行净值的市场价值随着利率上升而下降，随利率下降而上升；当持续期缺口为负时，商业银行净值的市场价值随市场利率升降同方向变动；当持续期缺口为零时，商业银行净值的市场价值不受利率波动的影响。具体分析见表9-4。

表9-4 持续期缺口对商业银行净值的影响

持续期缺口	利率变动	资产价值变动	变动幅度	负债价值变动	市场价值变动
正值	上升	减少幅度	>	减少幅度	下跌
正值	下降	增加幅度	>	增加幅度	上涨
负值	上升	减少幅度	<	减少幅度	上涨
负值	下降	增加幅度	<	增加幅度	下跌
零值	上升	减少幅度	=	减少幅度	不变
零值	下降	增加幅度	=	增加幅度	不变

持续期缺口管理是基于银行市场价值的波动来衡量银行面临的利率风险的，它考虑了银行资产与负债每笔现金流量的时间价值，是一种动态的分析方法。相对于利率敏感性缺口管理，它更加全面和客观地反映了银行利率风险。持续期缺口管理与敏感

性缺口管理的大方向是一致的。例如，在升息周期，为了扩大敏感性正缺口，银行应该减持中长期证券，减少固定利率中长期贷款，增持短期资产；在负债方面，银行应增加固定利率的中长期负债，减少短期负债。这样做的结果，恰恰与持续期缺口管理不谋而合，持续期缺口也会因此而缩小或者扩大，有利于银行市场价值的上升。

但是持续期缺口管理方法仍然存在不少局限性。第一，从理论上看，持续期缺口模型假定银行每一项资产或负债的市场价值的变动率是可以评估的，但是实际上，除银行发行的金融债券和持有的可变现证券资产外，银行大部分融资工具和资产是不可上市交易的，这就大大削弱了对其"市场价值"研究的意义。第二，持续期本身的计算是一个很困难的问题，并且，要估算资产未来的现金流量并非易事。第三，持续期缺口模型认为，证券价格的变动和利率变动呈线性关系，没有考虑利率变动对银行净资产价值评估模型的影响。利率的变动同时也影响到了价值评估模型的折现率，从而直接影响评估结论。

第四节 应用金融衍生工具管理利率风险

自20世纪70年代起，由于西方各工业国逐渐放松金融管制，市场利率出现频繁的大幅度波动，利率风险成为商业银行的主要风险之一，资金缺口管理与持续期缺口管理都被西方商业银行作为防范利率风险的资产负债管理方法。持续期的零缺口管理是商业银行通过调整资产和负债的有效久期，使得总资产的平均持续期等同于总负债的平均持续期乘以负债资产系数，就可以在很大程度上减少由利率变动的不确定性带来的风险。但是在实际操作中，要维持持续期缺口为零几乎是不可能的，即使银行可以勉强做到这一点，其操作成本也往往使得该方法得不偿失。因此，随着金融创新的不断发展，一些新的减少或消除利率风险的金融工具应运而生，常用的有：远期利率协议、利率期货和利率互换等。下面我们将分别讨论这些金融工具在利率风险管理中的应用。

一、远期利率协议

远期利率协议是一种远期合约，该合约的交易双方在订立协议时就约定在将来的某个特定日期，按照规定的货币、金额、期限和利率进行交割。这种交易的特点就是并不涉及协议本金的收付，而是在某个特定的日期（即清算日），按规定的期限和本金金额，由一方向另一方支付根据协议利率和协议规定的、参考利率计算出来的利息差额的贴现金额。远期利率协议本质上是一种利率的远期合同，是为了防范利率波动而预先固定远期利率的金融工具。远期利率协议的买方是为了防止利率上升，希望现在就确定将来的利率；远期利率协议的卖方是为了防止利率下跌，希望不要因为利率下跌而遭受收益损失。

远期利率协议主要具有以下几个特点：一是具有极大的灵活性。远期利率协议作为一种场外交易工具，能够用于一切可兑换货币，其交割日也不受限制，合同条款可以根据客户的要求"量身定制"，以满足个性化需求。二是并不进行资金的实际借贷，尽管名义本金额可能很大，但由于只是对以名义本金计算的利息的差额进行支付，因此，实际结算量可能很小。三是不需要缴纳保证金，即在结算日前不必事先支付任何费用，只在结算日发生一次利息差额的支付。远期利率协议产生于伦敦金融市场，并迅速被世界各大金融中心接受。

在一般情况下，远期利率协议的参考利率是伦敦银行间同业拆借利率（LIBOR）。在远期利率协议的交割日，先计算远期利率协议中规定的协议利率和参考利率的差额，将该差额乘以协议期限和本金，然后再按照参考利率进行贴现，得出的金额就是交割金额。

专栏9-4　远期利率协议的案例

假定甲公司预期在未来的3个月内将借款100万美元，借款的时间为6个月。假定该公司准备以伦敦银行间同业拆借利率（LIBOR）获得资金。现在LIBOR为6%，公司希望筹资成本不高于6.5%，为了控制筹资成本，该公司与B客户签署了一份远期利率协议。

交易的B客户担心未来利率会下降，希望资金利率为6%以上。

最终协议约定的利率为6.25%，名义本金100万美元，协议期限为6个月，自签订起3个月内有效。这在市场上被称作3—9月远期利率协议。

协议规定，如果3个月有效期内市场的LIBOR高于6.25%，协议的B客户方将向甲公司方提供补偿，补偿的金额为利率高于6.25%部分6个月期的利息。

如果在3个月有效期内，利率低于6.25%，协议的甲公司方将向B客户方提供补偿，补偿的金额则为利率低于6.25%部分6个月期的利息。

如果在3个月有效期内规定利率正好为6.25%，则双方不必支付，也得不到补偿。这样，无论在有效期内市场利率发生什么样的变化，双方都锁定了自己所需的利率。

如果在有效期内，6个月期贷款利率涨了，比如涨到7%，甲公司方就可以从B客户方获得3750美元（0.75%×1000000×6/12=3750）的补偿。这样甲公司方在市场上虽然是以7%的利率借的资金，但是考虑到所得到的补偿，实际的利率被控制在6.25%的水平上。

如果在有效期内，市场的利率没有达到6.25%的水平，比如只有5.75%，B客户方就可以从甲公司方获得2500美元（0.50%×1000000×6/12=2500）的补偿。这样B客户方在市场上虽然是以5.75%的利率储蓄的，但是考虑到所得到的补偿，实际得到的利率仍然是6.25%。

协议中的参考利率常常选择那些不太容易被操纵的有明确定义的利率，譬如LIBOR、银行优惠利率、短期国库券利率等。

二、利率期货

利率期货是指交易双方在集中性交易市场上以公开竞价方式所进行的利率期货合约交易。利率期货合约具有标准化、低成本、集中交易等特点，具有较好地规避利率风险的功能。

利率期货合约主要是通过期货的买卖来抵消因利率变动对现货交易可能造成的损失。一般来说，期货利率和现货利率的变动方向是一致的，当利率发生变动时，银行未来的现金流入量和现金流出量都会受影响。比如，当市场利率下降时，未来的现金流入量再投资的收益率将会下降。由于金融期货的价格走向和利率变动的方向相反，通过在期货市场上购买金融期货合约，银行能避免利率下降的损失，从而稳定现金流入量。这种在期货市场上买进期货合约的交易又称作多头交易。下面的例子能帮助我们了解这种套期保值的方法。

假设某银行在未来的2个月内将有一笔100万美元的现金收入，准备用来投资3个月期限的欧洲美元定期存款，目前的市场利率是8.80%。该银行的决策者担心市场利率会下降，从而使得在投资这笔资金时，银行的利息收入会下降。为保证这笔资金的价值，即保证利率能接近或达到当前的市场利率，银行决策者考虑在期货市场上购买欧洲美元期货合约，这样，一旦市场利率真正下降，从期货市场上获得的收益就能补偿银行在现货市场上的损失。表9-5汇总了这一过程。

表 9-5 利率期货的套期保值

日期	现货市场	期货市场	基本差价
7月20日	市场利率为8.80%，银行预计在2个月内将有一笔100万美元的现金流入，准备用来购买3个月期的欧洲美元定期存款。	银行买进一张12月份到期的3个月期的欧洲美元期货合约（面值100万美元），利率9.10%，价格90.90万美元。	9.10% － 8.80% = 0.30%
9月22日	银行投资100万美元购3个月期的欧洲美元定期存款，利率8.55%。	银行卖出一张12月份到期的3个月期的欧洲美元期货合约，利率8.82%。	8.82% － 8.55% = 0.27%
净影响	机会损失：8.80% － 8.55% = 0.25%，1个基点值25美元，25个基点共损失625美元。	期货收益：9.10% － 8.82% = 0.28%，1个基点值25美元，28个基点共获利700美元。	基本差价的改变：0.27% － 0.30% = －0.03%
总收入利息收入：1000000×8.55%×（3/12）= 21375（美元）期货交易收入：700美元 合计：22075美元 有效收益率：22075/1000000×（12/3）= 8.83%			

从表9-5中可以看出，如果不计期货交易的手续费，由于利率下降，该银行虽然在现货市场上损失了625美元，但在期货交易中获得了700美元的利润。利率下降的风险转嫁给期货市场上的投机者，银行本身的收益率甚至超过了当时的市场利率。实际上，银行的有效收益率等于开始时的现货市场利率减去基本差价（期货利率与现货利率之差）的改变，即：

有效收益率＝8.80%－（－0.03%）＝8.83%

通过期货交易，银行仅有的风险是基本差价的改变。考虑到期货利率和现货利率的变动方向一致，这种风险相对于利率变动的风险要小得多，而且银行也比较容易预测基本差价的变动方向。这样，期货市场上的多头交易消除了利率下降的风险。不过，如果市场利率上升，期货合约的价格将下降，多头期货交易带来亏损，但这种亏损能由银行在现货市场上的获利得到补偿。期货交易减少或消除了因利率变动而产生的收益不确定性，从而能"锁定"银行的收益率。

商业银行在利用利率期货进行套期保值的过程中，要随时注意市场利率的变化和自己的风险现状，检查保值效果，适时调整期货合约的方向与数量。需要注意的是，商业银行通过利率期货进行套期保值，虽然避免了利率不利变动带来损失的可能性，但也放弃了利率变动带来额外收益的可能性。

三、利率互换与期权

(一) 利率互换

利率互换是指两个或者两个以上的当事人,按照事先商定的条件,由固定利率换为浮动利率或由浮动利率换为固定利率,从而减少或消除利率风险的金融交易方式。利率互换于1980年首次出现在欧洲证券市场上,当时主要是那些从事国际货币业务和国际资本业务的金融机构,利用利率互换来减少利率变动带来的风险。此后,利率互换交易发展迅速。利率互换交易的定价一般是以伦敦银行间同业拆借利率为基准利率,商业银行通过利率互换能使资产与负债的期限更紧密地配合,达到规避利率风险的目的。

最常见的利率互换是用来改变利息支付的性质的,即由固定利率换为浮动利率或由浮动利率换为固定利率,从而减少或消除利率风险。利率互换一般以第三方作为中介人,投资银行和大型商业银行都可以扮演中介人的角色,从中赚取一定的佣金。由于利率互换的本金只是名义上的,互换银行各自的资产和负债并不改变。通过利率敏感性资产和利率敏感性负债以及利率结构的表外重组,互换银行能达到避免风险的目的。具体利率互换过程见图9-1。

图 9-1 利率互换过程

假定有两家商业银行,银行 A 的资金缺口为负值,而银行 B 的资金缺口为正值。从本章内容资金缺口分析中我们知道,两家银行的净利息收入都会受到利率变动的影响。所不同的是,银行 A 的风险是一旦利率上升,它的净利息收入将下降,而银行 B 面临的是利率下跌的风险。通过利率互换,两家商业银行都可以"锁定"利息收入,从而规避利率变动带来的风险。

两家银行分别与中介机构签订合约,进行利率互换;中介机构收取一定的佣金,保证互换合约的履行,并承担双方不履约的风险。

如果市场利率上升,银行 A 从互换中获利,用来补偿由于资金正缺口和利率下降导致的利息收入的下降。反之,如果利率下降,银行 B 将从互换中获利,从而补偿减少的利息收入。当然，像利率期货交易一样，银行虽然避免了风险，也失去了利率向有利的方向变动产生的收益。利率互换可以是短期的，也可以是中期或长期的（如10年或更长），因此，就期限而言，这一金融工具比利率期货灵活。利率互换不但能避免利率风险，也可以为银行带来套利的机会，减少筹资成本。从理论上来说，这就好像利用比较优势的国际贸易能为双方带来好处一样。

（二）利率期权

利率期权的买方获得一种权利，可以在到期日或期满前以预先确定的利率（即执行价格），按照一定的期限借入或贷出一定金额的货币。商业银行既可以通过购买买入期权或卖出期权来保值，也可以通过出售买入期权或卖出期权来赚取期权费，从而达到保值的目的。卖方从买方收取期权费，同时承担相应的责任。利率期权是一种规避利率风险的有效工具。利率期权的优点在于，如果期权所有人认为执行该项交易对自身不利，可以不必履行期权合约。但是，由于作为期权费用的权利订金较高，要有相当大的有利的价格（或利率）变动，银行才能获利。

期权交易者在进行期权交易时，需要注意美国期权和欧洲期权的差别。美国期权的买方可以在期权期限以内的任何时候要求行使权利，而欧洲期权的买方必须等到期权到期日当天才能要求卖方实施承诺。所以美国期权的买方有可能在价格（或利率）最有利的时候，要求实施期权赋予的买卖金融资产（或其他实物）的权利。相对于欧洲期权，美国期权的买方有更大的灵活性。

在利率期权交易中，不仅需要明确是借款人期权还是贷款人期权，还需要明确以下内容：借贷的货币及金额、借贷的起息日和到期日、执行价格、期权费、期权的到期日等。例如，某商业银行将在3个月后收入一笔金额为1000万元的资金，并计划在收到后做6个月的贷款运用。商业银行担心今后几个月的短期利率有可能发生变化，为了避免利率下降可能带来的损失，商业银行选择用贷款人利率期权来固定利息收入。商业银行买入金额为1000万元、有效期为3个月的欧洲期权，执行价格为6%，贷款期限为6个月，按照年利率0.25%支付期权费。这份期权合同在3个月到期后，如果市场利率跌至6%以下，商业银行将执行期权并获得执行价格与市场利率之差的收益，由此抵补了市场利率下降使商业银行贷款所受到的损失。如果市场利率上升到6%以上，商业银行将放弃执行期权，并按照市场利率进行放贷。在购买利率期权后，商业银行最大的损失就是期权费用支出，而其收益将随着市场利率的上升而增加，并且没有上限。

商业银行能够买入期权，也能够卖出期权，但商业银行通常是期权的买方，而不是卖方。期权的卖方与买方相比，面临更大的不确定性风险。作为期权的卖方，其确定的收益是买方所支付的期权费，但当市场利率向不利于卖方的方向变动时，其潜在的损失却大得多。因此，银行监管部门往往禁止商业银行在一些高风险领域卖出期权，并要求任何买入的期权与商业银行所面对的特定风险敞口相联系。

案例分析与创新思考

中行原油宝事件始末

跌破平仓线，保证金会血本无归，大多数人对期货的了解仅限于此。但最近，历史罕见"负油价"造成的穿仓事件，正以一种残酷的方式发酵。

中国银行原油宝客户抄底失败、倒欠银行钱的事在这几日引起了轩然大波。简单来说，就是有一批投资中行原油宝的做多客户，以为最近遇上了低价"抄底"良机，随后在2020年4月20日晚，美国原油05合约出现历史上最低结算价，并且是负值结算，结果这部分投资者不仅本金亏完，还面临倒欠银行数倍本金的情况。

与期货相关的，不乏一夜暴富的故事，也有大起大落的悲剧，但更多的是籍籍无名的人连大起的门槛都没摸到，就跌落深渊不得翻身了。

中行原油宝穿仓，投资者倒欠银行。疑问被不断抛出，当保证金跌至20%时，中行原油宝为何不强平？为何中行没有提前告知客户风险？巨大争议之下，当中的损失差距该由谁来承担？

一、为什么会出现"负油价"

当地时间4月20日，美国西得州轻质原油期货5月结算价收于每桶－37.63美元，这是芝加哥商品交易所集团WTI原油期货合约上市以来第一个负值结算价。

这也是原油市场历史上绝无仅有的一次波动——卖方必须向买方支付购买原油期货费用。

油市恐慌蔓延的主要原因是全球新冠疫情影响了经济活动，供给过剩造成原油需求大幅下滑，原油价格大幅下跌。与此同时，全球原油及成品油储存空间日益稀少，导致即将到期交付的原油现货成为交易商之间的"烫手山芋"。

2020年4月20日，纽约商品交易所5月交货的轻质原油期货价格下跌55.90美元，收于每桶－37.63美元，跌幅为305.97%。6月交货的伦敦布伦特原油期货价格下跌2.51美元，收于每桶25.57美元，跌幅为8.94%。

在弄清"负值油价"之前，我们首先要明白，大宗商品期货交易本身产生的原因。期货对应着现货的价格趋势，简单来说，期货是一份契约合同，代表对未来市场的价格预期。不同月份的合约之间存在不同差价，因此有风险管理需求的现货商们通常利用期货交易来规避价格变动的风险，也可用来从事投机活动。其次，与能长期持有的股票不一样，期货有固定的到期日，会在约定时间以约定价格进入交割。而期货的绝大部分交易者并不是在市场上进行买卖现货，也不会接触到实物商品，所以必须要在期货即将到期的时候，提前从合约上撤出，接着购入下一活跃期的期货。行业内称这个时段为"展期"，这个过程，用行话来说叫作"移仓换月"。从一系列操作过程可以看出，期货是一个纪律性、自律性、风险管理都要求特别严格的市场。

再来看美原油05合约暴跌，为什么会出现"负油价"。

4月21日，是美原油05合约的最后交易日，交易商需要在这个日期前，将手头持仓的多头合约进行卖出平仓，并且是不计成本地卖出，因为如果不这样做，意味着将收到原油现货，而届时将会耗费巨大的交易成本来接货。这种成本包括了仓储、运输，甚至倒掉后的环保罚款等。也就是说，你不能坐个飞机去"提货"，手头有油也没法免费送人，还得补贴给交易对手各种成本。多头互相踩踏，空头推波助澜，油价便跌成了"负值"。

中国银行官网资料显示，原油宝是中国银行面向个人客户发行的挂钩境内外原油期货合约的交易产品。按照报价参考对象不同，包括美国原油产品和英国原油产品。其中，美国原油对应的基准标的为"WTI原油期货合约"，英国原油对应的基准标的为"布伦特原油期货合约"，并均以美元（USD）和人民币（CNY）计价。

4月22日早上，中国银行发布公告称，20日WTI原油5月期货合约CME（芝加哥商品交易所）官方结算价 – 37.63美元/桶（人民币价格为 – 266.12元/桶）为有效价格。同时，自4月22日起暂停客户原油宝新开仓交易。

二、投资者的质疑

在一张网络上广为流传的结算单上，这位投资者投入本金388.46万元，但如今总体亏损超900万元，倒欠了银行530多万元。

这就是期货交易中的"穿仓"。"穿仓"就是指客户不仅将开仓前账户上的保证金全部亏掉，而且还倒欠期货公司的钱。随后中国银行发出通知，要求投资者补充这部分穿仓亏损。这意味着，这批中行原油宝的做多客户将承担这次"负油价"的全部损失。一般投资者的思考极限就是本金亏干净，哪能想到期货还有"负值结算"这回事。愤怒的投资者"认亏不认宰"，他们认为是中国银行原油宝设计规则存在重大缺陷，导致了这次的巨额亏损。

首先受到投资者质疑的一点就是，中国银行原油宝协议为跌至20%保证金时强平，但在跌至20%时，中国银行没有起到应有的风险控制作用。受到质疑的第二点则是，中行原油宝的交易时间与国际市场不匹配——超过22：00，国际市场仍在交易，这一交易时间差使得投资者无法及时做出操作指令。还有令投资者不解的是，国内除中国银行之外，其他银行，比如工商银行、建设银行，早在4月14日到4月15日就已经基本完成了换月工作，平仓价格基本在20—21美元/桶。而中国银行选择在合约到期交割前一日才进行轧差与移仓。

针对"跌至20%保证金时强平"这一问题，中国银行回应称，中国银行原油宝若为合约最后交易日，则交易时间为8：00—22：00，超过22：00银行则不会进行强平操作，而保证金是在4月21日22：00后跌至20%以下的。也就是说，对于已确定进入移仓或到期轧差处理的，中国银行将按当日交易所期货合约的官方结算价为客户完成到期处理，不再盯市、强平。颇为戏剧性的是，"晚移仓"曾被当作是中行产品的一个优势所在，这是合同里写好的。相比之下，工商银行和建设银行原油合约转期较早，但4月14日的差价也曾令多头十分难受。所以，那时还有部分投资者庆幸自己选择的是中行产品。有分析人士指出，中国银行选择交割前一日才移仓，可能是基于降低移仓成本损失的考量，因为期货合约报价越临近交割日，则越贴近现货价格。理论上，这种设计更贴合国际油价市场。

尤其值得一提的是，油价的"负值结算"与芝加哥商品交易所修改交易规则有关。早在4月8日，芝加哥商品交易所表示，正在对软件重新编程，以便处理能源相关金融工具的负价格。4月15日，芝加哥商品交易所发布测试公告称，如果出现零或者负价格，所有交易和清算系统将继续正常运行。可以看出，在风险控制上，中行的产品设计并未考虑到"负油价"这样的极端情况，在芝加哥商品交易所发布公告后也没有提前规避风险，拖到交割前一日才进行移仓操作，所以才造成了如今的局面。最让人不明白的是，中国银行曾以短信方式提示原油价格波动剧烈、升水差价较高的风险，但并没有将芝加哥商品交易所"负值结算"的规则变动告知客户。

简单总结一下，在风险控制上，并不能简单地说中行和工行的产品设计孰优孰劣，但中行产品的设计存在的问题在于没有考虑到极端情况的出现，且未提前告知客户足够的交易风险。

而按照中行原油宝适用的《中国银行股份有限公司个人账户商品业务交易协议》，其中对于银行的追索权也有相关规定。

三、中行态度转变

在这一事件中，中国银行的投资者适当性管理也受到了质疑。这类"账户原油"

产品，大多是为个人客户提供的，随期货原油价格波动，但对于这样一款挂钩国际贸易的高风险产品，中国银行微银行在微信宣传文案中将它定位为一款"好玩、有趣又可以赚钱"的产品，并推荐给"投资小白"。事实上，"负值结算"在期货交易当中并非罕见事，只不过一般的投资者不熟悉其交易机制。并且，普通人想要通过准确判断大宗商品价格的走势来获利，实在太难了。

在中国金融市场，银行一直是"低风险"代表的存在，在国有商业银行的理财产品上付出血泪教训，这是普通投资者很难接受的一点。

而在这个事件中，中国银行最大的代价莫过于失去了市场信任。

4月24日晚间，中国银行又一次发布了关于原油宝产品情况的说明，相比上一次的回应，态度更为恳切。中行指出，在4月20日结算日，约46%中行客户主动平仓离场，约54%中行客户移仓或到期轧差处理，即有超过一半的客户未平仓，最终以-37.63美元/桶的价格结算。与此同时，中行还表示，对投资原油宝产品遭受损失深感不安，将全面审视产品设计、风险管控环节和流程，在法律框架下承担应有责任。[1]

思考：

1. 中国银行为什么选择最后一个交易日作为移仓结算日？为什么其他机构比如工行、建行选择早几日移仓？

2. 中国银行在客户叙做交易前，是否充分揭示产品风险？如何判断客户的适合度？

3. 此事件对其他商业银行有何警示意义？

本章小结

1. 利率风险是商业银行的主要金融风险之一，由于影响利率的因素很多，利率的变动难以预测，银行管理的重点之一就是怎样控制利率风险。

2. 利率变动影响利率敏感性资产和利率敏感性负债的利息收入和支出。资金缺口

---

[1]林克：行原油宝事件始末，转载于https://baijiahao.baidu.com/s?id=1664925170401307873&wfr=spider&for=pc，访问日期：2022年5月15日。

可以衡量利率变动对净利息收入的影响,利率敏感性系数也常用来衡量银行的利率风险。

3. 资金缺口管理就是根据预测的利率变动调整资金缺口的正负和大小,以获得最大的净利息收入;但是在实际操作中,预测利率和调整缺口都面临诸多困难。

4. 持续期缺口可以用来分析银行的利率风险,该缺口的绝对值越大,银行对利率的变动就越敏感。

5. 由于利率变动难以准确预测,银行常常利用利率期货、利率期权和利率互换等金融工具或方法来套期保值,降低风险。

思考与练习

1. 什么是利率风险?影响市场利率的因素有哪些?
2. 什么是资金缺口?试分析资金缺口和利率变动对商业银行收益的影响。
3. 什么是持续性缺口?为什么要用持续性缺口来分析利率风险?
4. 某债券的面值为1000元,2年到期,年利率为5%,市场利率为6%。根据预测,在2年内将保持不变。请计算该债券的持续期。如果市场利率从6%上升至7%,该债券的市场价格将改变多少?

第十章　国际银行业务战略管理

> 【学习目标】
> 1. 了解商业银行的国际扩张形势及面临的全球竞争。
> 2. 熟悉跨国银行的风险种类及风险管理的基本方法。
> 3. 熟悉跨国银行的国际结算、外汇买卖及国际信贷等业务。

国际银行业务起源于国际贸易的发展。在传统上，贸易融资是一种主要的国际银行业务。不过，国际银行业务的真正发展却是近几十年的事。自20世纪70年代以来，各主要发达国家相继放宽金融管制，国际金融市场逐步完善并趋于一体化，再加上先进技术如计算机的广泛应用，国际银行业务便成为各国商业银行逃避本国管制、寻求更大的发展空间、追逐更高利润的重要手段。近年来，很多跨国银行的国际业务收入已超过了国内收入，有些银行甚至靠国际业务的收入来填补国内业务的亏损。银行业务国际化成为当前商业银行发展的大趋势之一，而且这种趋势还将继续下去。所以，讨论国际银行业务及风险管理对商业银行的发展有重要意义。

第一节　国际银行业务概述

国际业务是指商业银行所有以外币为载体开展的业务，或针对外国居民开展的业务，包括结算、融资和资金类业务。因此，商业银行国际业务包括两层含义：一是指跨国银行在国外的业务活动;二是指本国银行在国内所从事的有关国际业务的活动。随着人民币国际化进程的不断推进,人民币的国际使用程度日益提高,国际业务还包括以人民币为载体开展的跨境业务。

一、商业银行的国际扩张

商业银行是第一批涉足国际市场并提供服务的金融机构,第一批经营全球业务的银行主要分布在地中海周围的全球贸易中心地区,包括雅典、开罗、耶路撒冷和罗马等;银行资助商人运输并销售原材料和货物,为当地商人和旅行者兑换不同国家的货币。例如美国,在殖民阶段和刚进入19世纪时,主要就是由外国银行满足国内商业的融资需求。最早在国际银行业中占主导地位的是意大利的银行。其后,欧洲的比利时、荷兰等国的银行不断扩张它们的国际业务,这些国家成为金融大国。再后来,随着英格兰银行的建立与发展,伦敦逐渐成为国际金融中心。第二次世界大战结束以后,各国逐步放弃关税壁垒、放松外汇管制,非官方的资金流动量逐渐增加,银行在对国际贸易中产生的短期自偿性商业票据提供融资便利的同时,也开始对经官方担保的借款人发放较长期限的贷款。同时,第二次世界大战以后的世界经济和贸易迅速增长,国际经济关系日益密切,运输、通信技术高速发展,为商业银行向外扩张提供了客观基础;跨国公司雄厚的经济实力和遍布全球的业务机构,迫使商业银行为适应客户的需求,大力开展国际业务。20世纪60年代中期,欧洲货币市场的发展为银行的全球化战略奠定了坚实的基础。该市场跨越国界,资金在不同国家的银行间迅速流动,凡是信誉良好的银行,都可以在资金短缺时通过欧洲货币市场筹集资金。这样一来,那些只经营国内业务的银行在竞争中处于明显的不利地位。当时,美国的有些法律不允许银行跨州经营,也不允许商业银行从事投资银行业务,却不禁止其向海外拓展。自20世纪70年代开始,各主要发达国家相继放宽了金融管制,国际金融市场逐步完善并趋于一体化,加上先进技术如计算机的广泛应用,国际银行业务便成为各国商业银行逃避本国管制、寻求更大发展空间、追逐更高利润的重要手段。一些跨国银行的国际业务收入已经超过了国内业务,有些甚至靠国际业务收入来填补国内业务的亏损。进入80年代,国际银行业已形成三足鼎立的局面——欧洲的银行、美国的银行和日本的银行拼命向海外扩张,日本在国际银行业中的重要性也在日益加强。

21世纪以来,银行服务的领导权主要掌控在美国和欧洲的银行手中,比如花旗集团、美国银行、汇丰银行、瑞士银行、摩根大通、巴克莱银行、荷兰国际集团以及德国的德意志银行等,这些银行业巨头在亚洲,尤其是在中国的市场份额迅速扩大。如今,对于全球主要金融机构来说,提供国际性银行服务仍旧是其极为重要的收入和利润来源。

> **专栏10-1　花旗银行及其国际化**
>
> 　　花旗银行于1812年创立于美国。在成立之初，它的注册资本为200万美元，实收资本仅80万美元，时至今日，它已发展成为全球首屈一指的国际金融机构——花旗集团。截至2005年，花旗集团资产规模达到12640.32亿美元，一级资本668.71亿美元，且以一级资本量连续6年位居英国《银行家》杂志全球1000家大银行排行第一名。2005年4月，美国《福布斯》杂志公布了全球2000强企业，花旗集团排行第一。
>
> 　　作为一家国际性的金融机构，花旗集团建立了一个横跨六大洲的庞大网络，所服务的市场范围达到了世界人口的85%和全球GDP的65%。它在100多个国家设有4500多个分行和办事处，为约5.4亿的个人客户、企业、政府部门及机构提供多元化的产品和服务，包括零售银行及信贷、企业及投资银行、保险、证券经纪及资产管理等。不仅如此，花旗集团在很多国家都有上百年的经营史。2002年花旗集团的海外资产占集团总资产的比重达35%。
>
> 　　综观花旗集团发展的历程，其超前的全球化经营理念和非本土化海外发展战略是花旗领先于其他银行的一个重要因素，花旗在世界各地广设分支机构，建立起了庞大的营销网络，这一网络被认为是花旗在国际金融界唯一拥有的真正具有竞争力的优势所在。通过环球网络，花旗银行可以运用遍布世界各地的分支行或办事处的人力、管理及财力资源，为各个市场的特殊需求提供最佳方案。同时，花旗银行通过国际化战略不仅达到了分散风险、追求利润最大化的目标，而且适应了全球经济发展，取得了丰厚的利润回报，并加强了自己在国际金融业务中的主导地位。
>
> 　　从20世纪60年代末到70年代初，美国政府为了改善国际收支状况，颁布了一系列法律法规，实行资本管制，限制本土银行直接向国外提供贷款，但跨国银行的海外分行不受限制。花旗银行通过在海外设立分支机构绕开了国内法规的限制，实现了其为全球客户提供服务的经营目标，同时避开了国内有关税收、存款准备金率和利率最高限制等方面的约束。
>
> 　　此外，从事跨国经营还为花旗银行分散了国家风险，提高了获利水平。在1933年的经济大萧条时期，花旗在美国本土的营业损失高达8600万美元，但是由于它在中国等外国的组织盈利，其股东依旧分得了红利。因此可以说，在一定程度上是国际化经

营拯救了当时的花旗集团。[1]

二、商业银行的全球竞争

商业银行的全球竞争过程就是一部跨国银行的发展史。随着资本国际化、世界经济全球化，发达国家对外实施经济扩张，商业银行业也走向了全球竞争，具体表现在跨国银行的产生与发展。从历史发展看，银行跨国经营在17—18世纪已经发生。第一次世界大战前，主要资本主义国家的银行都在国外设立分支机构，以英国、法国为最多，大多数设在殖民地半殖民地国家，成为对殖民地半殖民地国家的金融控制工具。第二次世界大战后，世界经济形势发生了很大变化，特别是20世纪60年代末期，由于国际贸易迅速发展，增加了对国际结算和资金融通的需求，同时跨国公司发展迅猛，跨国公司对中、长期及巨额资金的需求增加，迫切需要大银行的支持，国际银行业务由此激增，大银行纷纷在国外设置分支机构网，跨国银行蓬勃发展。尤其是美国，自20世纪60年代以来积极在国外设置机构网，很快跃居首位。到70年代，跨国银行遍布全球，在世界经济中发挥作用的已不再是设在殖民地的少数大银行，而是众多的跨国银行。

跨国银行发展的根本原因是生产国际化，生产过程在不同的国家进行，资本必然要以商品资本、生产资本和货币资本三种形态在国际循环，资本循环与周转的国际化必然促成跨国银行的发展。同时还有其他客观因素，如先进的通信和数据处理设备为跨国经营提供了有利条件。由数百家银行组织的世界性金融电信传递系统——环球银行金融电信协会于1973年成立，其成员之间的电信传递实现了指令直接处理，不必再通过邮电系统，既迅速又准确；其应用范围包括资金、外汇调拨、外汇买卖、自动转账、开立信用证、托收等，并实行统一的转账制度。欧洲货币市场的发展和世界金融中心的大量涌现，以及众多大银行参加市场活动并争设分支机构，这些也为跨国银行的迅速发展奠定了基础。

专栏10-2　中国工商银行的国际化经营

为服务和融入国家高水平对外开放大局，积极把握外资外贸格局变化，深入实施外汇业务首选银行战略，中国工商银行正式推出"工银全球行"外汇金融产品品牌，

---

[1] 朱新蓉、宋清华主编《商业银行经营管理》，中国金融出版社，2009，第142-143页。

以国际化高质量发展积极赋能境内业务发展与集团市场竞争力提升。

公司金融业务：综合运用海外发债、跨境并购、项目融资、国际贸易融资、衍生品交易、全球现金管理等金融产品，为中资"走出去"企业、外资"引进来"企业提供本外币一体化的"一站式"金融服务。参与的中资企业跨境并购项目数量继续位列路孚特榜单首位，港股IPO承销保荐业务、境外债券承销发行业务、中资离岸债券承销发行业务稳居市场前列。

个人金融业务：率先在粤港澳大湾区推出"跨境理财通"业务，为珠三角九市及港澳客户分别提供"南向通"和"北向通"投资服务。通过粤港澳大湾区"企业家加油站"搭建企业家跨境服务平台。加快境外银行卡产品创新和数字化服务水平提升，在境外推出数字银行卡、私人银行信用卡、理财臻享借记卡等新产品，丰富办卡、分期、收单等在线金融服务。持续优化银行卡境外移动支付及收单产品功能，推广工银e支付，进一步促进粤港澳大湾区内跨境支付的互联互通。

网络金融服务：网上银行、手机银行等线上渠道服务覆盖46个国家和地区，支持15种语言，提供账户查询、转账汇款、投资理财、代发工资、资金支付、跨境支付等多种金融服务。聚焦重点产品、场景、区域，推进境外机构线上业务创新和特色化发展。

金融市场业务：首批完成自有资金"南向通"投资交易，通过熊猫债承销服务协助境外机构进入银行间市场融资，与超过60个国家和地区的境外机构投资者建立银行间债券及外汇市场交易业务合作关系。为"走出去"和"引进来"客户提供优质交易服务，新增捷克克朗等10个币种的即期以及港币等6个币种的远期差额交割结售汇业务。达成银行间外汇市场首笔人民币外汇货币掉期主经纪交易、首笔挂钩美元担保隔夜融资利率（SOFR）的美元利率掉期交易，持续提升外汇交易业务做市能力和市场竞争力。

全球资产管理业务：持续推进外汇及跨境理财业务稳健发展。2021年末，由工银理财、工银资管（全球）担任投资顾问的中国国债指数基金"工银南方东英富时中国国债指数ETF"是全球规模最大的离岸纯中国国债ETF产品，成为境外资金配置中国国债资产的重要渠道；"工银南方东英彭博中国国债+政策性银行债券指数ETF"成为香港市场规模最大的中国利率债ETF产品。

全球托管业务：全球托管业务规模再创新高，其中境外客户境内投资托管业务规模突破2000亿元。获得首批债券通"南向通"试点托管清算银行资格并完成首批交易；首批支持合格境外投资者（QFI）在北京证券交易所完成证券投资、转融通出借业务，完成国内存托凭证（CDR）首次员工行权，跨境托管创新优势进一步夯实。

跨境人民币业务：推动跨境人民币产品体系建设及多场景服务，培育离岸人民币市场，创新离岸人民币投融资产品，继续推进大宗商品交易全流程人民币计价结算。推进自贸区分账核算单元账户体系建设，支持上海临港新片区、粤港澳大湾区、海南自贸港等重点区域跨境人民币业务创新发展。加强与支付机构、跨境电商平台等主体合作，持续优化跨境支付业务平台"跨境 e 电通"，支持跨境电商新业态发展。2021年跨境人民币业务量突破8.5万亿元。

持续完善全球网络布局，巴拿马分行正式开业。2021年末，中国工商银行在49个国家和地区建立了421家境外机构，通过参股标准银行集团间接覆盖非洲20个国家，在"一带一路"沿线21个国家拥有125家分支机构，与142个国家和地区的1404家境外银行建立了代理行关系，服务网络覆盖六大洲和全球重要国际金融中心。

表10-1 境外机构主要指标

项目	资产（百万美元）		税前利润（百万美元）		机构（个）	
	2021年末	2020年末	2021年	2020年	2021年末	2020年末
港澳地区	214,414	204,181	1,373	1,565	102	108
亚太地区（除港澳）	145,860	118,253	1,057	950	91	90
欧洲	83,726	89,030	401	302	75	75
美洲	59,548	51,106	253	42	152	152
非洲代表处	-	-	-	-	1	1
抵销调整	(51,999)	(44,378)				
小计	451,549	418,192	3,084	2,859	421	426
对标准银行投资(1)	3,870	3,887	330	158		
合计	455,419	422,079	3,414	3,017	421	426

注：(1) 列示资产为工行对标准银行的投资余额，税前利润为工行报告期对其确认的投资收益。

2021年末，中国工商银行境外机构（含境外分行、境外子公司及对标准银行投资）总资产4554.19亿美元，比上年末增加333.40亿美元，增长7.9%，占集团总资产的8.2%。报告期税前利润34.14亿美元，比上年增加3.97亿美元，增长13.2%，占集团税前利润的5.1%。各项贷款1972.79亿美元，比上年末减少55.65亿美元，下降2.7%；客户存款1492.73亿美元，增加10.52亿美元，增长0.7%。[1]

三、外资商业银行在中国

外资商业银行在中国的业务机构主要是分行和代表处。外资商业银行进入中国市场之初只能开展有限的外汇业务，但随着中国逐渐开放金融市场，目前外资商业银

---

[1]《中国工商银行股份有限公司2021年度报告》。

行已能开展全方位的外汇业务,在部分城市开展人民币业务。同时,外资商业银行对黄金市场、外汇市场、货币市场和债券市场等的参与程度不断提高。2006—2015年外资商业银行的总资产从人民币9279亿元增加到人民币2.68万亿元,粗略估算每年的平均增长率超过20%。不过,外资商业银行的总资产占比从2007年末的2.38%下降到了2015年末的1.38%,主要原因在于欧美的外资商业银行母行经历了美国债务危机、欧洲债务危机,有收缩甚至撤离中国的战略,这对外资商业银行在中国的发展有影响。截至2015年末,40家外资法人商业银行、54家外国商业银行分行获准经营人民币业务,30家外资法人商业银行、25家外国商业银行分行获准从事金融衍生产品交易业务。

随着业务范围的扩大,外资商业银行的市场份额迅速提高。目前,在华外资商业银行营业机构的资本充足、资产质量良好、盈利情况较好、流动性充足,主要指标均高于监管要求。根据国家统计局的数据,自2007年以来,除在2015年外资法人商业银行的资产总额有所下降以外,外资商业银行的资产总额维持了显著的上升趋势,其资产规模10年的年均复合增长率达到10.57%。然而,由于全球金融危机及国内商业银行的快速发展等原因,外资商业银行的资产占银行业金融机构总资产的比重再也没有超过2007年2.38%的峰值。自2007年以来,外资商业银行的不良贷款率持续低于全行业水平;截至2016年末,十大在华外资法人商业银行的不良贷款率为0.96%,远低于全国银行业的平均水平,这主要得益于外资商业银行严谨的风险控制系统和成熟的风险定价系统。中国银行业的整体增速较高,预计在未来的几年内,外资商业银行的资产份额占比仍将维持在2%左右,难有重大的突破。但是,与中国商业银行相比,外资商业银行拥有广泛的海外网络、专业的行业实践、较为全面的金融服务经验和对金融科技的运用经验等,这些有助于外资商业银行在某些业务领域发挥独特的优势,并完成在中国银行业中的准确定位。

第二节 国际银行业务的风险管理

一、跨国银行的风险种类

商业银行的国际业务也同商业银行的国内业务一样,面临着各种风险,但国际业务面临的风险更大、更多,风险因素更复杂。因为其在经营过程中不仅要面对业务自身风险因素的影响,还要面临不同国家的政治经济制度、法律法规、习俗和汇率变化等诸多复杂因素的影响。归纳起来，商业银行国际业务的风险主要有以下三种。

（一）国家风险

国家风险是指跨国商业银行从事跨国界信贷交易时，因借款人（政府或企业）所处的国家环境因素发生意料之外的变化所可能引致的损失及收益的不确定。国家风险主要表现为所在国企业或非金融机构因受经济或金融危机的影响而无力偿还债务的风险。具体来说，包括两种类型：(1) 主权风险。主权国家政府或者政府机构由于各种原因不愿或拒绝到期履行偿付债务或拒绝承担担保的责任，从而给外国贷款银行直接造成损失。(2) 转移风险。它是指东道国的政策或法规限制或禁止资金转移而对贷款方所造成的风险。商业银行在开展国际业务时，由于东道国的外汇管制、禁止或限制资本流动等措施，银行在该国的存款、收入等可能无法顺利汇出。更为重要的是，即使银行在该国的贷款客户有意还款，客户也可能无法筹集到所需的外汇资金或者不能够汇出。在这种情况下，东道国就通过政策和法规间接对商业银行构成了风险。无论是主权风险还是转移风险，对于贷款银行而言，都不是自己可以控制的，因此，在进行国际信贷之前，做好详细的国家风险评估是十分重要的。判断一个国家风险程度的主要指标有三类：数量指标、比例指标和等级指标。其中数量指标包括国民生产总值、国民收入、财政赤字、国际收支、外债总额、国际储备等。在上述指标的基础上，西方国家提出了一些行之有效的国家风险评估的方法，如核对清单法、德尔斐法、政治经济风险指数法、多元统计法、背景分析法等。

专栏10-3　国家风险的分析指标和评估国家风险的常用方法

一、国家风险的分析指标

银行一般通过分析一系列反映关键因素的不同方面的指标，将其与经验数据对比，对国际业务所面临的国家风险做出估价。国家风险的指标包括三种：数量指标、比例指标、等级指标。

1. 数量指标。数量指标主要反映一国的经济情况，包括国民生产总值（或净值）、国民收入、财政赤字、国际收支（贸易收支、经营收支等）、国际储备、外债总额等，不同的国家对数量指标分析的侧重点可能不同，通常对一国的关键部门（例如石油或其他矿产）的指标也要进行分析和预测。

2. 比例指标。比例指标主要反映一国的对外清偿能力，是分析国家风险的重要工具，包括以下五个方面的比例指标：(1) 外债总额与国民生产总值之比。该比率反映一国长期的外债负担情况，一般的限度是20%—25%，高于这个限度说明外债负担过重。（2）偿债比例。该比例是一国外债本息偿付额与该国当年出口收入之比，它衡量一国短期的外债偿还能力，这个指标的限度是15%—25%，超过这个限度，说明该国的偿还能力存在问题。（3）应付未付外债总额与当年出口收入之比。该指标衡量一国长期资金的流动性，一般的限度为100%，高于这个限度说明该国的长期资金流动性差，因而风险也较高。（4）国际储备与应付未付外债总额之比。这一指标衡量一国国际储备偿付债务的能力，一般限度为20%，如果这项指标低于20%，说明该国国际储备偿还外债的能力不足。（5）国际收支逆差与国际储备之比。该指标反映以一国国际储备弥补其国际收支逆差的能力，一般限度是150%，超过这一限度，说明风险较大。

3. 等级指标。等级指标是对一国政治、社会因素的综合分析。分析之后可对该国的政治与社会稳定程度做出估价，判断该国的风险等级。

数量指标、比例指标和等级指标是对国家风险的关键因素的不同方面进行衡量。要通过对三类指标进行分析和综合，通过对一国的历史、现状和未来的变化趋势进行分析，并通过国与国之间的横向对比，才可能客观地掌握该国的国家风险的等级和程度。

二、评估国家风险的常用方法

国家风险的管理包括银行内部评估风险和确定防范风险的措施两部分，银行内部在进行风险评估时，首先应建立一个风险评估系统，使信息统计和决策程序化、规范化。

1. 核对清单式。这种方式是将有关的各方面指标系统地排列成清单，各项目还可以根据其重要性冠以权数，然后进行比较、分析、评定分数。这种方法简单易行，并可以长期按一定标准和系统积累资料，但这种方式须与其他形式结合使用。

2. 德尔斐法。这种方法是召集各方面专家并由各专家分别独立地对一国风险做出评估，银行将评估汇总后，发回各专家，由其修正原来的评估。经过这样的程序（也可以多次进行），各专家评估的差距不断缩小，最后达成比较一致的评价。

3. 结构化的定性分析系统。这种系统综合了政治、社会的定性分析和结构化的指标定量分析，能比较全面地分析国家风险，所得出的结论一般也比较合理，但这种系统十分复杂，只有实力十分雄厚的大银行才有可能采用。

4. 政治经济风险指数。该指数一般由银行以外的咨询机构提供，这种咨询机构通常雇用一批专家，以核对清单为依据，制定出每个国家的加权风险指数，每隔一段时期修正一次。若一国的政治经济风险指数大幅度下降，则说明该国风险增大。但这种方法很难起到事前警告的作用。

5. 情景分析。情景分析是通过分析各种可能出现的情景实际发生时，一国所处的状况，以此来判断国家风险的大小。

对国家风险进行分析、评估之后，就可以对风险进行管理，管理的核心在于根据国家风险程度实行差别待遇。主要的风险防范措施有：根据风险大小和性质设定一些限度，例如贷款额限度和期限限度，对风险较高的国家贷款额限制在较低水平、期限也较短；用补偿的方法，对不同的风险程度给予不同的利率，预先做好准备，在风险大或风险出现时可以及时采取补救措施。[1]

（二）汇率风险

汇率风险是指在一定时期内由于汇率的变化导致的经济主体的资产、负债或收益的不确定性，一般指资产、收益的减少和负债、支出的增加，也称为外汇风险或货币风险。从事国际业务的商业银行都或多或少地持有相当规模的外汇债权和债务，并且还保留一部分的外汇头寸以供外汇交易之用。由于各国使用的货币不同，汇率也经常发生变化，这些以外汇计价的资产或负债的价值就会发生相应的变化。

汇率风险的分类如下：（1）交易风险。交易风险是指在以外币计价的交易中，由于外币和本币之间汇率的波动使交易者蒙受损失的可能性。交易风险又分为外汇买卖风险和交易结算风险。（2）折算风险。折算风险又称会计风险，是指企业在会计处理和外币债权、债务决算时，将必须转换成本币的各种外币计价项目加以折算时所产生的风险。也就是将外币债权、债务折算成本币时，由于使用的汇率与当初入账时的汇率不同而产生的账面上损益方面的差异。（3）经营风险。经营风险又称经济风险，是指由于意料之外的汇率变动，使企业在将来特定时期的收益发生变化的可能性。经营风险是由于汇率的变动产生的。

商业银行的汇率风险取决于三个因素：一是外汇暴露，即资产负债或营业收入的真实国内货币值对汇率非预期变化的敏感性；二是汇率变动的幅度；三是其他不确定的因素，如交易对方的违约使银行的未清算头寸突然增大等。

（三）信用风险

信用风险主要是指借款客户不能按时偿还贷款的风险。国际业务的信用风险更难把握。首先，贷款银行难以获取在另外一个国家不同法律、会计、税收等制度下从事经营活动的外国客户的有关信用资料，而借款人却可以借助国界隐瞒自己真实的贷款

---

[1] 王志斌、徐艳：《商业银行经营管理学》，中国金融出版社，2009，第274-275页。

意图和还款能力，因此借贷双方之间的信息不对称现象更为严重。其次，国外借款人财务报表是以本国货币表示、按本国会计制度编制的，与贷款国的会计原理和惯例可能有许多不一致或相抵触的地方，这会影响贷款银行对借款方进行信用分析的准确性。最后，发生信用风险时，贷款银行所能采取的补救措施必须遵从东道国的法律以及惯例。

二、风险管理的基本方法

由于汇率风险是跨国银行经营活动中最不确定的因素之一，汇率风险管理也是企业管理中最复杂的内容之一，下面介绍国际上通行的汇率风险管理对策在跨国银行中的应用。

跨国银行汇率风险一经确定，就要根据估计的风险类别、方向、程度等因素对各个备选方案的风险与成本加以比较，作出风险管理决策，并制订具体的实施计划。现在欧洲各国、美国、日本等国跨国银行进行汇率风险管理大多采取计划—实施—检查循环的管理过程。

（一）跨国银行的外汇头寸管理

跨国银行处于外汇交易的中介地位，日常的外汇买卖主要是代客户买卖外汇，有时本身也进行适当的外汇投机。每日营业终了必然出现买卖差额（即头寸），如果银行买入某种外币大于卖出，则称为多头或超买；如果银行卖出某种货币大于买入，则称为空头或超卖。外汇银行保有的多头或空头统称为敞口头寸，在汇率变化时，将面临汇率风险。跨国银行为防范这种风险，需要经常采取某些措施对头寸加以管理，这就是头寸管理。它主要有以下几种：

1. 即期头寸管理。即期头寸管理是以即期外汇头寸为对象，对外汇多头抛出，对外汇空头补进，以防范风险。

2. 远期头寸管理。即使买卖金额相等，但到期日不一致时，远期头寸管理也会涉及资金调整问题。例如，先到期的买入期汇需要筹措本币资金去交割；后到期的卖出期汇也有外币资金的筹措问题。通常的做法是按先到期的头寸即期抛补，筹措资金交割，然后再补抛与后到期的交割日一致的远期交易加以平衡。

3. 综合头寸管理。跨国银行每天既有即期买卖，也有远期买卖，业务量很大，不可能分别加以管理，并且即期头寸的调整有时又需要远期交易加以配合。因此，银行通常制定综合外汇头寸对综合差额进行抛补。由于远期抛补受金额和到期日的限制，往往需要先即期抛补，然后再通过掉期交易进行调整。

4. 各种外汇头寸管理。跨国银行买卖各种外汇，都存在头寸管理。如果每一种外汇头寸均按上述方法调整，这是很难做到的。一般是将汇率趋向一致的货币互补，以达到平衡的目的。

5. 灵活管理。银行在头寸管理中须重视市场行情变化，有时需要积极地制造头寸。例如，某外币呈上升趋势，则保有多头可获利，因此不应急于抛出。

（二）跨国银行资产负债的配对管理

外汇资产负债的配对管理，是指通过对外汇资产、负债的时间、币别、利率、结构的配对，尽量减少由于经营外汇存贷款业务、投资业务等而需要进行的外汇买卖，以避免风险。其主要内容如下：

1. 做好远期头寸的到期日搭配。为使在未来的任一时点上，尽可能地使到期的资产能够并且恰好抵付到期的负债，应按不同币别分别统计、报告搭配情况，对账户进行现金流量管理，对不搭配的资产和负债进行调整，必要时为不足负债部分进行融资。对负债多于资产的部分，应造成新的相同期限的资产。

2. 在外汇的存贷款上做好币别的配对。实行筹集什么外币，则借出什么外币，贷款到期时，回收什么外币，筹资合同到期时银行付出什么外币的原则。

3. 做好存贷款到期日的搭配。存贷款的到期日不对称，不仅存在外汇风险，还存在融资风险。银行应做好外汇存贷款的对称统计，各个时期的存贷款、资产、负债是否有超借或超贷的情况，检查某种外币负债和资产的累计不对称金额，监督融资或流动性风险的程度，防止出现太大的不对称。

4. 做好存贷款的利率搭配。由于银行从国外借入的现汇资金是以伦敦市场银行同业拆借利率计算利息的，因此在国内发放的外汇贷款，一般也应按浮动利率计收利息，不定期地将利率进行调整公布。

5. 合理调整外汇资产负债期限结构。当出现短期外汇负债长期使用时，应适当增加长期存款，压缩长期外汇贷款，活化沉淀资金，提高资金的流动性。当出现长期外汇负债短期运用时，不能盲目增大长期外汇贷款而机械地追求期限对称，必须调整负债结构，增加低成本负债。外汇负债结构的调整可以通过调节增量来改变存款结构。

6. 确定外汇交易限额，降低外汇风险。主要有总的外汇账面价值限额、全部到期日未抵补头寸的总和（包括全部未被不同货币抵消的外币超买和超卖的头寸）和不对称头寸的限额。

（三）套期保值

有关主体规避汇率风险的行为（或过程）常被称为套期保值。套期保值实际上是利用金融衍生工具来管理跨国银行面临的汇率风险，这在前面的章节中已有论述。随着浮动汇率制的确定，汇率波动幅度也随之扩大，这一方面增大了银行的汇率风险，另一方面也为跨国银行提供了获取巨额利润的机会。在即期外汇交易中，跨国银行如预测外汇汇率下跌，则卖出该种外汇，待下跌到预测的最低点时，再低价买入，通过贵卖贱买赚取差额；当预测外汇汇率上涨，就买入该种外汇，待上涨到预测的最高点时，再高价卖出，赚取差额。这种投机与保值无明显区别，投机者必须投入资金。另一种是将即期与远期外汇买卖结合起来进行，从中赚取投机利润。例如，预测某种货币汇率将上涨，就预先买入该货币的远期，待到期日再按上涨的汇率即期卖出该种货币，办理远期买入的交割。例如预测某种货币的汇率将下跌，则预先卖出该货币的远期，到期日再按下跌的汇率即期买入该货币，办理远期卖出的交割，从中赚取差额。这种先买后卖叫买空，而先卖后买叫卖空。这种外汇投机并不需要本身垫入资金，但需要对汇率的准确预测和对时机恰到好处的掌握。一旦预测失误，损失将难以避免，因而风险较大。

第三节　跨国银行的业务管理

一、国际结算业务

（一）国际结算的原则及工具

国际结算是指商业银行以货币收付来清偿债权债务关系及实现资金转移的行为。国际结算必须通过本行的海外联行、代理行等，即通过遍及全球的银行网络来传递支付信息、完成资金转账。

商业银行在进行国际结算时应遵循以下原则：同一商业银行的支票应内部转账；不同商业银行的支票应交换转账；按时合理付汇；安全迅速收汇。国际结算的支付工具是票据，通过相互抵账方式来结算国内外债权债务关系。票据是具有一定格式，由出票人签发的无条件约定自己或要求他人支付一定金额，并经过背书可以转让的书面支付凭证。票据一般包括汇票、本票和支票。在国内结算中，一般以支票为主；在国际结算中，则以汇票为主。

1. 汇票。汇票是出票人签发的，委托付款人于见票时或在指定日期无条件支付确定金额给收款人或者持票人的书面支付命令。汇票的流通使用要经过出票、背书、提示、承兑、付款等法定程序。如果汇票遭到拒付，持票人可做成拒付证书，依法行使追索权。根据出票人的不同，汇票可分为银行汇票和商业汇票；按承兑人不同又分为银行承兑汇票和商业承兑汇票；按付款时间不同可分为即期汇票和远期汇票；按有无附属单据可分为光票和跟单汇票。

2. 本票。本票是指一方向另一方签发的，保证即期或定期或在可以确定的将来时间，对某人或其指定人或持票人支付一定金额的无条件书面承诺。本票的当事人只有两个，即出票人和收款人。出票人就是付款人，由本人承担付款责任，故本票无须承兑，这是本票与汇票的根本区别。本票可分为商业本票和银行本票。商业本票的出票人是企业和个人，银行本票的出票人是银行。商业本票可以开成即期的或远期的。有的银行本票是见票即付，不存在收款人，其流通性与纸币相似。

3. 支票。支票是指以商业银行为付款人的即期汇票。具体说来，支票是商业银行的活期存款户对商业银行签发的，要求商业银行从其活期存款账户上，对指定人或持票人即期支付一定金额的无条件支付命令。支票出票人签发的支票金额，不得超出其在付款人处的存款金额。如果存款低于支票金额，银行将拒付，这种支票称为空头支票，出票人要负法律上的责任。

本票、支票和汇票的区别在于：支票只可以充当支付工具，一般不能充当信用工具（透支情形除外），而本票和汇票既可以充当支付工具，也可以充当信用工具。

（二）国际结算的主要方式

商业银行国际结算主要有三种基本形式，即汇款、托收、信用证，在此基础上还衍生出了银行保函、保付、担保、包买票据等形式。信用证是使用最广泛的国际结算方式，全球国际贸易结算的50%、我国国际贸易结算的70%采用信用证方式。

1. 汇款结算

汇款结算是指付款人委托银行用某种信用工具将款项汇给国外收款人的结算方式。汇款结算有四个基本的当事人：汇款人、汇出行、汇入行和收款人。汇款是国际结算业务中最基本的结算方式，同时也是最常用的结算方式之一。汇款方式除用于贸易货款的支付以外，还常用于各种从属费用（如保证金、运费、保险费、佣金、退赔款或罚金等）的支付。汇款按照介质的不同，分为电汇、信汇和票汇。

（1）电汇。电汇是指汇出行受汇款人的委托，用加押电报或电传通知汇入行向收款人解付汇款的方式。电汇的基本操作程序如下：①汇款人填写电汇申请书，并将电汇申请书连同汇款款项和汇费一并交给汇出行；②汇款人取得电汇回执；③汇出行将汇款内容加注密押后用电报、电传或电子划拨系统通知汇入行解付；④汇入行核对密押无误后，通知收款人取款；⑤收款人持汇入行发出的通知书到汇入行取款；⑥汇入行支付汇款，收款人在汇入行的收款人收据上签字或盖章；⑦汇入行借记汇出行账户，将付讫借记通知书寄给汇出行。电汇具有资金转移速度快、效率高、成本低、安全性好等诸多优点，绝大多数汇款业务均采取电汇方式。

（2）信汇。信汇是指汇出行受汇款人的委托，用邮寄信汇委托书的方式委托汇入行向收款人解付汇款。信汇与电汇的基本操作程序没有多大差别，信汇的特点在于：一是信汇委托书是汇出行委托汇入行解付汇款的信用凭证。二是在汇出行签发信汇委托书时，须经汇出行有权签字人签字证实，不必加注密押。在汇入行收到信汇委托书后，经核对签字相符，即可向收款人解付汇款。三是信汇委托书是由汇出行通过航空邮寄给汇入行的，其速度较电汇慢，故汇费也低一些。

（3）票汇。票汇是汇款人委托汇出行开出以汇入行为付款人的银行汇票，由汇款人自行寄给收款人或亲自携带出国交给收款人取款的一种汇款方式。票汇的操作程序是：①汇款人填写票汇申请书，将申请书连同汇款金额和汇费一并交汇出行；②汇出行开出即期银行汇票交给汇款人；③汇款人将汇票亲自交给收款人或自行邮寄给收款人；④汇出行将票汇通知书邮寄给汇入行；⑤收款人持汇票向汇入行取款；⑥汇入行将汇票与票汇通知书核对无误后，向收款人解付票款；⑦汇入行借记汇出行账户，将付讫借记通知书寄给汇出行。票汇的手续费与信汇相差不大，二者都低于电汇的手续费。

2. 托收结算

托收结算是出口商在发运货物后签发汇票，委托出口地银行通过某国外分行或代理行向国外进口商收取货款的结算方式。托收结算一般有四方当事人：委托人、托收行、代收行和付款人。委托人又称出票人，是开立汇票委托托收行向国外付款方收款的人。托收行是接受委托人的委托，转托国外代收行代为收款的银行，托收行一般是出口地银行。代收行是接受托收行的委托，代为向付款人收款的银行，代收行一般是进口地银行。付款人又称受票人，是最终支付货款的人，通常是进口商。

托收结算方式一般分为两种：一是光票托收，二是跟单托收。光票托收是指仅凭出口商开立的汇票，不附有任何货运单据，或不附有主要货运单据进行的托收。跟单托收是出口商将汇票连同货运单据一起交给委托行，委托其代为收款的托收。在国际贸易中，海运提单代表货物的所有权。跟单托收以进口商付款或承诺付款为交付单据的条件,从而降低了出口商收不到货款的风险。

根据代收行交付货运单据给付款人的不同条件,可以分为付款交单和承兑交单两种付款条件。付款交单是指被委托的代收行必须在付款人付清票款后才能将货运单据交给付款人,这样票款和物权单据即可两清。承兑交单是代收行在付款人承兑汇票后将货运单据交给付款人,付款人在承兑汇票到期日才履行付款义务的一种方式。

3. 信用证结算

信用证是开证行根据申请人(进口商)的申请和要求,对受益人(出口商)开出的,授权出口商签发以开证行或进口商为付款人的汇票,并对提交符合条款规定的汇票和单据保证付款的一种银行保证文件。信用证的产生源于进出口商的互不信任,出口商不愿意先将货物或单据交给进口商,担心进口商不按时付款;进口商也不愿意先把货款付给出口方,担心对方不发货。在这种情况下,银行作为中间人和保证人,开出一张信用证,规定出口商应交付货物的规格、数量等,如出口商提交的单据与信用证相符,开证银行保证付款。因此,信用证实际是以银行信用对进出口业务双方之间的商业信用进行担保。

信用证结算基本的操作步骤如下:

(1)进口商依据进出口双方签订的贸易合同,向当地银行申请开立信用证。在申请开立信用证过程中,开证申请人要认真填写开证申请书,并按规定交付押金和手续费。

(2)开证行对开证申请人进行审查,以决定是否为其开立信用证。

(3)进口方银行为进口商开立信用证。如果开证行同意为开证申请人开立信用证,那么开证行就要根据开证申请书的内容向进口商开立以国外出口商为受益人的信用证,并及时通知国外代理行,要求其向出口商转交信用证。

(4)出口方银行通知、转递或保兑信用证。出口方银行收到开证行开来的信用证后,如果开证行的资信不清楚,可以要求开证行另找一家受益人熟悉的银行进行保兑。保兑信用证可以降低出口商因开证行倒闭收不到货款的风险。

(5)出口方银行议付信用证及索汇。出口商在收到信用证后,如果对信用证没有异议,就可以备货并装运出口。在将出口货物装船的同时,出口商必须按照信用证的要求制备全套的单据。在按照信用证要求制备好所有单据后,出口商就可以签发汇票,连同所有单据在信用证的有效期内交付议付行办理议付。议付行根据"单证一致,单单一致"的原则对出口商交来的单据进行认真的审核。如果审核无误,议付行就会将汇票金额扣除利息和手续费交给出口商,即对出口商交来的汇票进行议付。如果审查有误,议付行会电询开证行,对单据上出现的问题能否接受。如果能够接受,议付行照常议付；反之，议付行将要求出口商修改单据。在单据问题较多的情况下，议付行也可以建议出口商用托收方式来处理。

议付行在议付信用证后，将作为持票人把全套的单据和汇票寄给开证行索汇，即要求信用证的第一付款人付款。开证行在收到议付行寄来的全套信用证单据后，应与信用证条款进行认真核对。核对无误后，向议付行付款。如果在核对后发现单据与信用证有不一致的地方，开证行将向进口方进行电询，如果进口方可以接受，开证行会照常向议付行付款；反之，则会拒绝付款。

（6）进口商付款赎单。开证行在将货款偿付议付行后，即可通知进口商付款赎单。进口商将单据和信用证进行对照，如果单证没有不一致的地方，或者有不一致的地方但进口商能够接受，进口商将付款，并取得全套单据。否则进口商将拒绝付款赎单。在进口商拒绝付款的情况下，开证行往往会遭受损失。因为在进口商商品销路好的情况下，即使单证存在不一致的问题，进口商往往也能够容忍。进口商拒绝付款说明进口商品的销路一定不好，在这种情况下，即使开证行能够占有和处理进口商品，也很难收回所有已经支付的货款。

4. 信用证的分类

信用证按其性质、形式、付款期限和用途的不同，可进行多种类型的划分。根据是否附有货运单据，可分为跟单信用证和光票信用证；根据开证行对信用证所承担的责任，分为可撤销信用证和不可撤销信用证；根据信用证有无开证行以外的其他银行保兑，分为保兑信用证和不保兑信用证；根据受益人使用信用证的权利是否能转让，分为可转让信用证和不可转让信用证。其他还有即期信用证、远期信用证、循环信用证、对开信用证和背对背信用证等。

二、外汇买卖业务

外汇买卖是指商业银行将一种货币按照既定的汇率兑换成另一种货币的交易活动。外汇买卖业务的对象主要分为两类：银行同业及有外币兑换需求的贸易企业、跨国公司、政府及个人。银行同业之间的外汇买卖规模大、买卖差价小，属于批发业务；商业银行与一般客户之间的外汇买卖规模小、买卖差价大，属于零售业务。从业务操作性质上看，商业银行的外汇业务可分为即期外汇买卖业务、远期外汇买卖业务、外汇衍生工具业务，其中，即期外汇买卖业务的规模最大。

（一）即期外汇买卖业务

即期外汇买卖业务又称现汇交易，是指商业银行按照即期外汇牌价，在两个交易日内完成资金交割的货币兑换行为。外汇牌价是外汇买卖使用的交易价格，由买价和卖价组成。买卖之间的差价实际上就是商业银行提供兑换业务收取的佣金，一般为0.3%—0.5%。路透社是全球两大即时汇率报价系统之一，外汇汇率报价就是即期汇率。外汇牌价通常由外汇市场供求关系决定。

我国银行间的人民币汇价由设在上海的中国外汇交易中心决定，这是人民币兑换外汇的批发价格。各家商业银行对零售客户的报价通常参照此批发价格，然后根据自己的供求状况增加一定的幅度，一般不超过批发价格的0.5%。为了扩大市场份额，商业银行往往通过外汇点差优惠的方式提供更优价格，以吸引零售客户在该行开展外汇买卖。

（二）远期外汇买卖业务

远期外汇买卖业务是指交易双方事先约定交易的货币、数额和汇价，在将来某个确定的日期再进行实际交割的一种外汇业务。

远期外汇买卖业务是一种柜台业务，商业银行可以一对一地满足不同客户在币种、金额、期限方面的特殊要求，期限通常不超过一年，常见的有1个月、2个月、3个月或6个月。远期汇价以商业银行不承担资金的时间价值风险为基本原则，根据利息平价原理进行计算，并适当考虑一些其他因素，如贸易、政策波动等造成的风险价值。远期外汇买卖具有汇率风险管理的功能，是套期保值的重要手段，此外，投资者也可以借此进行外汇投机。

【例10-1】某公司与外商在某日签订了一份进口合同，按照合同规定，公司在6个月后支付118万日元，按当天的6个月远期汇率：1美元＝118日元。该公司到期用1万美元便足够支付合同了，但是由于汇率变动，6个月后汇率跌为1美元＝110日元，该公司此时就得用约1.0727万美元去购买118万日元以支付合同，这样该公司就损失了727美元。假如该公司在签约日便以1美元＝118日元的6个月远期汇率向银行购入118万日元，到了交割日，公司只需支付1万美元就够了。

（三）外汇衍生工具业务

1. 外汇互换业务

外汇互换业务是指在一笔外汇交易中同时进行即期和远期外汇买卖的行为。当外汇交易的一方从对方买进或者卖出一定数量的即期外汇／远期外汇时，交易的另一方也同时卖出或者买入相同金额、相同货币的远期外汇／即期外汇。互换汇率是指相互调换的两种货币的远期汇率与即期汇率之间的差价。目前，即期对远期是外汇互换交易中最常见的形式，此外还有远期对远期的互换业务。外汇互换业务是远期类外汇交易中规模最大的业务，它属于商业银行的柜台业务，主要交易对象是银行同业。由于外汇互换业务不仅锁定了未来外汇交易的汇率风险，而且将原来两个独立的交易有机结合起来，从而节约了交易费用，所以外汇互换交易成了商业银行和大型跨国公司进行风险头寸管理的首要工具。外汇互换业务最重要的功能在于满足人们对不同资金的需求，即外汇保值和防范汇率风险。需要注意的是，在两种存在利差的货币之间，互换与赚取利息是不能同时进行的，因为互换必然会使货币的利差收益在远期贴水中失去。

【例10-2】某公司需要欧元，却已经从国外借入一笔美元贷款，于是该公司向银行提出将美元兑成欧元。但等到贷款到期时，该企业必须用美元归还贷款，为防止美元升值所带来的风险，该企业选择利用掉期交易来规避风险：首先在即期外汇市场上卖出美元、买入欧元，同时在远期外汇市场上卖出同样数额的远期欧元、买进远期美元，以保证到期按时偿还美元贷款。

2. 外汇期货业务

外汇期货业务是由交易双方订立的、约定在未来某日以成交时所确定的汇率买卖一定数量某种外汇的标准化合约。这是一种标准化的外汇远期业务。外汇远期交易和外汇期货交易的区别表现在以下几个方面：（1）交易数量。外汇远期交易的数量由交易双方自行议定，不受任何限制；外汇期货交易的数量被严格地加以标准化。（2）交易方式。外汇远期交易是一种场外交易，其交易时间不受任何限制；外汇期货交易是一种场内交易，是在集中的交易场所通过公开竞价方式成交，其交易时间由交易所统一规定。（3）实际交割率。外汇远期交易一般以实际交割为目的，90%以上的外汇远期合约在到期日被实际交割；外汇期货交易不以实际交割为目的，95%以上的外汇期货合约通过对冲交易来结清。（4）履约保证。外汇远期交易一般以客户的信用作为履约保证，交易者不必缴纳保证金，因此为了避免信用风险，外汇远期交易的参与者通常只限于一些实力雄厚、信誉卓著的大公司、大商业银行；外汇期货交易是一种保证金交易，只要缴纳保证金就可以参与交易，这就为中小企业提供了进行汇率风险管理的工具和机会，并扩大了市场规模。（5）价格及变动。远期汇率由商业银行报出，而且汇率的波动不受限制，商业银行可以根据客户的交易量大小确定不同的汇率；期货汇率由交易双方通过讨价还价的方式决定，而且在同一时间、同一交易所实行一价制，交易所通常规定汇率波动的最大幅度，采用每天盯市的办法。（6）结算。外汇远期交易的结算一般由经办该交易的商业银行与经纪人直接进行；外汇期货交易的结算业务由专门的结算单位统一办理。

3. 外汇期权业务

外汇期权业务是指以某种外币或外汇期货合约作为标的物的期权价格或执行价格，向合同的卖方购买或者出售一定金额的货币。期权买方获得这种买卖权利的条件是向期权卖方支付一笔期权费，无论期权买方最后是否执行该期权，期权费均不退还。影响期权价格的主要因素包括协议价格与市场价格、权利期限、利率、标的物价格的波动性、标的资产的收益。自20世纪70年代以来，期权定价理论不断完善，计算机技术的发展也使得期权定价从抽象的模型变成各种各样的应用，外汇期权已成为最活跃的汇率风险管理工具。

按照期权购买者拥有买入权利还是卖出权利的区别，可以将期权分为买入期权和卖出期权。对于买入期权而言，当市场汇率超过协议价格时，期权买方能够从市场价格上涨中赚取差价收益，因此买入期权通常又称看涨期权；当市场汇率低于协议价格时，期权买方将以更低的价格直接从市场购买所需货币，并放弃期权执行权利。对于卖出期权而言，当市场汇率低于协议价格时，期权买方能够从市场价格下降中赚取差价收益，因此卖出期权通常又称看跌期权；当市场汇率高于协议价格时，期权买方将以更高的价格直接向市场出售货币，并放弃期权执行权利。外汇期权业务的不对称性和套期保值的灵活性使其成为实际运作中重要的保值避险方式。外汇期权合约的期权费固定了期权买方在汇率行情不利时的风险，从而为外汇资产或头寸提供了有效的保值；同时，外汇期权不必每日清算，到期前无现金流产生。

三、国际信贷业务

国际信贷是指一国在国际金融市场上向另一个国家的商业银行、其他金融机构、政府、企业以及国际机构提供贷款的行为。

国际信贷属于国际范围内的资金配置活动，通常由资金富余的发达国家向资金匮乏的发展中国家提供国际信贷，国际信贷是弥补一国国际收支逆差的重要手段。国际信贷的特点是借贷双方分属不同的国家，涉及货币兑换和跨境资本流动，属于外债范畴。由于国际信贷规模过大容易引发债务危机和本币贬值，给本国经济造成严重损害，因而在实施资本管制的国家，其国际信贷业务会受到法律和政策的限制。按照贷款的来源和性质分类，国际信贷可分为政府贷款、国际金融组织贷款、国际银行贷款、私人银行贷款、联合（混合）贷款等。按照融资期限分类，国际信贷可分为短期国际贸易融资和中长期国际贸易融资。按照融资方式分类，国际信贷可分为银团贷款和项目融资。

（一）短期国际贸易融资

1. 进出口押汇

进出口押汇是银行向出口商融资的一种方法，是一种以运输中的货物为抵押，要求银行提供在途资金融通的票据贴现。对银行而言，其安全程度要较一般贷款和贴现高。银行在押汇时所得的汇票到期后，如进口商不能支付，银行可向出票人追索，信用风险转向出口商。同时，进出口押汇又具有汇款的特点，如果收款天数超过预定的贴现天数，银行对受益人有索取超过原贴现天数利息的要求权。

依据承做押汇业务的银行（押汇行）所处地理位置的不同，可以分为进口押汇和出口押汇，前者指进口方银行所承做的押汇，后者指出口方银行承做的押汇。按押汇有无凭信可分为凭汇信押汇和不凭汇信押汇，它们之间的区别在于押汇时，是否出具进口方银行对出口商所签发的含有担保性质的凭信。

银行在承做凭汇信出口押汇时，应严格审核押汇条件，在对申请人的资信作全面审核的基础上决定是否承做押汇，在银行对出口商交来的单据和汇票进行审核并确认单证，单单相符后才受理付款。对信誉好的出口商，可在出口商出具赔偿保证书后凭保先付。银行承做不凭汇信出口押汇时，基本的要求同凭汇信出口押汇，但应考虑押汇行无凭信的特点。因此，押汇行往往要求申请人提供保证人签字的保证书。

银行承做进口押汇时的要求并不同于出口押汇。在信用证结算项下，进口方银行常在审单付款环节承做进口押汇，由于信用是含有担保性质的凭信，因此，进口方银行在进口商付款赎单时，会接受进口商的借款申请以满足其付款要求。银行在确认进口商资信可靠，收到出口商出具的信托收据后，可办理对进口商押汇。而在受理不凭汇信进口押汇的过程中，其结算背景多为托收结算。因此，银行在承做此类押汇时，除了遵照凭汇信进口押汇的基本规则外，还应严格遵照国外委托行关于委托收款的指示。尽管银行在不同的押汇形式下，其具体的做法各有差异，但进出口押汇的基本要素是一致的，即押汇额度、押汇天数及押汇利率等，这些要素如何设定将直接影响银行承做进出口押汇的风险与收益。

2. 打包放款

打包放款是出口地银行在出口商备货过程中，因出口商头寸不足而向出口商提供的一种短期资金。这种短期贸易贷款是支持出口商按期履行合同义务、出运货物。由于该贷款早先主要解决受益人包装货物之需，故俗称打包放款。具体流程：当出口商与国外进口商签订买卖合同后，出口商收到国外开证行开来的信用证后即可备货运出。在出口商利用自有资金组织货源、购进商品出现资金周转困难的时候，出口商可以将信用证、其他保证文件连同出口货物一同交出口地银行，作为抵押物品申请贷款。

以信用证结算为例，打包放款的金额及放款期限有一定的要求。一般而言，打包放款的金额不超过信用证金额的80%。打包放款额度视银行与客户的关系及其资信程度确定。如果客户信誉较好，则放款额可放宽，国外有些银行在资金充裕时甚至有将放款额放宽到信用证金额100%的情况。打包放款的期限一般很短，出口商借入打包放款后，很快将货物装船运出。在取得各种单据并向进口商开具汇票后，出口商通常前往放款银行，请其提供出口押汇贷款，该银行收下汇票和单据后，将以前的打包放款改为出口押汇，这时的打包放款即告结束。在打包放款中，如果出口商不按规定履行职责，贷款银行有权处理抵押品，以收回贷款款项。

3. 票据承兑与贴现

票据承兑是指当进出口双方签订贸易合同后，进口商前往自己的开户行，请求银行对出口商提供商业汇票银行承兑信用。这样进口商通过银行承兑而获得了远期付款的商业信用，实际上是以银行信用保证的商业信用。

对出口商来说，当出口商按照贸易合同要求发出货物，但货款采取承兑汇票的方式远期支付，而出口商这时又发生流动资金周转困难，出口商即可持经过进口商银行承兑的商业汇票向出口地银行申请贴现，银行将按照汇票的信用度和金额扣除一定的利息和手续费后，将剩下的汇票款项付给出口商，这种融资活动就是商业银行所提供的票据贴现融资。

商业银行办理国际贸易中的票据承兑与贴现业务，关键是核实承兑申请人或贴现申请人提交的商业汇票，应以真实的商品交易为基础，要具体查验交易合同、发票、货运单据的真实性与合法性。银行在票据承兑与贴现中承担了信用风险，因此，银行收取承兑手续费作为补偿，在为承兑的汇票办理贴现时收取贴现利息。银行在承兑票据中实现的贴现利息和承兑手续费是客户的融资成本，通常被加总标出，称为总贴现率。

4. 保理

保理是指银行为了满足客户应收账款筹资，向客户购买客户的应收账款的行为。保理俗称购买应收账款，购买应收账款的银行被称为客账经纪商。保理业务对出口商而言，是出口应收账款的卖断，即银行或代理融通公司在买进出口应收账款后，如果应收账款得不到偿付，也不能向出口商行使追索权。因此，银行购买应收账款后，应收账款的信用风险和收款风险由客户方转移给了银行。

(二)中长期国际贸易融资

1. 卖方信贷

卖方信贷是指在大型设备和成套设备贸易中,出口国的商业银行为了便于出口商以赊销或延期付款方式出口设备,向出口商提供的中长期贷款。出口商一般是将利息等资金成本计入出口货价,以便将贷款成本转移给进口商。卖方信贷的内容及做法如下:(1)出口商以延期付款或赊销方式向进口商(买方)出售大型机械装备或成套设备,进出口商签订合同后,进口商先支付货款的5%—10%作为定金;在分批交货、验收和保证期满时,再分次付给10%—15%的货款;其余75%—85%的货款在全部交货后若干年内分期偿还(一般每半年还款一次),并支付延期付款期间的利息及费用。(2)出口商向所在地商业银行贷款,签订贷款协议,获得资金融通。(3)进口商分期偿还货款(含利息、费用等)后,根据贷款协议,出口商再偿还商业银行的贷款。卖方信贷有利于卖方扩大或加速商品销售,买方可以获得进口所需融资的便利。卖方信贷也有弊端:对于进口商而言,贷款利息、费用以及信贷风险的补偿都计算在货价之内,导致货价一般高出现汇支付的3%—4%,有的甚至高出8%—10%,由于货价和信贷成本很难区分,不利于进口商进行成本核算。对于出口商而言,信贷业务增加了管理成本和债务负担,不利于企业专心开展出口业务。

2. 买方信贷

买方信贷是指为促成设备出口交易,出口国商业银行向进口商或进口商往来银行提供的中长期贷款。买方信贷可以采用两种不同的形式:一是商业银行直接贷款给进口商;二是商业银行先贷款给进口商往来银行,再由进口商往来银行贷款给进口商。前一种方式的程序大致如下:(1)进出口商洽谈贸易合同,并商定采用某国商业银行提供的买方信贷。(2)进口商以贸易合同为基础,再同出口商的往来银行签订贷款协议。(3)进口商用其得到的买方信贷以现汇向出口商付款。(4)进口商在最后一段期限内按商定条件向贷款银行还本付息。后一种方式的程序大致如下:(1)进口商往来银行与出口商往来银行签订贷款总协议,规定总的贷款额度。(2)进出口商达成贸易合同,明确使用某家商业银行提供的出口信贷,否则商业银行不会批准贷款申请。(3)进口商向其往来银行提出贷款申请,其往来银行批准后向出口商往来银行申请使用贷款额度,出口商往来银行经审核后向进口商往来银行拨付贷款,由其转付给进口商。(4)进口商以此贷款现汇支付给出口商。(5)在以后的一段时间里,进口商按合同规定的条件向进口商往来银行偿还贷款,再由其转给出口商往来银行。

在国际贸易中,尽管后一种形式多了进口商往来银行这一环节,但由于进出口商往来银行事先约定了总的贷款协议,操作起来更加简便,因此使用更为普遍。买方信贷是在卖方信贷的基础上发展起来的,在出口信贷中的应用更为普遍,其优势在于:(1)买方信贷能够提供更多的融通资金。(2)有利于进出口双方更好地洽谈贸易、组织业务。出口商可避免货款被拖欠或不能收回的风险,进口商可避免进口价格过高的风险,进而争取到更有利的信贷条件。(3)有利于商业银行减轻信贷风险。

3. 福费廷

福费廷又称票据包买业务,是商业银行为国际贸易提供的一种中长期融资方式,是指在延期付款的国际贸易中,出口商把经进口商承兑并经进口地银行担保的,期限在半年以上(一般为5—10年)的远期汇票,以贴现方式无追索权地出售给出口商所在地的银行,提前取得现款,并免除一切风险的资金融通方式。此类融资方式在延期付款的成套设备、机器、飞机、船舶等贸易中运用得非常广泛。

福费廷业务从形式上看似乎与一般票据贴现相似,但它有着自身的特点:(1)福费廷业务涉及的金额巨大,且付款周期长。出口商在使用该项融资方式时,必须与进口商协商,在征得同意后,其开具的汇票必须经进口商所在地第一流银行进行担保。(2)福费廷业务的实质是汇票让售,是出口商将汇票的所有权转给了商业银行或其他金融机构,作为票据包买方的商业银行对出口商失去了追索权。包买方为避免票据包买所带来的风险,通常对进口商及担保行的信用极为关注。(3)福费廷业务复杂,各项费用高。其费用主要包括贴现利息、承担费和罚款。贴现利息按贴现率计算,福费廷业务中使用的贴现利率通常比欧洲货币市场同期浮动利率高出0.75%—1%。承担费是出口商与包买方自签订协议至贴现日前的一段时间内,由出口商向包买方支付的费用,按年利率0.5%—1.5%计付。罚款是出口商未能按期向包买方交出汇票而按规定支付给包买方的罚金。

福费廷业务的操作程序如下:(1)进出口商签订中期贸易合同,并同意用福费廷方式支付,双方各自取得往来银行的承诺,且出口商与承购银行签订包买票据协定。(2)进口商把向出口商签发的汇票交给进口方银行,后者以背书或出具保函的方式承担了对出口商的支付保证。(3)出口商发货并通过银行发出提单等票据以换取进口商签发的本票。(4)出口商按照包买协议,根据市场贴现率无追索权地把票据卖给承购银行,取得现金。(5)承购银行或持有票据以便到期收款,或把票据背书后在二级市场上出售给其他投资者。当票据到期时,进口商向持票人还款;如果进口商违约,保证银行有责任付款。

(三)国际银团贷款

国际银团贷款也称国际辛迪加贷款,是由一家或数家商业银行牵头,多家或数十家银行为参与行,共同向某一借款人或项目提供的金额较大的中长期贷款。国际银团贷款是国际信贷的重要方式之一,20世纪70年代以来有较大的发展。国际银团贷款可分为直接和间接两种具体形式。前者是银团内各成员行委托一家银行为代理行,向借款人发放、收回和统一管理贷款;后者是由一家牵头行,将参加贷款份额转售给其他成员银行,全部贷款管理工作由牵头行负责。

1. 银团成员及分工

牵头行是银团的组织者,主要工作有:发起和筹组银团贷款,分销银团贷款份额;对借款人进行贷前尽职调查,草拟银团贷款信息备忘录,并向潜在的参加行推荐;代表银团与借款人谈判,确定银团贷款条件;代表银团聘请相关中介机构,起草银团贷款法律文本;组织银团成员与借款人签订书面银团贷款合同;银团贷款合同确定的其他职责。

经理行是参加认购集团的银行,负责安排和召集各银行参加银团。

参与行是参加银团,并按一定比例认购贷款的银行。通常最低认购额在100万—200万美元。

代理行是充当银团贷款管理人的银行,负责发放、回收和贷款管理工作。

2. 银团贷款的优势

商业银行实施银团贷款有着单一贷款所没有的效果:第一,银团贷款能分散国际贷款的风险,增加对接受贷款人的控制力;第二,每个成员行能在其信用规模限度内实施有效的贷款;第三,为本身无力从事国际贷款的中小银行提供了走向国际贷款市场的机会;第四,有利于银行进一步拓展国际业务。

3. 银团贷款的协议

银团由许多成员行构成,它们共同对借款人提供银行信用,但是银团中直接与借款人发生借贷关系的为牵头行或代理行。另外,银团成员在银团中的义务、权利不同,它们的利益风险各异。因此,须用银团贷款协议来规范成员之间、成员行与借款人之间的行为。

银团贷款协议由牵头行拟定。该协议的要点为:

第一,贷款限额。国际银团贷款金额从1000万美元到几亿美元不等,甚至十几亿美元的规模也有。该贷款由牵头行负责推销给众多的参与行,也可由借款人指定或牵头行邀请的参与行认购。若贷款规模较小,该贷款往往由牵头行和经理行提供全部贷款资金。该贷款的安排一般需6周内完成,牵头行一般拿下全部信用额的10%。

第二,期限。国际银团贷款的期限一般在1—15年,大多则在3—10年。银团贷款期限由宽限期和偿还期组成。在宽限期内,借款人可提取贷款,无须还本,只需付息。

第三,有效提款期。国际银团贷款的有效提款期较长,从几个月到三四年不等,视贷款项目的需要和贷款期而定。有效期结束时,未进行借款的承诺总额的余额即自动注销。

第四,利率及费用。借款双方均担心利率变动造成的损失固定化,为此,作为中长期贷款的银团贷款,一般采用分期按市场利率进行调整的浮动利率。调整期限通常为3个月或半年一次,市场利率常以伦敦银行同业拆借利率为基数,再加上一个加息率,或在美国商业银行的优惠利率上加一个加息率确定,或参照贷款货币发行国国内的利率决定。加息率视借款人资信状况而定。银团成员还要向借款人计收费用,包括前端费用、承担费和代理行年度费。前端费用包含参与费和管理费,该费用由借款人在贷款协议签订后一次性支付。这两种费用按贷款总额的0.25%—0.5%计收,银团成员可按出资份额分享参与费,管理费则由牵头行和经理行分享。承担费按年度内贷款未提取金额的比例计算,以补偿银行预备资金的利息损失。承担费费率为0.375%—0.5%。代理行年度费一年一次性计收,补偿代理行在组织管理银团贷款过程中有关事务性开支和其他开支。

第五,还款。银团贷款的还款方式有到期一次偿还、分期等额偿还(无宽限期)和宽限期满分次等额偿还三种。由于外汇贷款存在汇率风险,因此,借贷双方往往就是否能提前还贷进行商议。

第六,贷款币种。贷款所使用的币种直接决定了借贷双方各自所承受的外汇风险,为此,银团贷款一般选择发达国家或地区发行的硬通货,如欧元、美元等,选择长期趋势看涨的货币比较有利,反之,则不利。在实施银团贷款过程中,如果银团认为贷款风险较大,则往往要求借款人为该笔贷款提供颇具实力的担保银行;或采用各种保值条款,使用远期外汇业务等手段降低或分散风险。目前,迫于竞争压力,银团贷款延长了平均偿还期,放宽了合约条款,并放宽了再融资条件,这些创新降低了借款人的融资成本。

专栏10-4 银团贷款市场发展史

国际银团贷款市场的发展,大致经历了三个发展阶段:第一阶段(20世纪60年代至80年代中期),是以支持基础设施为主的项目融资阶段。第二阶段(20世纪80年代中期至90年代末），以并购杠杆交易推动银团贷款业务进入第二个发展高潮。第三阶段（20世纪90年代末至今），银团贷款二级交易市场快速发展，银团贷款市场证券化趋势日渐明显，机构投资者成为银团贷款市场的积极参与者，银团贷款向透明度高、流动性强和标准化方向发展。

尽管银团贷款在国际金融市场已是成熟产品，但我国银行业的国际银团贷款业务起步较晚，首笔外汇银团贷款是中国银行于1986年为大亚湾核电站项目筹资131.4亿法郎及4.29亿英镑，首笔人民币银团贷款是中国农业银行、工商银行及12家信用社于1986年为江麓机械厂提供438万元人民币贷款。

随着我国加入世贸组织和金融市场化步伐的加快，我国银团贷款业务有一定发展，一大批重点项目采取了银团贷款方式，但银团贷款在全国每年新增贷款中的占比仍然较低，尚处于国际银团贷款发展的初级阶段，在市场化进程中还存在一些局限性。主要表现是市场环境尚未完全形成，市场参与主体尚不成熟，市场规则尚不完善。[1]

案例分析与创新思考

国际银团贷款市场是全球资本市场的重要组成部分，这一贷款品种源自20世纪60年代的美国。80年代末期，由于杠杆收购（LBO）及管理层收购（MBO）大行其道，银团贷款在美国得到很大发展。之后，国际银团贷款的规模不断扩大，并随着大型国际企业的全球化，从美国向欧洲、中东、亚太及其他地区扩展。

2019年全年，全球银团贷款总金额达到4.4万亿美元，共8164笔，主要涉及的行业包括金融、非必需消费品、工业、能源及科技等。全球范围来看，国际银团贷款的主要牵头和簿记银行包括JP摩根、美银美林、花旗、富国银行、高盛、巴克莱银行、加拿大皇家银行（RBC）、法国巴黎银行（BNP）、德意志银行、汇丰银行等。近年来，中国工商银行、中国银行等也开始在国际银团贷款市场上扮演越来越重要的角色。

从地域看，美国市场是国际银团贷款的主力，其次为欧非及中东市场（EMEA）和亚太市场。2019年，美国、欧非及中东、亚太（除日本）三大市场银团贷款总额分别为2.4万亿美元、9371亿欧元和5771亿美元，笔数分别为3762笔、1821笔和1794笔。

---

[1] 朱新蓉、宋清华主编《商业银行经营管理》，中国金融出版社，2009，第153-154页。

按贷款客户信用等级,可将银团贷款分为投资级和杠杆银团贷款。按种类分,除公司银团贷款、并购银团贷款、过桥银团贷款等外,还有机构银团贷款、绿色银团贷款、LBO 银团贷款,及伊斯兰融资(Islamic Financing)等。[1]

思考:

美国是如何在国际银团贷款市场中占据主力地位的?

本章小结

1. 商业银行的国际业务也同商业银行的国内业务一样面临着各种风险。但与国内业务不同的是,国际业务面临的风险更大、更多,风险因素更复杂。商业银行国际业务的风险主要有三种:国家风险、汇率风险和信用风险。

2. 国际结算是指商业银行以货币收付来清偿债权债务关系及实现资金转移的行为。国际结算必须通过本行的海外联行、代理行等,即通过遍及全球的银行网络来传递支付信息、完成资金转账。其结算的工具有汇票、本票和支票。商业银行国际结算主要有三种基本形式,即汇款、托收、信用证,在此基础上还衍生出了银行保函、保付、担保、包买票据等形式。信用证是使用最广泛的国际结算方式。

3. 外汇买卖是指商业银行将一种货币按照既定的汇率兑换成另一种货币的交易活动,主要包括即期外汇买卖业务、远期外汇买卖业务和外汇衍生工具业务。其中,外汇衍生工具业务包括外汇互换业务、外汇期货业务和外汇期权业务等。

4. 国际信贷是指一国在国际金融市场上向另一个国家的商业银行、其他金融机构、政府、企业以及国际机构提供贷款的行为。国际信贷业务包括短期国际贸易融资、中长期国际贸易融资和国际银团贷款等。短期国际贸易融资包括进出口押汇、打包放款、票据承兑与贴现、保理。中长期国际贸易融资包括卖方信贷、买方信贷和福费廷。国际银团贷款也叫辛迪加贷款,是指由一个或几个大银行牵头组成一个银行团,有组织、有计划地向借款人提供贷款的一种国际借贷的放款形式。国际银团贷款的特点是贷款金额大、收取的费用高、贷款期限长、贷款风险相对较小、借款人大部分是各国政府

---

[1] 薛键:《国际银团贷款市场的规则、实务与启示》,《中国货币市场》2020年第8期。

或金融机构。国际银团贷款的构造主要涉及贷款相关方面的设计，它们主要包括贷款金额和币种、利率、期限、费用等诸多方面。

5. 对于大多数商业银行来说，国际贸易融资业务是其国际资产业务的核心，也是商业银行获得高额利润的主要来源。因此，加强对国际贸易融资业务的管理尤为重要。国际贸易融资业务的管理应主要从确定合理的利率水平，选择合适的货币、结构，合理运用保证条款以及加强各种单据和申请人资格的审查等方面来进行。

思考与练习

1. 讨论国内银行业务和国际银行业务的区别。为什么国际银行业务与国内银行业务相比，有更大的风险？
2. 国际贷款业务有哪些主要风险？银行和金融管理当局应怎样设法减少这些风险？
3. 在外汇市场上，即期汇率和远期汇率的区别是什么？远期交易怎样帮助交易者减少汇率风险？
4. 外汇的远期交易不同于期货交易。讨论一下，在什么情况下，银行选择哪一种交易更为有利。
5. 什么是银团贷款？讨论银团贷款的组织形式。

参考文献

[1] 张桥云.商业银行经营管理[M].北京:机械工业出版社,2021.

[2] 楼文龙.中国商业银行资产负债管理——利率市场化背景下的探索与实践[M].北京:中国金融出版社,2016.

[3] 庄毓敏.商业银行业务与经营[M].5版.北京:中国人民大学出版社,2019.

[4] 谭燕芝.商业银行经营与管理[M].北京:人民邮电出版社,2015.

[5] 朱新蓉,宋清华.商业银行经营管理[M].北京:中国金融出版社,2009.

[6] 黄飞鸣.商业银行管理学[M].上海:复旦大学出版社,2017.

[7] 戴国强.商业银行经营学[M].5版.北京:高等教育出版社,2016.

[8] 宋清华.商业银行经营管理[M].2版(修订本).北京:中国金融出版社,2021.